DEIN ONLINE-PLUS ZUM FiNALE ARBEITSBUCH

FiNALEonline.de ist die digitale Ergänzung zu deinem Arbeitsbuch. Hier findest du eine Vielzahl an Angeboten, die dich zusätzlich bei deiner Prüfungsvorbereitung in Deutsch unterstützen!

Das Plus für deine Prüfungsvorbereitung:

→ das Extra-Training Rechtschreibung

→ Original-Prüfungsaufgaben mit Lösungen (bitte Code von S. 2 eingeben)

→ Tipps zur Prüfungsvorbereitung, die das Lernen erleichtern

Online-Grundlagentraining

Du hast noch Lücken aus den vorherigen Schuljahren? Kein Problem! Das Online-Grundlagentraining auf FiNALEonline.de hilft dir dabei, wichtigen Lernstoff nachzuarbeiten und zu wiederholen. Und so funktioniert es:

Für das Fach Deutsch stehen dir über 100 Aufgaben zu prüfungsrelevanten Grundlagen in kurzen Trainingseinheiten zur Verfügung.

Unser Tipp für Lehrerinnen und Lehrer: Nutzen Sie unsere vielfältigen Arbeitsblätter auch für Ihren Unterricht.

Für Lehrerinnen und Lehrer: Die Lehrerhandreichung für den optimalen Einsatz der Arbeitsbücher im Unterricht zum kostenlosen Download!

Du übst lieber auf Papier? Dann klicke auf „PDF" und drucke dir die gewünschte Trainingseinheit einfach aus.

BUCHEMPFEHLUNG ZUM FiNALE ARBEITSBUCH

FiNALE Grundlagentraining Deutsch

Das FiNALE Grundlagentraining ist die ideale Ergänzung zu diesem Arbeitsbuch. Es bietet eine große Auswahl an Materialien, mit deren Hilfe du prüfungsrelevantes Grundlagenwissen auffrischen und aktiv trainieren kannst.

Folgende Inhalte werden in diesem Band behandelt:

→ Überprüfung des Leseverstehens
→ Analyse und Interpretation literarischer Texte
→ argumentativer Umgang mit Sachthemen
→ Arbeitstechniken und prüfungsrelevante Fachbegriffe
→ grundlegendes Grammatikwissen
→ die wichtigsten Operatoren im Fach Deutsch

Zu jeder Trainingseinheit gibt es anschauliche Lösungen.

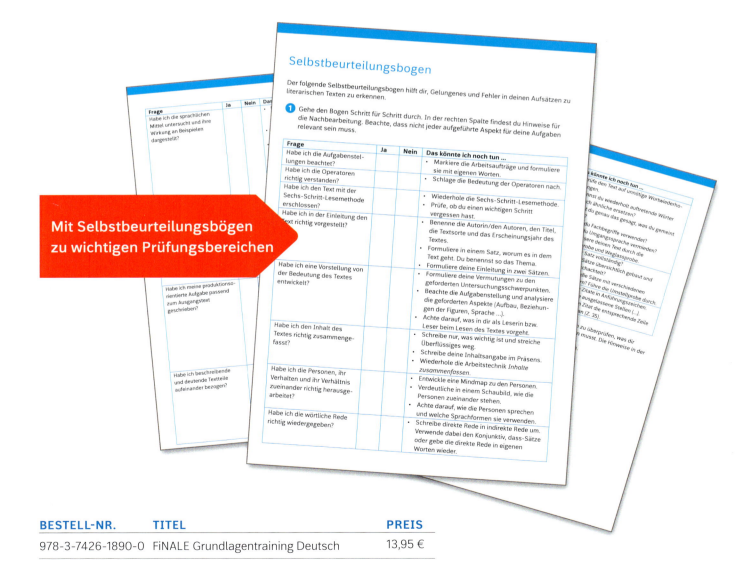

Mit Selbstbeurteilungsbögen zu wichtigen Prüfungsbereichen

BESTELL-NR.	TITEL	PREIS
978-3-7426-1890-0	FiNALE Grundlagentraining Deutsch	13,95 €

FiNALE Grundlagentraining gibt es auch für die Fächer Englisch und Mathematik.

westermann

FiNALE
Prüfungstraining

Nordrhein-Westfalen

Mittlerer Schulabschluss 2023

Deutsch

Andrea Heinrichs
Martina Wolff

Liebe Schülerin, lieber Schüler,

sobald die Original-Prüfungsaufgaben zur Veröffentlichung freigegeben sind, können sie unter www.finaleonline.de zusammen mit ausführlichen Lösungen kostenlos heruntergeladen werden. Gib dazu einfach diesen Code ein:

DE3v2Sf

Einfach mal reinschauen: www.finaleonline.de

Bildquellennachweis
|action press, Hamburg: Foto Langbehn 32.1. |Alamy Stock Photo (RMB), Abingdon/Oxfordshire: Geoffrey Taunton 88.1. |Bitkom e.V, Berlin: 136.1; Der Mensch vermisst sich selbst 63.1; Leicht und immer verfügbar - E-Books bieten viele Vorteile 138.1. |Gingco.Net Werbeagentur GmbH & Co. KG, Braunschweig: 4.1. |Medienpädagogischer Forschungsverbund Südwest (mpfs), Stuttgart: 22.1. |Peter Wirtz Fotografie, Dormagen: Titel. |Picture-Alliance GmbH, Frankfurt a.M.: Mary Evans Picture Library 89.1. |Qualitäts- und UnterstützungsAgentur - Landesinstitut für Schule des Landes Nordrhein-Westfalen (QUA-LiS NRW), Soest: 83.1. |Schwarz, Thies, Hannover: 9.1, 9.2, 9.3, 9.4, 103.1. |SPLENDID RESEARCH GmbH, Hamburg: 128.1. |© Statistisches Bundesamt (Destatis), Wiesbaden: 2020, Vervielfältigung und Verbreitung, auch auszugsweise, mit Quellenangabe gestattet 22.2, 22.3.

westermann GRUPPE

© 2022 Georg Westermann Verlag GmbH, Georg-Westermann-Allee 66, 38104 Braunschweig
www.westermann.de

Das Werk und seine Teile sind urheberrechtlich geschützt. Jede Nutzung in anderen als den gesetzlich zugelassenen bzw. vertraglich zugestandenen Fällen bedarf der vorherigen schriftlichen Einwilligung des Verlages. Nähere Informationen zur vertraglich gestatteten Anzahl von Kopien finden Sie auf www.schulbuchkopie.de.

Für Verweise (Links) auf Internetadressen gilt folgender Haftungshinweis: Trotz sorgfältiger inhaltlicher Kontrolle wird die Haftung für die Inhalte der externen Seiten ausgeschlossen. Für den Inhalt dieser externen Seiten sind ausschließlich deren Betreiber verantwortlich. Sollten Sie daher auf kostenpflichtige, illegale oder anstößige Inhalte treffen, so bedauern wir dies ausdrücklich und bitten Sie, uns umgehend per E-Mail davon in Kenntnis zu setzen, damit beim Nachdruck der Verweis gelöscht wird.

Druck A^{1}/Jahr 2022
Alle Drucke der Serie A sind im Unterricht parallel verwendbar.

Redaktion: Katrin Spiller
Kontakt: finale@westermanngruppe.de
Layout: LIO Design GmbH, Braunschweig
Umschlaggestaltung: Gingco.Net, Braunschweig
Umschlagfoto: Peter Wirtz, Dormagen
Druck und Bindung: Westermann Druck GmbH, Georg-Westermann-Allee 66, 38104 Braunschweig

ISBN 978-3-7426-**2306**-5

Inhaltsverzeichnis

A Vorbereitung auf die Abschlussprüfung

A 1	Vorgaben für die Prüfung	5
A 2	Die Prüfungsaufgaben	6
A 2.1	Das Leseverstehen: ein Beispiel	6
A 2.2	Die Schreibaufgabe: ein Beispiel (Aufgabentyp 4a)	10

B Arbeitstechniken

B 1	Im Wörterbuch nachschlagen	16
B 2	Texte erschließen und Inhalte zusammenfassen – literarische Texte	17
B 3	Texte erschließen und Inhalte zusammenfassen – Sachtexte	19
B 4	Schaubilder auswerten	21

C Strategien zur Bearbeitung von Schreibaufgaben

C 1	Aufgabentyp 2	24
C 1.1	Was bedeutet die Aufgabenstellung „Informiere ..."?	24
C 1.2	Einen informierenden Text verfassen – Fachwissen	25
C 1.3	Einen informierenden Text verfassen	26
C 1.4	Schreibplan zu Aufgabentyp 2	27
C 1.5	Schreibaufgabe in sechs Schritten bearbeiten: Die Autorin Cornelia Funke	28
C 2	Aufgabentyp 4a	37
C 2.1	Was wird bei der Aufgabenstellung „Analysiere ..." erwartet?	37
C 2.2	Einen epischen Text analysieren – Fachwissen	38
C 2.3	Einen lyrischenText analysieren – Fachwissen	39
C 2.4	Einen Text analysieren und interpretieren	40
C 2.5	Schreibplan zu Aufgabentyp 4a	41
C 2.6	Schreibaufgabe (erzählender Text) in sechs Schritten bearbeiten: Marathon	42
C 2.7	Schreibaufgabe (Gedicht) in sechs Schritten bearbeiten: Sachliche Romanze	50
C 3	Aufgabentyp 4b	57
C 3.1	Was bedeutet die Aufgabenstellung „Untersuche und vergleiche ..."?	57
C 3.2	Materialien vergleichen, deuten und bewerten – Fachwissen	58
C 3.3	Einen Textvergleich verfassen	59
C 3.4	Schreibplan zu Aufgabentyp 4b	60
C 3.5	Schreibaufgabe in sechs Schritten bearbeiten: Fitnesstracker – Chance oder Risiko?	61

D Prüfungsaufgaben zum Themenbereich „Medien und Kultur"

D 1	Leseverstehen: Lernt langsam lesen! (angeleitetes Üben)	68
D 2	Leseverstehen: Bitte lächeln! (selbstständiges Üben)	74
D 3	Original-Prüfung 2021: Aufgabentyp 2: Fake News (angeleitetes Üben)	78
D 4	Aufgabentyp 2: Sherlock Holmes (selbstständiges Üben)	86
D 5	Aufgabentyp 2: Sprachenreichtum an unserer Schule (selbstständiges Üben)	90

E Prüfungsaufgaben zum Themenbereich „Eine Frage der Beziehung"

E 1	Leseverstehen: Wie das Minenfeld der Peinlichkeit umgangen wird (angeleitetes Üben)	94
E 2	Original-Prüfung 2021: Leseverstehen: Erfolgreiche Teamarbeit. Diesen Typ braucht jede Gruppe (selbstständiges Üben)	100
E 3	Aufgabentyp 4a: Schneeriese (angeleitetes Üben)	105
E 4	Original-Prüfung 2021: Aufgabentyp 4a: Mit anderen Worten: ich (selbstständiges Üben)	111
E 5	Aufgabentyp 4a: Wenn du gehst (selbstständiges Üben)	114

F Prüfungsaufgaben zum Themenbereich „Digitale Welten"

F 1	Leseverstehen: I6d#&r6achtsi6dall (angeleitetes Üben)	116
F 2	Leseverstehen: Die neue Lust aufs Lesen (selbstständiges Üben)	122
F 3	Aufgabentyp 4b: Self-Tracking (angeleitetes Üben)	127
F 4	Aufgabentyp 4b: Erklärvideos (selbstständiges Üben)	133
F 5	Aufgabentyp 4b: E-Book oder gedrucktes Buch? (selbstständiges Üben)	136

Glossar   139

Vorwort

Was erwartet dich in diesem Arbeitsbuch?

Du bist in der 10. Klasse und vor dir liegt die Zentrale Prüfung nach Klasse 10, das große „FiNALE". Dieses Arbeitsbuch soll dich mit den Prüfungsaufgaben und ihren Anforderungen vertraut machen.

Im **Teil A** erhältst du Hinweise, wie du dich zweckmäßig auf die Prüfung vorbereiten kannst. An Beispielen lernst du Prüfungsaufgaben und ihre Bewertung kennen.

In den **Teilen B** und **C** wiederholst du wichtige Arbeitstechniken und Strategien, wie du Schreibaufgaben bearbeitest. Zu jedem Arbeitsschritt – von der ersten Orientierung bis zur Überarbeitung deines Textes – bekommst du wichtige Informationen und hilfreiche Tipps.

In den **Teilen D, E** und **F** dieses Buches findest du die **Original-Prüfungsaufgaben 2021**, die dir einen Eindruck davon vermitteln, wie die zentrale Prüfungsarbeit aussehen könnte. Außerdem findest du dort Übungsaufgaben zu den Themenbereichen „Medien und Kultur", „Eine Frage der Beziehung" und „Digitale Welten". Manche Aufgaben enthalten Lösungshilfen, die darauf hinweisen, worauf du bei der Erschließung der Texte und bei der Anlage deines Schreibplans achten musst. Sie sind mit dem Zusatz „angeleitetes Üben" versehen. Andere Aufgaben sind zum selbstständigen Üben gedacht und ebenfalls mit einem entsprechenden Hinweis versehen (selbstständiges Üben).

Die **zentrale Prüfungsarbeit 2022** ist zum Zeitpunkt des Drucks dieses Arbeitsbuches noch nicht geschrieben worden. Sobald die Original-Prüfungsaufgaben zur Veröffentlichung freigegeben worden sind, können sie unter *www.finaleonline.de* zusammen mit ausführlichen Lösungen kostenlos mit dem Codewort **DE3v2Sf** heruntergeladen werden.

Mit dem **Glossar** schließt dieses Arbeitsbuch zur Abschlussprüfung. Hier kannst du wichtige Grundbegriffe zur Erschließung von literarischen Texten und Sachtexten nachschlagen.
Und natürlich gibt es auch ein **Lösungsheft**, in dem du die Richtigkeit jedes Arbeitsschrittes überprüfen kannst. Außerdem findest du zu jeder Original-Prüfungsaufgabe eine mögliche Beispiellösung, sodass du einschätzen kannst, was in der Abschlussprüfung von dir erwartet wird.

In diesem Arbeitsbuch findest du Schreibraum für wichtige vorbereitende Notizen. Deinen Text zur Schreibaufgabe musst du allerdings auf einem gesonderten Blatt Papier anfertigen. Auch wenn du sonst einmal nicht genug Platz für deine Ausführungen findest, nimm dir einfach einen Zettel oder ein Heft zur Hand.

Damit du ein Gefühl für die zur Verfügung stehende Arbeitszeit bekommst, solltest du dir bei den Aufgaben in den Teilen D, E und F eine Uhr bereitlegen.

Wir hoffen, dass du dich nach der Bearbeitung dieses Heftes sicher für das „FiNALE" fühlst, und wünschen dir für die Prüfung toi, toi, toi.
Das Autorenteam

> **TIPP**
>
> Hast du noch Lücken aus den vorherigen Schuljahren? Dann empfehlen wir dir das „FiNALE Grundlagentraining Deutsch" (ISBN 978-3-7426-1890-0). Es bietet prüfungsrelevantes Grundlagenwissen zum Nachschlagen und Üben. Ergänzend dazu findest du im Internet unter *www.finaleonline.de/grundlagentraining* ein kostenloses Online-Training bestehend aus interaktiven Übungsaufgaben und Arbeitsblättern zum Ausdrucken.

A Vorbereitung auf die Abschlussprüfung
A 1 Vorgaben für die Prüfung

Was erwartet dich in den zentralen Prüfungen nach Klasse 10 im Fach Deutsch? Informiere dich hier über den zeitlichen Ablauf und die inhaltlichen Vorgaben:

INFO

Die Bearbeitungszeit für die Aufgaben der schriftlichen Abschlussprüfung im Fach Deutsch umfasst **150 Minuten**. Zusätzlich erhältst du 10 Minuten zur ersten Orientierung (Bonuszeit). Du kannst entscheiden, welchem der beiden Prüfungsteile die Bonuszeit zugerechnet wird; eine Aufteilung ist ebenfalls möglich. Außerdem hast du 10 Minuten Zeit, um dich für ein Wahlthema zu entscheiden.

Die Abschlussprüfung besteht aus zwei Teilen:

Erster Prüfungsteil: Leseverstehen
Du erhältst einen Text und bearbeitest dazu Teilaufgaben.
Dafür hast du **30 Minuten** Zeit.

> **Erster Prüfungsteil:**
> **Leseverstehen**
> 30 min

- -

Zweiter Prüfungsteil: Schreiben
Du erhältst **zwei** Schreibaufgaben zur **Auswahl**. Jetzt hast du **10 Minuten Zeit**, um dich für **ein Wahlthema** zu entscheiden. Das **Wahlthema 1** ist das **Analysieren (AT 4a)**. Das **Wahlthema 2** ist entweder das **Informieren (AT 2)** oder das **Untersuchen/Vergleichen (AT 4b)**.

| **Zweiter Prüfungsteil:** **Wahlthema 1: Analysieren** (AT 4a) 120 min | **Zweiter Prüfungsteil:** **Wahlthema 2: Informieren** (AT 2) 120 min | oder | **Zweiter Prüfungsteil:** **Wahlthema 2: Untersuchen/** **Vergleichen** (AT 4b) 120 min |

Deine Wahlmöglichkeiten ⟩ **Wahlthema 1** oder **Wahlthema 2**

---

1 Notiere, was du innerhalb der vorgegebenen Zeiten am Prüfungstag erledigen musst:

30 Minuten: _____

10 Minuten: _____

120 Minuten: _____

10 Minuten (Bonuszeit): _____

2 Du findest in diesem Heft in den Teilen C bis F verschiedene Schreibaufgaben. Bearbeite sie und notiere jeweils, wieviel Zeit du für die Bearbeitung einplanen musst. Notiere auch, wie viel Zeit du tatsächlich für die Berarbeitung der Aufgaben benötigt hast.

	geplante Zeit	benötigte Zeit
Sich über den Text/die Texte und die Aufgabenstellung orientieren		
Aufgabentext oder -texte lesen und Inhalt(e) erfassen		
Einen Schreibplan anlegen		
Materialtext(e) auswerten und Stichworte im Schreibplan festhalten		
Deinen Text schreiben		
Deinen Text überarbeiten		

A Vorbereitung auf die Abschlussprüfung

A 2 Die Prüfungsaufgaben

A 2.1 Das Leseverstehen: ein Beispiel

Im ersten Prüfungsteil, dem Leseverstehen, bearbeitest du verschiedene Teilaufgaben. Mit ihnen wird überprüft, ob du den Text richtig gelesen und verstanden hast. Dazu musst du richtige Lösungen ankreuzen, Lückentexte ausfüllen, Aussagen aus dem Text erklären, eine Skizze deuten, Zusammenhänge erläutern oder zu bestimmten Aussagen (Standpunkten) Stellung nehmen.

Doch zunächst musst du den Text erschließen: Unterstreiche unbekannte Begriffe und kläre sie, markiere Schlüsselstellen, finde Überschriften zu Sinnabschnitten usw. Lies die Aufgabenstellungen genau und vergewissere dich mithilfe der passenden Textstellen, dass deine Antworten zutreffen.

1 Diese Prüfungsvorlage wurde bereits zum größten Teil bearbeitet. Überprüfe und korrigiere die Antworten. An manchen Stellen war der Schüler unsicher. Dort findest du Fragezeichen *??*. Sie sind ein Hinweis für dich, diese Antworten genau zu überprüfen.

Digitale Welten

Teil I

Lies zunächst den Text sorgfältig durch und bearbeite anschließend die Aufgaben **1** – **12**.

Warum ich im Supermarkt auch ohne Payback-Karte ausgeforscht werde *Bernd Kramer*

persönlicher Datenschutz

??

Wer denn??

(1) „Haben Sie eine Payback-Karte?", fragt die Kassiererin. Es ist einer der wenigen Momente, in denen ich mich wie ein Mensch fühle, der den Datenschutz ernst nimmt. Wie ein Kunde, der sich bewusst verhüllt, statt sich gläsern zu machen. „Nein", sage ich mit voller Überzeugung. „Natürlich nicht." Ich weiß
5 ja, was der Handel mit Rabattkarten bezweckt: Er will mich ausforschen.

Konkretes Beispiel!

(2) Die amerikanische Supermarktkette Target fand mithilfe solcher Kundenkartendaten zum Beispiel heraus, wie man schon ziemlich früh schwangere Frauen identifiziert: Ab einem gewissen Zeitpunkt neigen sie unter anderem dazu, parfümfreie Körperpflegeprodukte zu kaufen. Je früher die Händler werdende
10 Mütter erkennen, desto gezielter können sie sie umwerben. Das führte bereits zu kuriosen[1] Situationen: Eines Tages kam ein Vater empört in den Laden, weil die Supermarktkette seiner Tochter Gutscheine für Babykleidung geschickt hatte. Sie gehe doch noch zur Schule, schimpfte der Vater. Target wusste bereits von der Schwangerschaft, bevor die junge Frau es ihrer Familie sagte.

15 (3) Auch die Deutschen helfen dem Handel sehr bereitwillig beim Datensammeln. Payback, der größte Rabattkartenanbieter, hat nach eigenen Angaben hierzulande 30 Millionen aktive Nutzerinnen und Nutzer. Aber sind die anderen, die sich nicht von ein paar Prämien locken lassen, wirklich so gut getarnt?

??

(4) Die Händler mit Ladenlokal lassen sich inzwischen einiges einfallen, um ihre
20 Kunden so zu durchleuchten wie die Konkurrenten im Internet. Die Supermarktkette Real erfasste zum Beispiel eine Zeit lang die Gesichter der Kunden an der Kasse, wenn sie auf Werbebildschirme schauten. So lässt sich personalisierte Werbung ausspielen – wie im Internet. Erst nach öffentlichem Protest wurde das Projekt eingestellt, in einigen Filialen der Deutschen Post ist es weiterhin aktiv.

(5) Eine besonders verbreitete Methode macht sich zunutze, dass viele Men- 25
schen die WLAN-Funktion ihres Handys nicht ausschalten, wenn sie den
Laden betreten. Ein Smartphone sucht in der Regel automatisch nach Netzen
in der Nähe und schickt dem WLAN-Sender dabei eine persönliche Identifikationsnummer des Gerätes, die sogenannte MAC-Adresse. Aus der Signalstärke
können die WLAN-Sender in den Läden wiederum ermitteln, wo der Kunde 30
sich gerade befindet: Bleibt er besonders lange an der Wursttheke stehen?
Traut er sich nur dann an das Regal mit den Kondomen, wenn gerade keine
anderen Kunden in der Nähe sind? Oder greift er ganz schambefreit[2] zu? Und
wie oft kommt er überhaupt in den Laden? Jeden Tag? Oder nur einmal in
der Woche zum Großeinkauf? 35

(6) Das EHI Retail Institute aus Köln, eine Forschungseinrichtung des Handels,
hat kürzlich 44 Handelsketten befragt. Zehn gaben dabei an, die Laufwege
der Kunden bereits zu erfassen, 16 planen es für die Zukunft. Das Bayerische
Landesamt für Datenschutzaufsicht befürchtet, dass Funksignale des Handys
auch mit anderen Informationen verknüpft werden können, etwa mit Angaben 40
zur EC-Kartenzahlung. Dann wüssten die Händler ziemlich schnell, welches
Bewegungsprofil zu welchem Menschen gehört, und statt einer MAC-Adresse,
die zweimal in der Woche abends zwischen den Regalen herumirrt, sähen sie
dann plötzlich: mich. Auch ganz ohne Payback-Karte.

(7) Bei meinem nächsten Ladenbesuch achte ich darauf, welche WLAN-Netze 45
mein Handy in der Nähe findet. Auch mein Supermarkt taucht in der Liste
auf. Am Abend schleppe ich meine Einkäufe nach Hause und schalte zur
Erholung Netflix ein. Der Streamingdienst kennt meine Vorlieben schon sehr
genau – und schlägt mir „Black Mirror" vor, eine Serie, die oft von den Überwachungsmöglichkeiten der nahen Zukunft erzählt. Ich nehme mir vor: Von 50
nun an stelle ich das Smartphone öfter aus, sobald ich aus dem Haus gehe.

1 **kurios:** merkwürdig, ungewöhnlich

2 **schambefreit:** sich nicht für etwas schämen

Bernd Kramer: Mich für nichts. Erstveröffentlichung im fluter Nr.68– „Was gibst Du preis? Thema
Daten" – Seite 14, Herbst 2018, Herausgeber: Bundeszentrale für politische Bildung/bpb.

AUFGABENSTELLUNG Leseverstehen

1 Kreuze die richtige Antwort an.
Der Autor fühlt sich ohne Payback-Karte als jemand, der (Abschnitt 1) …

a) keine Rabatte erhält. ☐
b) keine Daten hinterlassen möchte. ☒
c) als ein verschlossener Mensch gilt. ☐
d) von der Kassiererin bloßgestellt wird. ☐

2 Kreuze die richtige Antwort an.
Ein „gläserner" Kunde ist jemand, der (Abschnitt 1) …

a) datentechnisch durchleuchtet ist. ☐
b) im Umgang mit Daten gewissenhaft ist. ☐
c) im Umgang mit Daten vorsichtig ist. ☐
d) seine Daten verdeckt. ☒ **??**

7

A Vorbereitung auf die Abschlussprüfung

3 Kreuze die richtige Antwort an.
Der Handel will mit Rabattkarten (Abschnitt 2) …

a) die Kunden zum Sparen anhalten. ☐
b) schwangere Kunden bevorzugen. ☐
c) viele Kundendaten sammeln. ☒
d) die Kunden über Rabatte informieren. ☐

4 Kreuze die richtige Antwort an.
Der Handel kann viele Kundendaten sammeln, weil die Deutschen (Abschnitt 3) …

a) sich entgegenkommend verhalten. ☒
b) sich uninformiert verhalten. ☐
c) sich unkritisch verhalten. ☐
d) sich gleichgültig verhalten. ☐

5 Kreuze die richtige Antwort an.
Wenn es darum geht, die Kunden zu durchleuchten, orientieren sich Händler mit Ladenlokal an der Konkurrenz (Abschnitt 4) …

a) in Supermarktketten. ☐
b) der Deutschen Post. ☒ **??**
c) im Internet. ☐
d) anderer Ladenlokale. ☐

6 Erläutere die Aussage „*So lässt sich personalisierte Werbung ausspielen* …" (Z. 22/23) im Textzusammenhang.

Mit dieser Aussage ist gemeint, dass die Gesichter von Kunden gespeichert werden, damit sie **??**

bei ihrem nächsten Einkauf von den Kassierern wiedererkannt werden.

_____

_____

7 Kreuze die richtige Antwort an.
Kunden könnten eine Ortung durch ihr Smartphone verhindern (Abschnitt 5), indem sie …

a) ihre MAC-Adresse verändern. ☐
b) die WLAN-Funktion ihres Handys nicht ausschalten. ☒ **??**
c) die WLAN-Funktion ihres Handys nicht aktivieren. ☐
d) die Signalstärke des WLAN-Senders herabsenken. ☐

8 Kreuze die richtige Antwort an.
„*Aus der Signalstärke können die WLAN-Sender in den Läden wiederum ermitteln,* …" (Z. 29/30)

a) an welcher Stelle im Laden sich Kunden aufhalten. ☒
b) an welcher Stelle im Laden Kunden ihre Smartphones lauter stellen. ☐
c) an welcher Stelle im Laden Kunden sich nach Rabatten erkundigen. ☐
d) an welcher Stelle im Laden Kunden den Einkaufskorb abstellen. ☐

A Vorbereitung auf die Abschlussprüfung

9 Erläutere den Zusammenhang zwischen den Grafiken und dem Text (Abschnitt 5).

1. Smartphone sucht nach Funknetzen in der Nähe

2. Smartphone schickt WLAN-Sender Identifikationsnummer des Gerätes

3. Ermittlung des Standortes des Benutzers

In der Grafik wird dargestellt, dass Smartphones in der Regel automatisch nach WLAN-Netzen in ihrer Umgebung suchen. Dabei übermittelt das Smartphone die MAC-Adresse des Gerätes an den WLAN-Sender. Dies hat zur Folge, dass der Standort des Handynutzers über die Signalstärke ermittelt werden kann, auch die zurückgelegten Wege im Supermarkt können so ermittelt werden.

10 Kreuze die richtige Antwort an.
In Abschnitt 6 wird deutlich, dass Funksignale des Handys …

a) praktisch für den Kunden sind. ☐
b) vergleichbar sind. ☒ **??**
c) nicht verknüpft werden können. ☐
d) mit anderen Informationen verknüpft werden können. ☐

11 Kreuze die richtige Antwort an.
Dass auch die Daten des Autors des Artikels erfasst werden, erkennt man daran, dass (Abschnitt 7) …

a) er über sein Einkaufsverhalten nachdenkt. ☒ **??**
b) er fernsieht. ☐
c) er sein Handy zu Hause ausschaltet. ☐
d) Netflix ihm bestimmte Serien vorschlägt. ☐

12 Nach dem Lesen des Textes sagt ein Schüler: *„Man sollte häufiger an das Thema Datenschutz denken."*
Schreibe eine kurze Stellungnahme zu dieser Aussage. Du kannst der Auffassung zustimmen oder nicht. Wichtig ist, dass du deine Meinung begründest. Beziehe dich dabei auf den Text.

Ich stimme der Aussage des Schülers zu. Ich finde es erschreckend, wie mit unseren Daten umgegangen wird, ohne dass es uns bewusst ist. Dass mein Kaufverhalten durch die Ortung meines Handys so genau erfasst wird, ist unheimlich. Dadurch fühle ich mich überwacht und manipuliert. Dabei ist es sehr leicht, die WLAN-Funktion des Handys abzuschalten. Das nehme ich mir künftig auf jeden Fall vor, um die Anlage meines Bewegungsprofils zu erschweren. Verhindern kann ich es sicherlich nicht, dass Daten über mich erfasst werden. Auch mein Computer verzeichnet, auf welchen Internetseiten ich gewesen bin. So ähnlich geht es dem Autor des Artikels ja auch, wenn er beispielsweise Netflix nutzt und aufgrund bereits gesehener Sendungen personalisierte Vorschläge erhält.

A Vorbereitung auf die Abschlussprüfung

A 2.2 Die Schreibaufgabe: ein Beispiel (Aufgabentyp 4a)

Im Teil II der Prüfung wird überprüft, ob du Sachtexte, literarische Texte, Gedichte und ggf. auch Schaubilder und Anzeigen analysieren und miteinander vergleichen bzw. aufeinander beziehen (Aufgabentyp 4a oder 4b) oder ob du zu einem bestimmten Sachverhalt einen informierenden Text schreiben kannst (Aufgabentyp 2). Beim Aufgabentyp 4a musst du den vorgegebenen Text zunächst untersuchen (siehe S. 17). Dabei orientierst du dich an vorgegebenen Teilaufgaben. In einem zweiten Schritt musst du deine Untersuchungsergebnisse in einem zusammenhängenden Text ausformulieren. In einer abschließenden Aufgabe wird entweder eine Stellungnahme zu einer Aussage zum Text bzw. zu einem Zitat aus dem Text oder ein kurzer Text aus der Perspektive einer Figur (vgl. Aufgabe **1** f) von dir erwartet.

1 Die unten stehende Prüfungsvorlage wurde bereits von einem Schüler bearbeitet. Lies dir die an ihn gestellten Aufgaben durch und markiere die Operatoren und Schlüsselwörter.

2 Bereite den Text selbst für eine Analyse vor. Erschließe ihn mit der Lesemethode (S. 17) und setze die Anmerkungen am Rand fort. Orientiere dich dabei an den Teilaufgaben.

Eine Frage der Beziehung

Teil II

Lies bitte zuerst den Text, bevor du die Aufgaben bearbeitest. Schreibe einen zusammenhängenden Text.

AUFGABENSTELLUNG

1 **Analysiere** den Text „Augenblicke" von Walter Helmut Fritz. Gehe dabei so vor:
   a) **Schreibe** eine Einleitung, in der du Titel, Autor, Textart und Thema **benennst**.
   b) **Fasse** den Text **zusammen**.
   c) **Stelle dar**, welche Personen sich gegenüberstehen und welche Absichten sie verfolgen.
   d) **Beschreibe** die Beziehung zwischen Mutter und Tochter und ziehe dazu Textbelege heran.
   e) **Untersuche**, wie durch sprachliche und formale Mittel deutlich gemacht wird, dass Elsa in einem inneren Zwiespalt steckt (mögliche Aspekte: *Wortwahl, Satzbau, Erzählform und Erzählverhalten*), und **erläutere** dazu auch das Ende des Textes.
   f) **Verfasse** einen kurzen Text aus der Sicht von Elsa:
      – Warum verlässt Elsa fluchtartig die Wohnung der Mutter?
      – Welche Gedanken hat sie, als sie durch die Stadt läuft?
      – Welche Sorgen macht sie sich?
      Schreibe in der Ich-Form und berücksichtige die Informationen, die der Textauszug gibt.

Augenblicke   *Walter Helmut Fritz (1964)*

Mutter kommt ins Bad, Elsa reagiert genervt

Kaum stand sie vor dem Spiegel im Badezimmer, um sich herzurichten, als ihre Mutter aus dem Zimmer nebenan zu ihr hereinkam, unter dem
5 Vorwand, sie wolle sich nur die Hände waschen.

Also doch! Wie immer, wie fast immer. Elsas Mund krampfte sich zusammen. Ihre Finger spannten sich. Ihre Augen wurden schmal. Ruhig bleiben! 10
Sie hatte darauf gewartet, dass ihre Mutter auch dieses Mal hereinkom-

Gefühle Elsas; Gedankenrede

10

A Vorbereitung auf die Abschlussprüfung

*empfindet
Verhalten als
störend*

Aufzählung

men würde, voller Behutsamkeit, mit
jener scheinbaren Zurückhaltung,
15 die durch ihre Aufdringlichkeit die
Nerven freilegt. Sie hatte – behext,
entsetzt, gepeinigt – darauf gewartet,
weil sie sich davor fürchtete.
  – Komm, ich mach dir Platz, sagte sie
20 zu ihrer Mutter und lächelte ihr zu.
  – Nein, bleib nur hier, ich bin gleich
so weit, antwortete die Mutter und
lächelte.
  – Aber es ist doch so eng, sagte Elsa
25 und ging rasch hinaus, über den Flur,
in ihr Zimmer. Sie behielt einige Augenblicke länger als nötig die Klinke in der Hand, wie um die Tür mit
Gewalt zuzuhalten. Sie ging auf und
30 ab, von der Tür zum Fenster, vom
Fenster zur Tür. Vorsichtig öffnete
ihre Mutter.
  – Ich bin schon fertig, sagte sie.
Elsa tat, als ob ihr inzwischen etwas
35 anderes eingefallen wäre, und machte
sich an ihrem Tisch zu schaffen.
  – Du kannst weitermachen, sagte die
Mutter.
  – Ja, gleich.
40 Die Mutter nahm die Verzweiflung
ihrer Tochter nicht einmal als Ungeduld wahr.
Wenig später allerdings verließ Elsa
das Haus, ohne ihrer Mutter Adieu zu
45 sagen. Mit der Tram[1] fuhr sie in die
Stadt, in die Gegend der Post. Dort
sollte es eine Wohnungsvermittlung
geben, hatte sie einmal gehört. Sie
hätte zu Hause im Telefonbuch eine
50 Adresse nachsehen können. Sie hatte
nicht daran gedacht, als sie die Treppe
hinuntergeeilt war.
In einem Geschäft für Haushalts-
gegenstände fragte sie, ob es in der
55 Nähe nicht eine Wohnungsvermittlung gebe. Man bedauerte. Sie fragte
in der Apotheke, bekam eine unge-
naue Auskunft. Vielleicht im nächs-

ten Haus. Dort läutete sie. Schilder
einer Abendzeitung, einer Reisege- 60
sellschaft, einer Kohlenfirma. Sie
läutete umsonst.
Es war später Nachmittag, Samstag,
zweiundzwanzigster Dezember.
Sie sah in eine Bar hinein. Sie sah den 65
Menschen nach, die vorbeigingen. Sie
trieb mit. Sie betrachtete Kinorekla-
men. Sie ging Stunden umher. Sie
würde erst spät zurückkehren. Ihre
Mutter würde zu Bett gegangen sein. 70
Sie würde ihr nicht mehr Gute Nacht
zu sagen brauchen.
Sie würde sich, gleich nach Weihnachten, eine Wohnung nehmen.
Sie war zwanzig Jahre alt und ver- 75
diente. Kein einziges Mal würde sie
sich mehr beherrschen können, wenn
ihre Mutter zu ihr ins Bad kommen
würde, wenn sie sich schminkte. Kein
einziges Mal. 80
Ihre Mutter lebte seit dem Tod ihres
Mannes allein. Oft empfand sie Lan-
geweile. Sie wollte mit ihrer Tochter
sprechen. Weil sich die Gelegenheit
selten ergab (Elsa schützte Arbeit 85
vor), suchte sie sie auf dem Flur zu erreichen oder wenn sie im Bad zu tun
hatte. Sie liebte Elsa. Sie verwöhnte
sie. Aber sie, Elsa, würde kein einziges
Mal ruhig bleiben können, wenn sie 90
wieder zu ihr ins Bad käme.
Elsa floh. Über der Straße künstliche,
blau, rot, gelb erleuchtete Sterne. Sie
spürte Zuneigung zu den vielen Leuten, zwischen denen sie ging. 95
Als sie kurz vor Mitternacht zurück-
kehrte, war es still in der Wohnung.
Sie ging in ihr Zimmer, und es blieb
still. Sie dachte daran, dass ihre Mutter alt und oft krank war. Sie kauer- 100
te[2] sich in ihren Sessel, und sie hätte
unartikuliert[3] schreien mögen, in die
Nacht mit ihrer entsetzlichen Gelassenheit.

---

1 **die Tram:** die Straßenbahn   2 **sich kauern:** sich zusammenrollen

3 **unartikuliert:** unkontrolliert und unverständlich

aus: Walter Helmut Fritz: Umwege. Prosa. Stuttgart: Deutsche Verlags-Anstalt, 1964.

A Vorbereitung auf die Abschlussprüfung

3 Untersuche den folgenden Schülertext:
a) Finde heraus, wie der Schüler seinen Text strukturiert hat.
   Halte am Rand stichwortartig die Inhalte der einzelnen Abschnitte fest.
b) Bearbeite die folgenden Aufgaben und schreibe dein Ergebnis an den Rand:
   • Kennzeichne, wo die Aspekte der Aufgabenstellung berücksichtigt werden, z. B.
     Aufgabe **1** a): Z. 1 – Z. 3 …
   • Prüfe, ob die Absätze sinnvoll gesetzt sind.
   • Überprüfe, ob die genannte Textart vorliegt und durch welche Merkmale sie belegt wurde.
   • Wo hat der Schüler Aussagen mit Textbelegen gestützt? Unterstreiche die Stellen.
   • An welchen Stellen würdest du etwas ergänzen, wo etwas streichen?
   • Ist der Text aus der Sicht von Elsa nachvollziehbar geschrieben?
     Passt er zum Inhalt der Erzählung?
   • Schreibe dir die Ausdrücke und Wendungen, die du dir merken willst, heraus (S. 14).

Teilaufgabe
1a) – Titel,
Autor, Thema,
Textart

In der Kurzgeschichte „Augenblicke" von Walter Helmut Fritz aus dem Jahr 1964 geht es um einen Konflikt zwischen Mutter und Tochter, den die Mutter nicht als solchen wahrnimmt, der die Tochter aber in einen inneren Zwiespalt stürzt.

Die Tochter fühlt sich von ihrer Mutter bedrängt, weil sie ihr ihren Freiraum nimmt.

5 Sie geht aus dem Badezimmer, wenn die Mutter hereinkommt, und sucht verzweifelt nach Ausreden, um nicht dauernd in der Nähe ihrer Mutter sein zu müssen. Schließlich verlässt sie das Haus, ohne sich zu verabschieden. Elsa irrt durch die Stadt und überlegt sich, eine eigene Wohnung zu suchen und bald von zu Hause auszuziehen. Doch als sie nachts wieder nach Hause zurückkehrt, kommt ihr der Gedanke, dass

10 ihre Mutter seit dem Tod des Vaters oft krank ist und ihre Hilfe braucht. Das lässt sie an ihrer Entscheidung zweifeln.

Elsa wohnt noch bei ihrer Mutter zu Hause und fühlt sich von dieser eingeengt und bedrängt („[…] als ihre Mutter aus dem Zimmer nebenan zu ihr hereinkam […]", Z. 3/4). Sie reagiert genervt und empfindet ihre Mutter als aufdringlich (Z. 14–16).

15 Mittlerweile fürchtet sie sich sogar vor den ständigen Begegnungen (Z. 17–18). Also reagiert sie mit Flucht aus der Wohnung, weil sie keine Privatsphäre mehr hat („Wenig später allerdings verließ Elsa das Haus, ohne ihrer Mutter Adieu zu sagen.", Z. 43–45). Als ungenaues Ziel hat sie eine Wohnungsvermittlung in der Stadt, weil sie beabsichtigt, auszuziehen (Z. 46–48). Sie sucht die Anonymität der

20 Stadt und lässt sich mit den Menschen treiben (Z. 65-67), um auf andere Gedanken zu kommen. Erst in der Nacht kehrt sie unverrichteter Dinge nach Hause zurück und vermeidet so eine erneute Begegnung mit ihrer Mutter (Z. 68–72). Elsa ist im Grunde verzweifelt (Z. 100–104). Ihr gegenüber steht ihre Mutter, die sich um Elsas Nähe bemüht (Z. 13–16). Die Mutter realisiert Elsas eigentliche Gedanken nicht

12

(Z. 40–42) und behandelt Elsa höflich und freundlich („[…] antwortete die Mutter und lächelte.", Z. 21–23), nimmt aber nicht wahr, dass Elsa auch Zeit für sich braucht. Die Mutter ist seit dem Tod ihres Mannes oft einsam (Z. 81–82), ebenso ist sie alt und krank (Z. 99–100). Deswegen möchte sie viel Zeit mit Elsa verbringen. Die Beziehung zwischen Mutter und Tochter ist angespannt. Die Mutter weiß nicht, dass sie ihre Tochter nervt („Die Mutter nahm die Verzweiflung ihrer Tochter nicht einmal als Ungeduld wahr.", Z. 40–42), obwohl Elsa versucht, es ihr zu zeigen, indem sie immer dann geht oder nach Ausreden sucht, wenn ihre Mutter sich ihr nähert (Z. 24–29, Z. 37–42, Z. 39). Andererseits unterscheidet sich Elsas äußeres Verhalten ihrer Mutter gegenüber („Komm, ich mach dir Platz, sagte sie zu ihrer Mutter und lächelte ihr zu.", Z. 19–20) deutlich von ihren Gedanken. Die Mutter liebt ihre Tochter zu sehr (Z. 88), um sie gehen zu lassen. Deshalb nimmt sie auch so viel Rücksicht (Z. 21–23). Elsa fühlt sich aber dadurch eingeengt. Trotzdem fühlt sie sich für ihre Mutter verantwortlich. Dadurch wird die Beziehung kompliziert, da beide nicht offen über ihre jeweiligen Gedanken und die Gründe für ihr Verhalten sprechen. Für Elsa ergibt sich aus der Situation ein innerer Zwiespalt. Dieser wird durch die Er-/Sie-Erzählform und das personale Erzählverhalten für den Leser deutlich, denn der Erzähler übernimmt den Blickwinkel von Elsa und gibt deren Gedanken z. B. durch eine Aufzählung von Adjektiven („[…] behext, entsetzt, gepeinigt […]", Z. 16–17) oder durch Ellipsen wieder („Ruhig bleiben!", Z. 10). Auch ihr Verhalten in der Stadt, das durch Parataxen und Anaphern aneinandergereiht dargestellt wird (Z. 65–72), deutet an, dass sie eigentlich ziellos umherirrt. Die Darstellung ihrer Gedanken legt offen, dass sie sich unter fremden Menschen sogar wohler fühlt als zu Hause (Z. 93–95). Elsa nimmt sich vor, dass sie sich bei der nächsten Begegnung nicht mehr beherrschen wird. So wird deutlich, dass Elsa sich durch die Anwesenheit ihrer Mutter bedrängt und verfolgt fühlt. Sie wartet fast schon darauf, dass ihre Mutter wieder hinterherkommt: „Sie behielt einige Augenblicke länger als nötig die Klinke in der Hand, wie um die Tür mit Gewalt zuzuhalten." (Z. 26–29). Andererseits kann sie ihre Mutter auch nicht verlassen, da diese allein (Z. 82), „alt und oft krank" ist (Z. 99/100). Nachdem sie erst kurz vor Mitternacht aus der Stadt zurückgekehrt ist, rollt sie sich in ihrem Sessel zusammen (Z. 100). Es geht ihr so schlecht, dass sie am liebsten laut schreien würde. Hier wird durch eine Personifikation der innere Konflikt Elsas betont: „[…] in die Nacht mit ihrer entsetzlichen Gelassenheit." (Z. 102—104). Damit wird ein Kontrast zwischen der Stille der Nacht und Elsas

Innensicht klar. Es zeigt sich, dass Elsa trotz ihrer Reflexion während ihrer Flucht in

60 die Stadt keine Lösung für ihr Problem gefunden hat, denn eigentlich weiß sie, dass

sie ihre Mutter nicht alleine lassen kann, braucht aber gleichzeitig Gelegenheiten, um

Zeit für sich zu haben („Sie war zwanzig Jahre alt und verdiente.", Z. 75—76).

Text aus der Sicht Elsas:

Warum lässt mir Mutter nie meine Privatsphäre, sie verfolgt mich regelrecht. Wenn ich

65 mich im Bad fertig machen will, kommt sie herein — immer unter dem Vorwand, es würde

nicht so lange dauern. Kann sie mich nicht wenigstens im Bad in Ruhe lassen? Nur einen

kleinen Moment? Das ist immer so, immer läuft sie hinter mir her. Ich weiß, dass sie nicht

alleine sein will und dass sie meine Nähe sucht, aber ich brauche auch mal Zeit für mich.

Das macht mich so wütend! Am besten, ich verschwinde in die Stadt — dort kennt mich

70 keiner, und keiner verfolgt mich ... Wo ist denn nun diese Wohnungsverwaltung? Es wird

Zeit, dass ich mir eigene vier Wände suche. Keiner kann mir Auskunft geben — weder in

dem Haushaltswarengeschäft noch in der Apotheke. Hier macht auch keiner auf. Es ist

zum Verzweifeln — und jetzt ist auch noch bald Weihnachten. Ich laufe durch die Stadt,

bis Mutter zu Bett gegangen ist — dann stört sie mich nicht mehr. Ich bin zwanzig Jahre

75 alt, ich brauche meine Privatsphäre. Ich weiß, dass Mama nach dem Tod von Papa allein

ist und jemanden zum Reden braucht, aber ich kann das nicht mehr. Ich fühle mich be-

drängt! Da sind mir fremde Leute fast lieber als meine Mutter ... Es ist schon spät — ich

muss nach Hause zurück — fast Mitternacht. Verdammt, was soll ich nur tun? Ich weiß,

dass sie oft allein und krank ist — sie hat doch sonst keinen außer mir. Was soll ich nur

80 machen? Ich kann sie doch nicht alleine lassen. Kann mir keiner helfen???

Ausdrücke und Wendungen, die ich mir merken möchte:

_____

_____

_____

_____

_____

_____

_____

_____

A Vorbereitung auf die Abschlussprüfung

Wonach richtet sich die Note der Schreibaufgabe (Aufgabentyp 4a)?

1 Beurteile den Schüleraufsatz anhand des Bewertungsbogens.

Inhaltliche Leistung

Aufgabe	Anforderung	erfüllt	nicht erfüllt
	Der Prüfling …		
1 a)	schreibt eine Einleitung, in der er … • Titel, Autor, Textart sowie • das Thema (*Konflikt zwischen Mutter und Tochter, den die Mutter nicht wahrnimmt, der die Tochter aber in einen inneren Zwiespalt stürzt*) benennt.		
1 b)	fasst den Text kurz zusammen (*Tochter fühlt sich von Mutter bedrängt; geht aus Badezimmer, wenn Mutter hereinkommt; verlässt das Haus, ohne sich zu verabschieden; will in der Stadt eine eigene Wohnung suchen; kehrt unverrichteter Dinge nachts zurück; denkt an die Mutter, die einsam und oft krank ist; ist unschlüssig*).		
1 c)	stellt dar, welche Personen sich gegenüberstehen und welche Absichten sie verfolgen, z. B.: • *Mutter: sucht Nähe ihrer Tochter, nimmt eigene Aufdringlichkeit nicht wahr, liebt ihre Tochter …* • *Tochter: braucht Privatsphäre, fühlt sich bedrängt, flüchtet vor der Nähe ihrer Mutter, sucht die Anonymität der Stadt, ist hin- und hergerissen zwischen Mitleid und Abkehr …*		
1 d)	beschreibt die Beziehung zwischen Mutter und Tochter und zieht dazu Textbelege heran, z. B.: • *angespanntes Verhältnis, Mutter erkennt die Bedrängnis ihrer Tochter nicht, keine offene Aussprache …*		
1 e)	untersucht, wie durch sprachliche und formale Mittel deutlich gemacht wird, dass Elsa in einem innerem Zwiespalt steckt, z. B.: • *Aufzählung/Adjektive: Beschreibung der Emotionen (Z. 16–17),* • *Parataxen und Ellipsen: Verdeutlichung der inneren Anspannung, der Gedanken (Z. 7, Z. 8–10, …)* • *Anaphern: Betonung des Fluchtgedankens (Z. 63–76)* • *Er-/Sie-Erzählform und personales Erzählverhalten: Offenlegung von Elsas Reaktionen und Gedankengängen (Z. 7, Z. 8–10) …*		
1 f)	verfasst einen kurzen Text aus der Sicht von Elsa, aus dem deutlich wird, warum Elsa fluchtartig die Wohnung der Mutter verlässt, in dem die Gedanken deutlich werden, die Elsa hat, als sie durch die Stadt läuft, und der angibt, welche Sorgen sie sich macht (Ich-Form).		

Darstellungsleistung

Aufgabe	Anforderung	erfüllt	nicht erfüllt
	Der Prüfling …		
1	• strukturiert seinen Text schlüssig und gedanklich klar.		
2	• belegt seine Aussagen durch angemessenes und korrektes Zitieren.		
3	• formuliert syntaktisch variabel (Satzbau).		
4	• drückt sich präzise und differenziert aus.		
5	• schreibt sprachlich richtig (Rechtschreibung, Zeichensetzung, Grammatik).		

B Arbeitstechniken

B Arbeitstechniken

B 1 Im Wörterbuch nachschlagen

Das Wörterbuch ist für die Abschlussprüfung ein wichtiges Hilfsmittel:
• Du benötigst es zum Klären von unbekannten Wörtern.
• Du kannst nachschlagen, um die Rechtschreibung von Wörtern zu überprüfen.
  Das ist vor allem für die Überarbeitung eigener Texte wichtig.

1 Erkläre, welche Bedeutung die unterstrichenen
Wörter im Textzusammenhang haben.
Benutze dein Wörterbuch.

Millionen Menschen nutzen jede Gelegenheit, um
zum Smartphone zu greifen. Nun zeigt eine Studie
von Medienforschern, dass diese <u>exzessive</u> Nutzung große <u>Risiken</u> birgt. Besonders häufig chatten,
posten und spielen die <u>Probanden</u> unter 25 Jahren.
Die Angst, nicht alles von seinen Freunden mitzu-
bekommen, führt zu <u>permanentem</u> Kommunikationsdruck und dazu, dass viele Menschen Hunderte
Male am Tag auf ihr Mobiltelefon schauen oder
selbst Kurznachrichten verbreiten.

exzessive Nutzung: _____

_____

Risiken: _____

_____

die **Probanden**: _____

_____

permanentem Kommunikationsdruck: _____

_____

2 In dem folgenden Text befinden sich sechs
Rechtschreibfehler. Streiche falsch geschriebene
Wörter durch und schreibe sie richtig auf.

*Smartphones sind genial, weil ich damit mit meinen
Freunden über Hausaufgaben und anstehende Klas-
senarbeiten diskutieren kann. Natürlich kommt an
einem einziegen Tag eine riesige menge von Nachrichten zusammen, weil viele über flüssige und unwich-
tige Miteilungen geschrieben werden. Wenn ich mich
durch mein Handy gestrest fühle, stelle ich einfach
den Signalton aus.*

> **TIPP**
>
> 1. Bei Fremdwörtern gibt es oft mehrere Be-
>   deutungen. Um die richtige Bedeutung her-
>   auszufinden, mache die **Ersatzprobe**: Setze
>   jede angegebene Bedeutung im Text an die
>   Stelle des Fremdwortes. Welche Bedeutung
>   ist im Textzusammenhang sinnvoll? Prüfe
>   und wähle aus.
> 2. Manche Wörter findet man nicht auf Anhieb
>   im Wörterbuch, weil sie im Text in veränder-
>   ter Form vorkommen. Gehe daher vor dem
>   Nachschlagen so vor:
>   • Bilde von gebeugten Verben die Grundform
>   (den Infinitiv): *aß → essen*.
>   • Bilde bei Nomen die Einzahl (Singular):
>   *Kakteen → Kaktus*.
>   • Schlage bei zusammengesetzten Wör-
>   tern erst unter dem ersten Wortteil
>   nach. Wenn dort die Wortzusammenset-
>   zung nicht zu finden ist, musst du auch
>   den zweiten Wortteil nachschlagen:
>   - Reflexionsprozess:
>   → *Reflexion → Prozess*.

> **TIPP**
>
> Alle wichtigen Rechtschreibregeln findest du
> auch noch einmal im Internet auf der Seite
> **www.finaleonline.de**.
> Einfach „Mittlerer Schulabschluss" und dein
> Bundesland eingeben und dann das kostenlose
> „EXTRA-Training Rechtschreibung" herunter-
> laden.
> Neben den Regeln findest du dort auch noch
> weitere Übungen mit Lösungen.

B Arbeitstechniken

B 2 Texte erschließen und Inhalte zusammenfassen – literarische Texte

1 Um einen literarischen Text zu erschließen, gehst du am besten schrittweise vor. Ein Lesefächer kann dir dabei helfen. Kopiere diese Seite, um einen Lesefächer anzulegen. Gehe dann folgendermaßen vor:
- Schneide die einzelnen Streifen aus und lege die Papierstreifen in der Reihenfolge der Schritte übereinander (den ersten Schritt nach oben). Loche sie wie vorgegeben.
- Hefte die Streifen mit einer Klammer oder binde sie mit einem Band zusammen.

2 Bearbeite mithilfe des Lesefächers den Text *„Streuselschnecke"* auf Seite 18.

○ **1. Schritt: Vermutungen äußern**
Stelle Vermutungen zum Inhalt an:
– Lies die Überschrift des Textes. Worum geht es wohl?
– Gibt es zu dem Text eine Abbildung? Wenn ja: Was ist darauf zu sehen?

Vor dem Lesen

○ **2. Schritt: Unbekannte Begriffe klären**
– Markiere mit einer Wellenlinie Begriffe und Textstellen, die du nicht verstehst.
– Erschließe ihre Bedeutung aus dem Satzzusammenhang, dem dazugehörigen Text oder durch Nachschlagen im Wörterbuch (siehe B 1, S. 16). Notiere die Bedeutung am Rand.

Während des Lesens

○ **3. Schritt: Schlüsselstellen markieren**
– Markiere **Schlüsselstellen**. Das sind die Textstellen, die Anworten auf folgende Fragen geben: *Wo und wann spielt die Erzählung? Welche Personen handeln dort? Worum geht es?*
– Halte am Rand **weitere Beobachtungen** fest: Wie wirkt der Text auf dich *(lustig, ernst, spannend …)? Wer erzählt die Geschichte (siehe Glossar „Merkmale erzählender Texte", S. 141)? Welche sprachlichen Mittel werden verwendet (siehe S. 143)? Welche Wirkung entsteht durch den Satzbau?*

Während des Lesens

○ **4. Schritt: Wichtiges herausschreiben**
– Bilde **Sinnabschnitte**. Das sind Absätze, die inhaltlich eng zusammengehören. Ein neuer Sinnabschnitt beginnt, wenn z. B. eine neue Person auftritt oder ein wichtiges Ereignis geschieht. Du kannst dich auch an den vorhandenen Absätzen orientieren.
– Formuliere zu jedem Sinnabschnitt eine **Überschrift** (ein Stichwort oder einen kurzen Satz).
– Notiere zu jeder Überschrift stichwortartig den **Inhalt des Sinnabschnittes**. Orientiere dich dabei daran, welche Schlüsselstellen du markiert hast.

Nach dem Lesen

○ **5. Schritt: Inhalte zusammenfassen**
– Bilde aus den Stichpunkten zum Inhalt vollständige Sätze und verknüpfe sie miteinander. So erhältst du eine kurze Inhaltszusammenfassung des Textes.
– Bestimme die Textart (Erzählung, Kurzgeschichte, Roman, Jugendbuchauszug, Gedicht …; siehe Glossar, S. 144).

Nach dem Lesen

B Arbeitstechniken

Streuselschnecke (2000) *Julia Franck*

14-Jährige erhält Anruf von einem Fremden, er will sie kennenlernen, sie findet ihn sympathisch

Ort: Berlin

Ich-Form, personales Erzählverhalten

Der Anruf kam, als ich vierzehn war. Ich wohnte seit einem Jahr nicht mehr bei meiner Mutter und meinen Schwestern, sondern bei Freunden
5 in Berlin. Eine fremde Stimme meldete sich, der Mann nannte seinen Namen, sagte mir, er lebe in Berlin, und fragte, ob ich ihn kennenlernen wolle. Ich zögerte, ich war mir nicht
10 sicher. Zwar hatte ich schon viel über solche Treffen gehört und mir oft vorgestellt, wie so etwas wäre, aber als es so weit war, empfand ich eher Unbehagen. Wir verabredeten uns. Er
15 trug Jeans, Jacke und Hose. Ich hatte mich geschminkt. Er führte mich ins Café Richter am Hindemithplatz und wir gingen ins Kino, ein Film von Rohmer[1]. Unsympathisch war
20 er nicht, eher schüchtern. Er nahm mich mit ins Restaurant und stellte mich seinen Freunden vor. Ein feines, ironisches Lächeln zog er zwischen sich und die anderen Menschen. Ich
25 ahnte, was das Lächeln verriet.

besucht Mann öfter, bekommt aber kein Geld

Einige Male durfte ich ihn bei seiner Arbeit besuchen. Er schrieb Drehbücher und führte Regie bei Filmen. Ich fragte mich, ob er mir Geld geben
30 würde, wenn wir uns treffen, aber er gab mir keins, und ich traute mich nicht, danach zu fragen. Schlimm war das nicht, schließlich kannte ich ihn kaum, was sollte ich da schon verlan-
35 gen? Außerdem konnte ich für mich selbst sorgen, ich ging zur Schule und putzen und arbeitete als Kindermädchen. Bald würde ich alt genug sein, um als Kellnerin zu arbeiten, und
40 vielleicht wurde ja auch noch eines Tages etwas Richtiges aus mir.

Zwei Jahre später, der Mann und ich waren uns noch immer etwas fremd, sagte er mir, er sei krank. Er starb ein Jahr lang, ich besuchte ihn im 45 Krankenhaus und fragte, was er sich wünsche. Er sagte mir, er habe Angst vor dem Tod und wolle es so schnell wie möglich hinter sich bringen. Er fragte mich, ob ich ihm Morphium[2] 50 besorgen könne. Ich dachte nach, ich hatte einige Freunde, die Drogen nahmen, aber keinen, der sich mit Morphium auskannte. Auch war ich mir nicht sicher, ob die im Krankenhaus 55 herausfinden wollten und würden, woher es kam. Ich vergaß seine Bitte. Manchmal brachte ich ihm Blumen. Er fragte nach dem Morphium, und ich fragte ihn, ob er sich Kuchen wün- 60 sche, schließlich wusste ich, wie gerne er Torte aß. Er sagte, die einfachen Dinge seien ihm jetzt die liebsten – er wolle nur Streuselschnecken, nichts sonst. Ich ging nach Hause und buk[3] 65 Streuselschnecken, zwei Bleche voll. Sie waren noch warm, als ich sie ins Krankenhaus brachte. Er sagte, er hätte gerne mit mir gelebt, es zumindest gern versucht, er habe immer 70 gedacht, dafür sei noch Zeit, eines Tages – aber jetzt sei es zu spät. Kurz nach meinem siebzehnten Geburtstag war er tot. Meine kleine Schwester kam nach Berlin, wir 75 gingen gemeinsam zur Beerdigung. Meine Mutter kam nicht. Ich nehme an, sie war mit anderem beschäftigt, außerdem hatte sie meinen Vater zu wenig gekannt und nicht geliebt. 80

---

1 **Rohmer:** Spielfilme von Rohmer thematisieren Beziehungen von Erwachsenen. Sie sind ohne Aktion; es wird viel gesprochen und diskutiert.

2 **Morphium:** Droge; eines der stärksten Schmerzmittel

3 **buk:** Präteritum von backen

aus: Julia Franck: Bauchlandung. Geschichten zum Anfassen. München. Deutscher Taschenbuch Verlag, 2002. © 2000 DuMont Buchverlag, Köln.

B Arbeitstechniken

B 3 Texte erschließen und Inhalte zusammenfassen – Sachtexte

1 Um einen Sachtext zu erschließen, gehst du am besten schrittweise vor. Ein Lesefächer kann dir dabei helfen. Kopiere diese Seite, um einen Lesefächer anzulegen. Gehe dann folgendermaßen vor:
- Schneide die einzelnen Streifen aus und lege die Papierstreifen in der Reihenfolge der Schritte übereinander (den ersten Schritt nach oben). Loche sie wie vorgegeben.
- Hefte die Streifen mit einer Klammer oder binde sie mit einem Band zusammen.

2 Bearbeite mithilfe des Lesefächers den Text *„Was ist ein Blog und was macht ein Blogger eigentlich genau?"* auf Seite 20.

○ **1. Schritt: Vermutungen äußern**
Stelle Vermutungen zum Inhalt an:
– „Überfliege" den Text: Wovon könnte der Sachtext handeln?
– Lies die Überschrift, die Zwischenüberschriften und betrachte die Abbildungen:
  • Notiere am Rand, was du bereits über das Thema weißt.
  • Stelle W-Fragen an den Text: Was …? Wer …? Warum …? Wo …? Wann …?

Vor dem Lesen

○ **2. Schritt: Unbekannte Begriffe klären**
– Markiere mit einer Wellenlinie Begriffe und Textstellen, die du nicht verstehst.
– Erschließe ihre Bedeutung aus dem Satzzusammenhang, dem dazugehörigen Text oder durch Nachschlagen im Wörterbuch (siehe B 1, S. 16). Notiere die Bedeutung am Rand.

Während des Lesens

○ **3. Schritt: Schlüsselstellen markieren**
– Markiere **Schlüsselstellen**:
  • Textstellen, die Antworten auf die W-Fragen geben
  • Informationen, die du interessant findest
  • Wenn du die Aufgaben zum Text bereits gelesen hast, unterstreiche die Textstellen, die du zu deren Bearbeitung nutzen kannst.

Während des Lesens

○ **4. Schritt: Informationen entnehmen**
– Bilde **Sinnabschnitte**. Das sind Absätze, die inhaltlich eng zusammengehören. Du kannst dich auch an den vorhandenen Absätzen orientieren.
– Formuliere zu jedem Sinnabschnitt eine **Überschrift** (ein Stichwort oder einen kurzen Satz).
– Notiere zu jeder Überschrift stichwortartig den **Inhalt des Sinnabschnittes**. Orientiere dich dabei daran, welche Schlüsselstellen du markiert hast.

Nach dem Lesen

○ **5. Schritt: Inhalte zusammenfassen**
– Bilde aus den Stichpunkten zum Inhalt vollständige Sätze und verknüpfe sie miteinander. So erhältst du eine kurze Inhaltszusammenfassung des Textes.
– Bestimme die Textart (Reportage, Bericht, Interview; siehe Glossar, S. 144).

Nach dem Lesen

B Arbeitstechniken

Was ist ein Blog und was macht ein Blogger eigentlich genau? *Andreas Meyhöfer*

Was?
Weblog/Blog
= Online-Tage-
buch

Das Weblog, das Blog oder mittlerweile laut Duden auch der Blog, ist aus dem Ursprung heraus nichts anderes als ein Online-Tagebuch. User,
5 die das Internet früh für sich entdeckt hatten, stellten ihre Lebensereignisse online. Wofür einst das gute alte Tagebuch aus Papier herhalten durfte, wurde nun das World Wide Web
10 als Medium genutzt. Das Kunstwort Weblog als Kurzform für World Wide Web & Logbuch entstand und die ersten Web-Logger, also Blogger, waren geboren.

Weblog: Kurz-
form für World
Wide Web &
Logbuch
Wer? Web-
Logger/
Blogger

15 Mittlerweile ist das Medium Blog den Kinderschuhen entwachsen und schon lange kein reines Tagebuch mehr für persönliche Gedanken und Träume. Blogs entstehen
20 aus den unterschiedlichsten Gründen, Zielsetzungen und mit den vielfältigsten Themen. Der Unterschied zwischen teilweise überladenen Webseiten und Blogs ist
25 der einfache und schlichte Aufbau. [...] Reine Blogs bieten dem Leser eine sauber strukturierte Informationsquelle ohne viel Drumherum. In der Regel sind Blogbeiträge absteigend
30 nach Datum aufgelistet und geben dem Blogleser eine genaue Übersicht über die Aktualität eines Beitrags. Dank Kategorien und Schlagwörtern können Blogleser schnell und einfach
35 durch den Blog navigieren. Die entsprechende interne Verlinkung und Auflistungen aller Artikel, die einer Kategorie oder einem Schlagwort zugeordnet sind, tragen erheblich zur
40 Nutzerfreundlichkeit bei. [...] Die Faszination Blog hat weltweit mittlerweile viele Millionen Anhän-

Was?
Unterschied
Webseite/Blog

steuern

ger und täglich werden es mehr. Das Tolle an einem Blog ist, dass er dank der Kommentarfunktion ganz einfach
45 zu einem regen Gedankenaustausch von Gleichgesinnten beitragen kann. [...] Möchte man einen eigenen Blog erstellen, findet man im Netz kostenlose Blogging-Dienste und kann so
50 ohne finanziellen Aufwand und mit wenigen Klicks sofort loslegen. Für eine einfache und schnelle Einrichtung ist in der Regel keine Registrierung vonnöten, es reicht, einen
55 Nickname sowie eine Mailadresse anzugeben.
Egal, ob jemand aus Spaß an der Freude im Hobbybereich bloggt oder seinen Lebensunterhalt damit bestreiten
60 möchte, inzwischen ist alles möglich. Dabei gibt es zahlreiche unterschiedliche Blogthemen wie Fashionblogs, Kunstblogs, Newsblogs, Mikroblogs (wie z. B. Twitter), Wissenschaftsblogs
65 und viele mehr. Die Liste lässt sich endlos verlängern. [...]
Vom Einzelkämpfer bis zu ganzen Gruppen gibt es Blogger, die einzelne Blogs oder gar Blognetzwerke betrei-
70 ben. Der Blog ist global betrachtet weitaus mehr als nur ein Tagebuch oder eine Website, sondern ein Medium, das mitunter eine sehr große Meinungsmacht mit sich bringt. Von
75 professionellen Journalisten werden Blogger oft fachlich nicht ernst genommen, sei es wegen der fehlenden journalistischen Ausbildung oder einfach, weil man die neue Konkurrenz
80 fürchtet. Zudem sind Blogger oftmals schneller und damit aktueller in ihrer Berichterstattung.

https://blogsheet.info/blog-blogger-genau-erklaert-18677, Zugriff: 23.10.2017 (verändert)

B Arbeitstechniken

B 4 Schaubilder auswerten

Häufig findest du in Prüfungsaufgaben auch Schaubilder wie Diagramme und Tabellen. Diese enthalten Zusammenfassungen von Daten, die nach bestimmten Gesichtspunkten geordnet sind.
Folgende Aufgabenstellungen sind bei Schaubildern möglich:

- Du musst überprüfen, ob die vorgegebenen Aussagen zu einem Schaubild richtig sind oder nicht.
- Du musst feststellen, ob die Informationen eines Schaubildes die Aussagen eines Textes bestätigen, ergänzen oder widerlegen. Dazu musst du ein Schaubild richtig lesen und verstehen.

1 Werte Schaubild A (Seite 22) nach folgenden Schritten aus:

Erster Schritt: Sich orientieren

a) Worum geht es in dem Schaubild A? Notiere stichpunktartig.

Thema: _____

Zahlenangaben: _____

hellgraue Balken: _____

dunkelgraue Balken: _____

Vergleiche zwischen: _____

Zweiter Schritt: Den Inhalt des Schaubildes erfassen und stichpunktartig aufschreiben

b) Schreibe die Informationen auf, die du dem Schaubild entnehmen kannst.

_____

_____

_____

_____

Dritter Schritt: Aufgabenstellung beantworten und Ergebnisse aufschreiben

c) Beantworte die Aufgaben zu Schaubild A. Achte genau auf die Aufgabenstellung. Wenn du dir bei der Formulierung der Ergebnisse unsicher bist, findest du auf Seite 23 Formulierungshilfen.

_____

_____

_____

_____

2 Bearbeite in gleicher Weise die Schaubilder B und C.

TIPP zum ersten Schritt

1. Lies die Überschriften und Erläuterungen. Um welches Thema geht es?
2. Welche Zahlenangaben werden gemacht? Werden sie in Prozent, Promille oder in absoluten Zahlen (z. B. in Tausend) angegeben?
3. Worauf beziehen sich diese Angaben?
4. Was wird miteinander verglichen?

TIPP zum zweiten Schritt

1. Sieh dir das Schaubild genauer an. Worauf bezieht sich der größte Wert?
2. Worauf bezieht sich der niedrigste Wert?
3. Gibt es weitere Auffälligkeiten?

TIPP zum dritten Schritt

1. Formuliere in ganzen Sätzen.
2. Verwende folgende Formulierungen:
   es gibt weniger als …
   mehr als bei …
   genauso oft …
   seltener …
   auffällig ist, dass …

21

B Arbeitstechniken

Schaubild A: Balkendiagramm
Medienbeschäftigung in der Freizeit

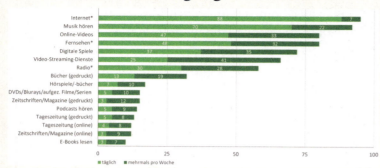

(Angaben in Prozent)
*egal über welchen Verbreitungsweg, **2020 nicht abgefragt
Basis: alle Befragten (Jugendliche im Alter von 12 bis 19 Jahren), n = 1200

JIM 2021, Medienpädagogischer Forschungsverbund Südwest

INFO
Balkendiagramme zeigen oft absolute Zahlen oder Prozentzahlen an. Die Länge des Balkens gibt die Anzahl an, die man meist auf der x-Achse ablesen kann. Neben der y-Achse wird angegeben, worauf sich die Balken beziehen.

AUFGABENSTELLUNG

1 Welches Medium wird von den Jugendlichen am häufigsten täglich genutzt?

2 Welche Medien sind bei der regelmäßigen Nutzung (mehrmals pro Woche) am beliebtesten?

Schaubild B: Kreisdiagramm
Familien, Paare ohne Kinder, Alleinstehende

Statistisches Bundesamt, Wiesbaden 2013

INFO
Kreisdiagramme zeigen die prozentuale Zusammensetzung einer Gesamtmenge. Dabei ist der Kreis in mehrere Teile unterteilt, die jeweils den Anteil an der Gesamtmenge wiedergeben.

AUFGABENSTELLUNG

1 Welche Art zu leben hat von 1996 bis 2012 am meisten zugenommen?

2 Beschreibe die Entwicklung der verschiedenen Arten zu leben von 1996 bis 2012.

Schaubild C: Verlaufsdiagramm
Preisentwicklung Telekommunikation

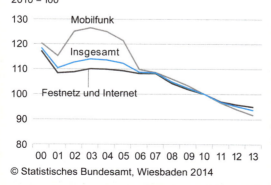

Statistisches Bundesamt, Wiesbaden 2013

INFO
Kurven- oder Liniendiagramme eignen sich dazu, Daten von verschiedenen Zeitpunkten grafisch vergleichend darzustellen.

AUFGABENSTELLUNG

1 Beschreibe die Entwicklung der Preise für Telekommunikation.

2 In welchem Zeitraum und in welchem Bereich stiegen die Preise für Telekommunikation am stärksten an?

B Arbeitstechniken

Schaubilder auswerten: Formulierungshilfen

1 a) Nachdem du die Schaubilder ausgewertet hast, fasse die wesentlichen Inhalte zusammen und beantworte in deinem Text die auf Seite 22 gestellten Fragen. Ergänze dazu die Lückentexte unten.

b) Sammle in einer Liste Formulierungshilfen, die du zum Beschreiben von Schaubildern nutzen kannst.

Schaubild A: Das vorliegende _____ stellt die „Medienbeschäftigung von Jugendlichen in der Freizeit" dar. Es wurde durch den _____ _____ im Jahre 2021 veröffentlicht. Dazu wurden _____ Jugendliche befragt. Auf der x-Achse kann man die _____ zu den Nennungen ablesen. Dabei stellen die hellgrünen Balken die _____ dar, während die dunkelgrünen Balken die _____ verdeutlichen. Das heißt, die Studie ermöglicht einen Vergleich zwischen täglicher und wöchentlicher Nutzung. Auf der y-Achse sind die _____ aufgelistet, die Jugendliche nutzen. Die Auflistung beginnt mit dem am häufigsten genannten Medium und endet mit dem am wenigsten genannten. Bezüglich der täglichen Mediennutzung werden _____ (94 Prozent), Musik hören (_____) und _____ (_____) besonders häufig genannt. Beliebt sind außerdem _____ (47 Prozent). Mindestens mehrmals pro Woche nutzen die Jugendlichen insbesondere _____ (41 Prozent), gefolgt von digitalen Spielen (_____) und _____ (_____). Zusammenfassend ist festzustellen, dass für viele Jugendliche das _____ im Alltag mittlerweile eine große Bedeutung hat.

Schaubild B: Das _____ mit dem Titel „Familien, Paare ohne Kinder, Alleinstehende", veröffentlicht im Jahre _____, befasst sich mit den unterschiedlichen _____ _____. Diese Aufschlüsselung wurde vom _____ in Wiesbaden veröffentlicht. Das Schaubild besteht aus zwei _____, die durch die Anordnung einander gegenübergestellt werden können. Der äußere Kreis enthält _____-Angaben zum Jahr _____, während der _____ Angaben zum Jahr _____ darstellt. Durch den Vergleich beider Angaben lässt sich ermitteln, dass sich im angegebenen Zeitraum, also von _____ bis _____, die Anzahl der Familien um 7 % auf _____ verringert hat. Demgegenüber hat der Anteil der Alleinstehenden um _____ zugenommen, denn er ist von 38 % auf 44 % gestiegen. Nahezu gleich geblieben ist der Anteil der _____ (1996: 28 %, 2012: _____). Insgesamt verdeutlicht das Kreisdiagramm die Tendenz, dass Menschen eher allein leben. Allerdings enthält das Schaubild keine Angaben über das Alter der Befragten.

Schaubild C: Das _____, das den Titel _____ _____ trägt, stellt die Preisentwicklung für Telekommunikation im Jahr _____ dar. Diese wurde erhoben durch das Statistische Bundesamt in _____. Auf der _____ sind die Jahreszahlen ablesbar, während auf der _____ Angaben zum Verbraucherpreisindex gemacht werden. Ausgehend vom Verbraucherpreisindex (2010 = 100) sind die _____ als Kurven für „Mobilfunk" (hellgraue Kurve), „Festnetz und Internet" (_____) kombiniert und „insgesamt" (_____) über den Zeitraum von _____ bis _____ abzulesen. Dabei fällt auf, dass, nachdem die Preise bis _____ für Mobilfunk, Festnetz und Internet _____, die Kosten für den _____ zwischen 2001 und _____ besonders stark ansteigen. Festnetz und _____ wurden nur etwas teurer. Bis _____ glichen sich die Kosten in allen Bereich an und _____ seitdem jedes Jahr. Das heißt zusammenfassend betrachtet, Telekommunikation wird tendenziell _____.

23

C Strategien zur Bearbeitung von Schreibaufgaben

C Strategien zur Bearbeitung von Schreibaufgaben
C 1 Aufgabentyp 2

C 1.1 Was bedeutet die Aufgabenstellung „Informiere …"?

1 Die Aufgabenstellungen unten stammen aus einer Prüfungsvorlage, bei der ein erzählender Text untersucht werden sollte. Lies die Aufgaben. (ACHTUNG: Die zugehörigen Texte und Materialien findest du auf den Seiten 78 – 83).

AUFGABENSTELLUNG Schreibaufgabe

Die nächste Ausgabe der Schülerzeitung, die Schülerinnen und Schüler, Lehrkräfte und Eltern lesen, befasst sich mit der aktuellen Rolle der digitalen Medien.

Du bist gebeten worden, für diese Ausgabe einen informierenden Text zur Problematik von Fake News zu schreiben. Zu diesem Zweck wird dir eine Materialsammlung (M1 – M6) zur Verfügung gestellt
<u>Verfasse</u> auf der Grundlage der Materialien M1 – M6 einen informierenden Text zum Thema „Problematik von Fake News". Schreibe nicht einfach aus den Materialien ab, sondern achte auf eine eigenständige Darstellung in einem zusammenhängenden Text.

Gehe dabei so vor:

- <u>Formuliere</u> für deinen Text eine passende, zum Lesen anregende Überschrift.
- Erkläre einleitend, was Fake News sind.
- Stelle dar, wie Fake News entstehen und wie sie sich verbreiten und verfestigen.
- Erläutere die negativen Auswirkungen, die Fake News für den Einzelnen und für die Gesellschaft haben können.
- Beurteile anhand der Materialien und eigener Überlegungen, welche Maßnahmen zur Bekämpfung von Fake News wirksam sein können.

---

2 Die Aufgabenstellungen geben dir Hinweise zum Adressaten, der Situation bzw. dem Thema und dem Schreibziel. Markiere diese Stellen und notiere sie.

Adressat: _____

Situation/Thema: _____

Schreibziel: _____

> **INFO** zu **2**
>
> Um einen informierenden Text schreiben zu können, musst du dir Folgendes verdeutlichen:
> - An welchen **Adressaten** richtest du dich?
> - **Worüber** sollst du informieren (Situation/Thema)?
> - Welches **Schreibziel** hast du?
> - Welche **Informationen** aus dem vorgegebenen Material sind für deinen Text geeignet?
>
> Orientiere dich sprachlich und inhaltlich an deinem Adressaten.

3 In der Aufgabenstellung oben ist zum Teil schon unterstrichen worden, was von dir erwartet wird. Unterstreiche auch in den weiteren Aufgaben, was du tun sollst. Die Operatoren geben dir Hinweise.

> **INFO** zu **3**
>
> ***verfassen/formulieren:*** einen Text schreiben
> ***erklären:*** Textaussagen oder Sachverhalte auf der Basis von Kenntnissen und Einsichten darstellen
> ***darstellen:*** Inhalte, Aussagen oder Zusammenhänge sachlich und strukturiert formulieren
> ***erläutern:*** Sachverhalte/Textaussagen veranschaulichen und verständlich machen
> ***beurteilen:*** auf der Grundlage von gegebenen Informationen zu eigenen Erkenntnissen gelangen

24

C Strategien zur Bearbeitung von Schreibaufgaben

C 1.2 Einen informierenden Text verfassen – Fachwissen

Um einen **informierenden Text** schreiben zu können, musst du anhand der Aufgabenstellung zunächst ermitteln, wer dein(e) **Adressat(en)** ist/sind (Für wen schreibe ich?), in welcher **Situation** du schreibst (Was ist der Anlass?) und welches **Schreibziel** du verfolgst (Welche Funktion hat der Text?). Diese Informationen entnimmst du dem Vortext der Aufgabe. Sie geben dir Hinweise dazu, wie du formulieren musst:

Adressaten: *Schülerinnen und Schüler, Lehrkräfte, Eltern → höfliche und freundliche Ansprache*

Situation: *Lesung aus den Werken von Cornelia Funke → Personalpronomen (wir) und Possessivpronomen (unsere) verwenden, da Autor/-in und Adressaten der Schulgemeinschaft angehören*

Schreibziel: *Informationen zur Autorin Cornelia Funke → informativ, sachlich, anschaulich (vgl. Aufgabe **1**, Kapitel C 1.5, S. 29)*

Die **Gliederung** deines Informationstextes wird dir durch die Teilaufgaben vorgegeben. Abschließend nimmst du zumeist selber zu einer Aussage bzw. einem im Text dargestellten Sachverhalt Stellung:

– **Formuliere ... Überschrift**   → Thema und Situation beachten

– **Schreibe eine Einleitung ...**

– **Stelle dar, ...**   → Schwerpunkte der Aufgaben beachten

– **Erläutere ...**

– **Schlussfolgere ...**   }   → ziehe auch Schlussfolgerungen, die nicht im Text stehen

Beachte dabei:

✔ Wähle eine **Interesse weckende Überschrift**, die das Thema trifft.

✔ Formuliere **verständlich** (ggf. Fremdwörter erklären) und für die Adressaten angemessen.

✔ Schreibe nicht aus dem Text ab. **Zahlen**, **Daten**, **Namen** und **Fakten** solltest du aber **richtig übernehmen**.

✔ **Originaltöne** machen deinen Text anschaulich. Wenn du **wörtlich zitierst**, z. B. aus einem Interview, setze das Zitat in Anführungsstriche und gib Namen, Ort, Funktion und Erscheinungsjahr an: *Cornelia Funke sagte von sich in einem Interview mit dem Deutschlandfunk (2020): „[...] viele Figuren sind inspiriert von Kindern, die ich auf dem Bauspielplatz getroffen hatte."* (vgl. dazu Teilaufgabe **1** c), S. 29) Auch beim **indirekten Zitieren** sind diese Angaben notwendig. Dann verwendest du den **Konjunktiv I**, um deutlich zu machen, dass du die Äußerungen einer anderen Person wiedergibst.

✔ Nenne im Text **keine Materialien**, denn deine Leser verfügen nicht darüber. Diese benennst du nur **kurz im letzten Satz**.

Ziele des Textes (= Funktion)

- Information
- Unterhaltung

Schreibstil und Art der Informationen

- informativ
- beschreibend
- sachlich
- interessant
- anschaulich
- unterhaltsam

TIPP

– Weise bereits beim Lesen der Schreibaufgabe den einzelnen Teilaufgaben unterschiedliche Farben zu.

– Beim Erschließen des Textes markierst du in diesen Farben die Informationen, die du für die Bearbeitung der jeweiligen Teilaufgabe verwenden willst.

C Strategien zur Bearbeitung von Schreibaufgaben

C 1.3 Einen informierenden Text verfassen

Hier erhältst du eine Übersicht über die **Vorgehensweise zur Bearbeitung der Schreibaufgabe zum Aufgabentyp 2**. Die blau markierten Wörter (Arbeitstechniken, Operatoren, Fachbegriffe) kannst du im Glossar (ab S. 139) oder den Kapiteln C 1.1 (S. 24) und C 1.5 (ab S. 28) nachschlagen. Bei der Bearbeitung der Aufgabenstellungen in den Kapiteln D 3 – D 5 kannst du dich an der Übersicht orientieren.

Sechs Schritte zur Bearbeitung der Aufgabenstellung

1. Schritt: Sich orientieren
– Aufgabenstellung und Teilaufgaben lesen
– Adressaten ermitteln
– Situation/Thema erfassen
– Teilaufgaben und Operatoren erfassen
– Schreibziel erkennen (→ informieren)

2. Schritt: Materialien erschließen und Inhalte erfassen
– Texte, Grafiken, Tabellen lesen
– unbekannte Begriffe und Ausdrücke klären (Wörterbuch, Sinnzusammenhang)
– Schlüsselstellen markieren und bewerten (mit Symbolen, Pfeilen)
– Stichpunkte in der Randspalte notieren

3. Schritt: Schreibplan anlegen
– Tabelle anlegen (nach Teilaufgaben und Materialien gliedern)
– ggf. Alternative zum Schreibplan anlegen: farbige Markierungen pro Teilaufgabe vornehmen

4. Schritt: Materialien auswerten und Stichworte im Schreibplan festhalten
– Überschrift: Thema nennen, Interesse wecken
– Einleitung: ins Thema einführen, Vorgaben der Teilaufgaben **1** a) und **1** b) berücksichtigen
– Hauptteil: Teilaufgaben ab **1** c) berücksichtigen
– Schlussteil: Schlussfolgerungen zu den Aspekten der Teilaufgabe **1** e) ziehen
– Nummern der verwendeten Materialien im Schreibplan notieren

5. Schritt: Informierenden Text schreiben
Inhalt:
– Überschrift formulieren
– zusammenhängenden Text verfassen
– schlüssige Reihenfolge beachten
– Adressaten berücksichtigen (sachlich, verständlich, anschaulich schreiben)
– inhaltliche Zusammenhänge richtig darstellen (Fakten, Zahlen, Fachbegriffe)
Darstellung:
– nach Teilaufgaben Absätze einfügen
– in eigenen Worten formulieren
– verwendete Materialien aufzählen

6. Schritt: Text überarbeiten
– Interessante Überschrift?
– Alle Teilaufgaben berücksichtigt (→ Operatoren)?
– Informationen für die Adressaten nachvollziehbar und interessant formuliert?
– Informationen richtig dargestellt?
– Sinnvolle Gliederung des Textes?
– Vollständige Sätze?
– Im Präsens geschrieben?
– In eigenen Worten formuliert?
– Rechtschreibung, Zeichensetzung, Grammatik korrekt?

26

C Strategien zur Bearbeitung von Schreibaufgaben

C 1.4 Schreibplan zu Aufgabentyp 2

Nutze diese Tabelle zur Planung deines informierenden Textes. Ergänze die Kategorien der Teilaufgaben und die Informationen aus den Materialien stichwortartig. Nutze für jedes Material eine Zeile. Überflüssige Zeilen bzw. Spalten streichst du.

Adressat: _____

Situation / Thema: _____

Schreibziel: _____

Aufgaben/ Material	1 a) Überschrift	1 b) Einleitung	1 c)	1 d)	1 e)	Daran muss ich denken:
M1						
M2						
M3						
M4						
M5						
M6						
M7						

27

C Strategien zur Bearbeitung von Schreibaufgaben

C 1.5 Schreibaufgabe in sechs Schritten bearbeiten: Die Autorin Cornelia Funke

Auf den folgenden Seiten lernst du die wichtigsten Arbeitsschritte zur Erarbeitung eines informierenden Textes kennen. Auf den Seiten 29 – 33 findest du die Materialien, mit denen du diese Schritte üben kannst. Auch in der angeleiteten Prüfungsaufgabe zum Thema „Medien und Kultur" (Teil D) wird auf diese grundlegenden Seiten verwiesen.

Erster Schritt: Sich orientieren

1 Lies die Aufgabenstellung in der Prüfungsvorlage auf Seite 29 „mit dem Stift". Markiere die Operatoren und die Schlüsselwörter.

2 Mache dir klar, in welcher Situation und an wen du schreibst:

Adressat: _____

Situation/Thema: _____

Schreibziel: _____

3 Notiere stichpunktartig, was dir zu dem Thema „Cornelia Funke" einfällt. Wer ist Cornelia Funke? Wovon könnten die Materialien handeln?

_____

_____

_____

_____

_____

_____

_____

_____

Zweiter Schritt: Materialien erschließen und Inhalte erfassen

4 a) Erschließe die Materialien (Texte, Bilder, Tabellen) wie im TIPP zum zweiten Schritt dargestellt. Setze dazu die Bearbeitung fort.

b) Kennzeichne die Informationen (Schlüsselstellen), die du zur Erarbeitung der Teilaufgaben benötigst, durch Unterstreichungen und Randbemerkungen (z. B. Lebensdaten Cornelia Funkes, Werke …). Markiere auch Besonderheiten, die dir auffallen. Verwende dazu für jede Teilaufgabe eine eigene Farbe.

TIPP zum ersten Schritt

Stürze dich nicht gleich in die Arbeit, sondern verschaffe dir einen ersten Überblick:
1. Mache dir klar, was die Aufgabe von dir verlangt: Lies dazu die einzelnen Teilaufgaben und unterstreiche alle wichtigen Hinweise auf das, was du tun sollst. Die Operatoren sind zur besseren Orientierung fett gedruckt. Eine Erklärung der Verben findest du im Teil C 1.1 (S. 24) und im Glossar (S. 142).
2. Die Operatoren geben dir Hinweise dazu, worauf du beim Erschließen der Materialien achten musst.
3. Die Informationen zum Adressaten und zur Situation findest du im Vortext über der Aufgabe.

TIPP zum zweiten Schritt

1. Markiere alle Textstellen, die dir unklar sind. Kläre unbekannte Ausdrücke aus dem Sinnzusammenhang oder schlage im Wörterbuch nach. Beachte auch die Worterklärungen unter dem Text.
2. Unterstreiche Schlüsselstellen im Text. Das sind Antworten auf die W-Fragen und Textstellen, die du zur Bearbeitung der Teilaufgaben heranziehen willst.
3. Kennzeichne mit Markierungen und Symbolen (!?) Textstellen, die für das Verständnis der Materialien wichtig sind. Verdeutliche Verweise mit Pfeilen (➡).
4. Notiere zu jedem Abschnitt in der Randspalte Stichpunkte zum Inhalt und ergänze die Nummer der jeweiligen Teilaufgabe.

C Strategien zur Bearbeitung von Schreibaufgaben

Teil II

Anlässlich der Verleihung des Sonderpreises des Deutschen Jugendliteraturpreises für ihr Gesamtwerk an die Autorin Cornelia Funke im Jahr 2020 soll in deiner Schule eine Lesung aus ihren Romanen veranstaltet werden. An dieser Lesung sollen alle Schülerinnen und Schüler, Lehrerinnen und Lehrer sowie Eltern teilnehmen. Damit alle gut vorbereitet sind, bist du gebeten worden, einen informierenden Text über Cornelia Funke zu schreiben. Dafür bekommst du eine Materialsammlung (M1 – M6) als Grundlage.

Lies zunächst die Aufgabenstellung und dann die Materialien aufmerksam durch, bevor du mit dem Schreiben beginnst.

AUFGABENSTELLUNG Schreibaufgabe

1 **Verfasse** auf Grundlage der Materialien M1 bis M6 einen **informierenden Text** über Cornelia Funke. Schreibe nicht einfach aus den Materialien ab, sondern achte auf eine eigenständige Darstellung in einem zusammenhängenden Text. Gehe dabei so vor:

a) **Formuliere** für den Text eine passende Überschrift.
b) **Schreibe** eine Einleitung, in der du die Autorin Cornelia Funke kurz vorstellst (Geburtsdatum, -ort, Ausbildung und Tätigkeiten, Auszeichnungen, Engagement).
c) **Stelle dar**, welche Themen Cornelia Funke in ihren Kinder- und Jugendbüchern verarbeitet, und **erkläre**, welche Funktion Literatur ihrer Meinung nach hat.
d) **Erläutere** ihre Arbeitsweise. Beziehe dazu auch ein, warum sie keine „Schreibblockaden" hat.
e) **Schlussfolgere** anhand der Materialien und eigener Überlegungen, welche Bedeutung Bücher für Cornelia Funke haben und warum sie mit dem Schreiben solchen Erfolg hat. **Erläutere** in diesem Zusammenhang auch, warum sie Bücher als „Fenster und Türen" bezeichnet (siehe M4, Z. 23).
f) **Notiere** unterhalb des Textes die Nummern der von dir genutzten Materialien.

M1 ## Lebensdaten von Cornelia Funke

Geburtsjahr/-ort	10. Dezember 1958/Dorsten, Nordrhein-Westfalen, Deutschland
Ausbildung	– Abitur am Gymnasium St. Ursula in Dorsten – Ausbildung zur Diplompädagogin in Hamburg, dreijährige Arbeit als Erzieherin – nebenbei Studium Buchillustration an der FH für Gestaltung in Hamburg
Berufstätigkeit	Autorin von über 70 Kinder- und Jugendbüchern: Geschichten von Drachen, Rittern, Zauberei und Träumen, aber auch reale Alltagsgeschichten
Besonderheiten	– als Schriftstellerin auch international sehr erfolgreich – privater Einsatz für das Gemeinwohl: seit 2010 offizielle Patin des Kinderhospizes Bethel, seit 2012 Botschafterin der UN-Dekade Biologische Vielfalt – ihre Geschichten sind Vorlage für zahllose Hörbücher, digitale Spiele und Apps
Veröffent-lichungen (nur einige Beispiele)	– Gesamtauflage ihrer Bücher: mehr als 31 Millionen weltweit, in 50 Sprachen übersetzt – Durchbruch mit dem Roman *Herr der Diebe* (2000), auch in den USA (2002) – weitere: *Die Wilden Hühner* (1993), *Gespensterjäger auf eisiger Spur* (1994), *Tintenherz* (2003), *Tintenblut* (2005), *Tintentod* (2007), *Reckless: Steinernes Fleisch* (2010), *Die Feder eines Greifs* (2016), *Das Labyrinth des Fauns* (2019), *Spiegelwelt* (2020) etc.
Auszeichnungen (nur einige Beispiele)	Preis der Jury der jungen Leser (2004)/„Die einflussreichste Deutsche der Welt" (eine Bewertung des Time-Magazine, 2005)/Bundesverdienstkreuz am Bande (2008)/Bambi in der Kategorie Kultur (2008)/Deutscher Phantastik Preis (2008)/Jacob-Grimm-Preis (2009)/Annette-von-Droste-Hülshoff-Preis (2015)/Deutscher Phantastik Preis (2017) etc.

1b (Ausbildung)
1c (Berufstätigkeit)

C Strategien zur Bearbeitung von Schreibaufgaben

M2

Der Weg zum Schreiben *Kerstin Zilm*

1d

[...] „Weil meine damalige Lektorin[1] bei mir im Garten saß und sagte: ‚Kannst du nicht mal endlich was ohne Zwerge und Feen schreiben?' Vieles aus meiner Bauspielzeit[2] ist in die Wilden Hühner geflossen, viele Figuren sind inspiriert von Kindern, die ich auf dem Bauspielplatz getroffen hatte. Und das machte dann auch wieder Spaß, weil ich Dinge verarbeitete, von denen ich wirklich wusste, wovon ich rede."

Leseausschnitt „Wilde Hühner": *„Es war ein wunderbarer Tag. Warm und weich wie Hühnerfedern. Aber leider ein Montag. Und die riesige Uhr über dem Schuleingang zeigte schon Viertel nach acht, als Sprotte auf den Schulhof gerast kam. „Mist!", sagte sie, bugsierte ihr Rad in den verrosteten Fahrradständer und zerrte die Schultasche vom Gepäckträger. Dann stürmte sie die Treppe rauf und rannte durch die menschenleere Pausenhalle. Auf der Treppe raste sie fast in Herrn Mausmann, den Hausmeister, hinein. „Hoppla!", sagte er und verschluckte sich an seinem Käsebrot. „'tschuldigung!", murmelte Sprotte – und stürmte weiter. Noch zwei Flure entlang, dann stand sie japsend vor ihrer Klassentür."*

Für die Autorin [C. Funke] ist das Wichtigste an diesen Abenteuern der Mädchen zunächst, dass sie durch den Erfolg endlich genug Geld verdient, um sich Zeit zu nehmen, ein dickes Buch zu schreiben. Ihr Verleger ermutigt sie. Cornelia Funke ist jetzt nicht mehr Erzieherin oder Diplompädagogin. 1996 ist sie Schriftstellerin [...]

[1] **die Lektorin:** Verlagsmitarbeiterin

[2] **Bauspielzeit:** Cornelia Funke arbeitete zunächst als Erzieherin auf einem Bauspielplatz in Hamburg

Von Feuern, Wildblumen und Drachenreitern. Deutschlandradio Kultur, Beitrag vom 30.05.2020 (https://www.deutschlandfunkkultur.de/cornelia-funke-als-geschichtenerzaehlerin-von-feuern.1024. de.html?dram:article_id=477529, Zugriff: 02.01.2021)

M3

Cornelia bekommt den Sonderpreis des Deutschen Jugendliteraturpreises 2020!

1a

Freitag, der 16. Oktober 2020
2020 geht der Sonderpreis „Gesamtwerk" an Cornelia. Das wurde heute, am 16. Oktober, im Rahmen eines Online-Streamings live aus dem Berliner GRIPS Theater bekannt gegeben. Seit 1956 zeichnet der Deutsche Jugendliteraturpreis jährlich herausragende Werke der Kinder- und Jugendliteratur aus. Er wird vom Bundesministerium für Familie, Senioren, Frauen und Jugend gestiftet und vom Arbeitskreis für Jugendliteratur ausgerichtet. Drei unabhängige Jurys – die Kritikerjury, die Jugendjury und die Sonderpreisjury – sind für die Auswahl verantwortlich. 647 Neuerscheinungen wurden für den Deutschen Jugendliteraturpreis 2020 eingereicht. Alle wurden von der Kritikerjury geprüft. Die Jugendjury hat insgesamt rund 200 Titel begutachtet. 2020 gehen die Sonderpreise „Gesamtwerk" und „Neue Talente" an deutsche Autorinnen/Autoren. Herzlichen Glückwunsch, Cornelia

Cornelia Funke – die offizielle Homepage, Beitrag vom 16.10.2020 (https://corneliafunke.com/de/news) Zugriff: 02.01.2021

C Strategien zur Bearbeitung von Schreibaufgaben

M4

Schriftstellerin Cornelia Funke: „Es ist eigentlich realistischer, fantastisch zu schreiben" *Katrin Heise*

1b Cornelia Funke ist die erfolgreichste Jugendbuchautorin Deutschlands. In ihren Fantasy-Romanen entführt sie in magische Welten.

1c 5 [...] Die Bestsellerautorin schafft märchenhafte Realitäten. Inspiriert wird sie dabei von der Vielschichtigkeit der Wirklichkeit, sagt sie, und so sei es „eigentlich realistischer, fantastisch 10 zu schreiben". [...]

Cornelia Funkes fantastische Geschichten sind oft voller Gefahren. „Kinder wissen sehr genau, wie gefährlich die Welt ist", weiß die 15 Autorin aus eigener Erfahrung als gelernte Erzieherin. Und „in der Sicherheit des Buches" probierten sie beim Lesen aus, wie bedrohliche Situationen gemeistert werden kön- 20 nen. [...] Cornelia Funke selbst war als Kind eher furchtlos. Und ein Bücherwurm. „Für mich waren Bücher immer schon Fenster und Türen", die sie herausführten aus der engen 25 Welt des münsterländischen Dorsten, in der sie aufwuchs. Wobei ihr auffälligstes Talent das Zeichnen war. Doch statt Kunst studierte Funke zunächst Erziehungswissenschaft, 30 wurde Sozialarbeiterin. Und erkannte, „dass man gegen das eigene Talent nicht anleben kann". So wurde sie schließlich doch Buchillustratorin und begann, Geschichten zu ihren 35 Illustrationen zu schreiben.

Seit 15 Jahren lebt Cornelia Funke im kalifornischen Malibu auf einer Farm. Altes Indianerland, nahe der mexikanischen Grenze, ein kultu- 40 reller Hintergrund, der sie beim Schreiben „maßlos anregt". Cornelia Funke taucht ein in Mythen und Märchen nicht nur des alten Europas, sondern Amerikas, Persi- 45 ens, Indiens.

[...] Für ihr neuestes Buch aus der „Reckless"-Reihe hat sie Dutzende von Sachbüchern über die Kultur Japans verschlungen, für sie ein „Ort der Sehnsucht", an dem sie noch nie 50 war. Sich auf fremde Mythen einzulassen, fremdländischem Denken auszusetzen, ist für Cornelia Funke „die abenteuerlichste Reise" und ständige Inspiration. 55

Dabei ist sie auch ein politischer Mensch: Schon mit 14 engagierte Funke sich bei Amnesty International, heute treibt sie die Sorge um den Klimawandel um. Die Klimakatastro- 60 phe werde „irgendwann wesentlich mehr Menschen töten und bedrohen als alles, was wir uns im Moment vorstellen können". [...]

Seit einigen Jahren vergibt Corne- 65 lia Funke Stipendien an überwiegend junge Künstler, lädt sie als „artists in residence" auf ihre Farm in Malibu ein. Sie wolle „auch ein bisschen der Mentor sein", weiter- 70 geben, was sie erfahren hat. Derzeit prüft sie, ob sie irgendwo in Norddeutschland etwas Ähnliches aufziehen kann, denn als gebürtige Europäerin wolle sie „immer einen 75 Fuß in Europa" haben.

Der andere Fuß solle aber in den USA bleiben, auch wenn es dort politisch und gesellschaftlich „gerade sehr finster" zugehe. Wenn sie von einer Fee aus 80 ihren Märchenwelten Wünsche frei hätte, sagt Cornelia Funke, dann für die Präsidentschaftswahl am 3. November. Und gegen die Klimakatastrophe, denn die sei „eine noch größere 85 Bedrohung als Mister Trump." (pag)

Deutschlandradio Kultur, Beitrag vom 29.10.2020 (https://www.deutschlandfunkkultur.de/schriftstelle rin-cornelia-funke-es-ist-eigentlich.970.de.html?dram:article_id=486564, Zugriff: 02.01.2021)

C Strategien zur Bearbeitung von Schreibaufgaben

M5 **Inhalt „Die Feder eines Greifs" (Drachenreiter Band 2)**

Die Feder eines Greifs [ab 14 Jahre]: Zwei Jahre nach ihrem Sieg über Nesselbrand erwartet Ben, Barnabas und Fliegenbein ein neues Abenteuer: Der Nachwuchs des letzten Pegasus ist bedroht! Nur die Sonnenfeder eines Greifs kann ihre Art noch retten. Gemeinsam mit einer fliegenden Ratte, einem Fjordtroll und einer nervösen Papageiin reisen die Gefährten nach Indonesien. Auf der Suche nach dem gefährlichsten aller Fabelwesen merken sie schnell: Sie brauchen die Hilfe eines Drachens und eines Kobolds.

Cornelia Funke – die offizielle Homepage (https://corneliafunke.com/de/buecher/die-feder-eines-greifs-drachenreiter-band-2, Zugriff: 03.01.2021)

M6 **Cornelia Funke über ihre Arbeit als Schriftstellerin**

action press, Hamburg (Foto Langbehn)

Wie denkst du dich in eine Geschichte rein? Während der Arbeit an „Tintenherz" hast du dir ja Bilder an die Wände gehängt ...

Früher habe ich das gemacht, dass ich Sachen an Wände gehängt habe, aber das fand ich so unpraktisch auf die Dauer, weil man irgendwann alles abnehmen und verschrotten muss. Deswegen arbeite ich mittlerweile nur noch in Notizbüchern. Ich habe inzwischen 90 Notizbücher, die alle gefüllt sind mit meinen Recherchen, mit Fotos, mit Skizzen, mit Zeichnungen ... inzwischen kannst du anhand meiner Skizzenbücher richtig nachvollziehen, wie meine Bücher entstanden sind. [...]

Arbeitest du also immer an mehreren Schreibprojekten auf einmal?

Ich mache immer mehrere gleichzeitig. Ich bin jetzt in der dritten Fassung von Reckless 4, da fange ich so langsam an alles zurecht zu rücken. Das heißt der Plot steht, jetzt geht's ans Sprachliche, an Details der Charaktere ... es ist also noch ein langer Weg. Ich mache mindestens noch drei, vier Fassungen. Dann schreibe ich an der ersten Fassung vom nächsten „Drachenreiter" und im nächsten Jahr gehe ich an die Fortsetzung von den Tintenwelt-Büchern. Außerdem schreibe ich gerade an einer Kurzgeschichte fürs Getty Research Institute[1], für die ich regelmäßig Kurzgeschichten zu ihren Ausstellungen schreibe, die ich dann bei ihnen lese. [...] Und ich arbeite an mehreren Illustrationsprojekten im Moment, weil mir das immer wichtiger wird. Ich arbeite mit einer Kräuterkundlerin an einem Buch über Pflanzen. Ich arbeite an einem Alphabetbuch. Und jetzt kommt bald ein befreundeter Maler aus Barcelona mit seiner Familie und mit dem will ich an einem Skizzenbuch meiner Farm hier arbeiten. [...]

Weißt du am Anfang einer Geschichte schon, wie sie ausgehen wird?

Das entwickelt sich. Ich würde mich sonst zu Tode langweilen.

Hast du je so etwas wie Schreibblockaden?

Nein, die gibt es ja überhaupt nicht! Das ist so ein Blödsinn. Ich versuche das so zu vergleichen: Jede Geschichte ist wie ein Labyrinth – und je besser du wirst, desto größer, desto

C Strategien zur Bearbeitung von Schreibaufgaben

komplexer wird das Labyrinth. Die Geschichte versteckt sich darin vor dir. Die hat großen Spaß daran, sich vor dir zu verbergen, schickt dir die 65 falschen Charaktere, lockt dich in die falschen Seitengänge, versucht so richtig, dich von ihrem Herzen abzulenken. Während du schreibst, merkst du manchmal richtig, wie 70 du dem Herzen näherkommst und du merkst eben manchmal auch, wenn du in die Hecke läufst – und das nennen Leute Schreibblockaden. Aber was es wirklich ist, ist dass die 75 Geschichte sich vor dir versteckt. *Und was machst du, wenn sich die Geschichte vor dir versteckt?* Ich glaube, solche Tage sind besonders wichtig, weil du dann merkst, dass du 80 falsch gegangen bist. Du musst im Grunde noch einmal zurückgehen und schauen, wo sie dich getrickst hat, wo du statt rechts links hättest gehen müssen. Von daher finde ich 85 diese Tage, an denen du merkst, dass du nicht weiterkommst oder dass die Geschichte sich versteckt, immer sehr aufregend, weil ich dann denke, ich

bin ihr ein bisschen nähergekommen. *Also ist das nichts, was dich groß frus-* 90 *triert?* Nein, dann muss man einfach mehr graben. Da hat man es sich vielleicht zu einfach gemacht. Dann ist man ganz schnell den leichteren Weg ge- 95 gangen und da muss man eben erst einmal zurückgehen. Ich glaube wirklich nicht, dass es Schreibblockaden gibt. Ich glaube, jede Geschichte hat schon ihre Form, man muss ihr nur 100 auf die Spur kommen. Ich habe immer fast das Gefühl, die ist schon irgendwo ... was natürlich eine vollkommen irrationale Einstellung ist. Michelangelo[2] hat das einmal so schön gesagt, 105 als er gefragt wurde, wie er den David aus dem Stein gemeißelt hat: „Der war doch da drin, ich musste den nur finden." Ich glaube, dass alle Künstler dieses Gefühl haben [...] 110

1 **Getty Research Institute:** Institut in Los Angelos, das sich der Förderung des Wissens und des Verständnisses der bildenden Künste widmet

2 **Michelangelo:** italienischer Maler und Bildhauer (1475 – 1564)

Josefine Andrae: audible magazin, Beitrag vom 30.09.19 (https://magazin.audible.de/cornelia-funke-schriftstellerin, Zugriff: 03.01.2021)

Dritter Schritt: Schreibplan anlegen

INFO zum dritten Schritt

Ein **Schreibplan** hilft, die Materialien nach den Vorgaben der Teilaufgaben zu bearbeiten:
1. Nutze die Aufgabenstellung und deren Unterpunkte für deine Gliederung.
2. Lege in einem Schreibplan (Tabelle) die Gliederung deines Textes nach den Teilaufgaben (oberste Zeile) fest. In den senkrechten Spalten trägst du dazu passende Informationen aus den Materialien M1 – M6 ein. Wenn du schon oft mit einem Schreibplan gearbeitet hast und gut formulieren kannst, kannst du diesen Schritt überspringen. Weise den einzelnen Teilaufgaben stattdessen verschiedene Farben zu. Mit diesen Farben markierst du zugehörige Textstellen in den Materialien (siehe 2. Schritt, Aufgabe 4 b). Anschließend machst du direkt mit dem 5. Schritt weiter und schreibst deinen Text auf der Grundlage deiner farbigen Markierungen und Notizen.
3. In die Spalte „Daran muss ich denken" trägst du ein, worauf du bei der anschließenden Verschriftlichung achten willst.

C Strategien zur Bearbeitung von Schreibaufgaben

5 Übertrage den Schreibplan unten auf eine DIN-A4-Seite. Lasse in den einzelnen Zeilen/Spalten ausreichend Platz. Du kannst auch den vorbereiteten Schreibplan von Seite 27 kopieren (C 1.4).

Schreibplan

Adressat: *Mitschülerinnen und Mitschüler, Lehrkräfte, Eltern*
Situation/Thema: *Lesung von Werken der Autorin Cornelia Funke anlässlich der Preisverleihung*
Schreibziel: *informierender Text über Cornelia Funke zur Vorbereitung der Lesung*

Aufgaben/ Material	**1** a) Überschrift	**1** b) Einleitung	**1** c) ...	**1** d) ...	**1** e) ...	Daran muss ich denken:
M1		10.12.1958 in Dorsten/ NRW — ...	— Geschichten von Drachen, Rittern ... — ...			— *Materialien mehrfach lesen*
M2						— *Informationen zu den Teilaufgaben bunt markieren (Übersichtlichkeit)*
M3	*Sonderpreis des Deutschen Jugendliteraturpreises*					— *Notizen in eigenen Worten verschriftlichen*
M4		*erfolgreichste Jugendbuchautorin Deutschlands*				— ...
M5						
M6						

Vierter Schritt: Materialien auswerten und Stichworte im Schreibplan festhalten

> **INFO** zum vierten Schritt

Deine Schreibaufgabe besteht darin, in einem informierenden Text alle Teilaufgaben zusammenhängend zu bearbeiten:

a) Finde eine passende **Überschrift** (Teilaufgabe **1** a). Orientiere dich dabei an der Vorgabe des Themas. Achte darauf, dass die Überschrift zum Lesen anregt (Adressatenbezug).

b) In der **Einleitung** führst du in das Thema ein und machst kurz Angaben zu dem, was die Teilaufgabe fordert (Teilaufgabe **1** b).

c) Im **Hauptteil** erarbeitest du die Teilaufgaben **1** c) – d). Das sind Aufgaben zu inhaltlichen Aspekten (z. B. *Themen der Bücher*). Beachte dazu genau die Operatoren (z. B. *darstellen, erklären, erläutern* ...) und die Schlüsselwörter in den Teilaufgaben (z. B. *Funktion der Literatur, Arbeitsweise* ...).

d) Im **Schlussteil** ziehst du Schlüsse zu den genannten Aspekten der Teilaufgabe **1** e) (z. B. *Welche Bedeutung haben Bücher für die Autorin?*).

e) Abschließend nennst du in einem Satz noch die **Materialien**, die du verwendet hast (Teilaufgabe **1** f). Orientiere dich dazu an deiner Tabelle bzw. deinem Schreibplan oder an den von dir gemachten farbigen Markierungen.

C Strategien zur Bearbeitung von Schreibaufgaben

6 Ergänze nun deinen Schreibplan stichwortartig. Beginne mit der ersten Spalte zur Überschrift (**1** a).

7 Notiere in der zweiten Spalte Stichworte zur Einleitung (Teilaufgabe **1** b). Gehe dazu auf die vorgegebenen Aspekte in der Teilaufgabe (Geburtsdatum, -ort, Ausbildung und Tätigkeiten, Auszeichnungen, Engagement) ein.

8 a) Markiere in den Materialien, welche Inhalte Cornelia Funke thematisiert. Trage diese Informationen in die dritte Spalte des Schreibplans ein (Teilaufgabe **1** c).
 b) Notiere außerdem die Gründe, warum Literatur für sie wichtig ist (ebenfalls Teilaufgabe **1** c).

9 a) Markiere in den Materialien, wie Funke arbeitet (= Arbeitsweise). Übertrage diese Informationen in die 4. Spalte des Schreibplans (Teilaufgabe **1** d).
 b) Sammle Hinweise darauf, warum die Autorin nicht unter „Schreibblockaden" zu leiden hat, und notiere diese ebenfalls in Spalte (Teilaufgabe **1** d).

10 a) Ziehe Schlüsse aus den Informationen, die du über die Autorin gesammelt hast, und notiere in der fünften Spalte, welche Bedeutung Bücher für sie haben und warum sie mit dem Schreiben solch einen Erfolg hat (Teilaufgabe **1** e).
 b) Begründe nun, warum sie Bücher als „Fenster und Türen" (M4, Z. 23) bezeichnet (Teilaufgabe **1** e).

> **TIPP** zum vierten Schritt
>
> Wenn du dich während der Arbeit dazu entschieden hast, dass dir die farbigen Markierungen zu den Teilaufgaben als Schreibplan reichen, überprüfe noch einmal, ob du zu allen Teilaufgaben ausreichende Informationen markiert hast.

> **TIPP** zu **8** / **9** / **10**
>
> 1. Orientiere dich beim Festhalten der Notizen an den Operatoren (*stelle … dar, erkläre …*) und am Wortlaut (Schlüsselwörter) der Teilaufgaben. So kannst du beim Ausformulieren der Ergebnisse Wiederholungen vermeiden.
> 2. Achte darauf, dass du in **mehreren** Materialien Informationen zu **einer** Teilaufgabe finden kannst.

Fünfter Schritt: Materialien auswerten und Stichworte im Schreibplan festhalten

> **TIPP** zum fünften Schritt

1. Schreibe deinen Text. Lasse einen **breiten Rand** an der Seite und unten. So hast du Platz für die Überarbeitung und Ergänzungen.
2. Formuliere eine passende Überschrift (*Sonderpreis des Deutschen Jugendliteraturpreises für Cornelia Funke*).
3. Bringe die Ergebnisse aus deinem **Schreibplan** bzw. die Ergebnisse deiner **Markierungen** als Alternative zum Schreibplan in eine **schlüssige und zusammenhängende Reihenfolge**. Achte darauf, die Stichpunkte/Informationen aus den verschiedenen Materialien miteinander zu verknüpfen.
4. Orientiere dich an den Teilaufgaben. Setze nach der Bearbeitung jeder Teilaufgabe einen Absatz.
6. Berücksichtige beim Ausformulieren deines Textes die Adressaten (Mitschüler, Lehrkräfte und Eltern). Schreibe sachlich, verständlich und anschaulich: *Funke lässt ihre Leser in die Welt der Drachen und Ritter eintauchen. Sie schreibt von Zauberei und Träumen, aber …*
7. Halte dich an die dargestellten Fakten und Zahlen. Verwende Fachbegriffe, erkläre aber auch Begriffe und Namen, die in der Alltagssprache nicht häufig vorkommen.
8. Formuliere **in eigenen Worten** und im **Präsens**. Kennzeichne Zitate oder Belege durch Anführungszeichen und Angabe der Quelle: *Cornelia Funke sagte von sich in einem Interview mit dem Deutschlandfunk (2020): „[…] viele Figuren sind inspiriert von Kindern, die ich auf dem Bauspielplatz getroffen hatte."*

C Strategien zur Bearbeitung von Schreibaufgaben

11 Verfasse deinen informierenden Text auf einem Extrablatt. Orientiere dich am TIPP auf Seite 35 und nutze die Ergebnisse deiner Vorarbeit.

Teilaufgabe **1** *a): Sonderpreis des Deutschen Jugendliteraturbuchpreises ...*

Teilaufgabe **1** *b): Die Auswahl ist getroffen: Die wohl erfolgreichste Jugendbuchautorin Deutschlands, Cornelia Funke, erhält den Sonderpreis ... Dies ist schon Grund genug, sie und ihre Bücher vorzustellen ... Darüber hinaus ...*

Teilaufgabe **1** *c): Cornelia Funke lässt ihre Leser in die Welt der Drachen und Ritter eintauchen und schreibt von Zauberei und Träumen, aber ...*

Teilaufgabe **1** *d): Wenn Funke arbeitet, schafft sie märchenhafte Realitäten, zu denen sie die Inspiration aus dem Alltag bezieht. Sie scheint vor Ideen nur so zu sprudeln, denn ansonsten hätte sie in ihrem Schriftstellerleben nicht schon über 70 Kinder- und Jugendbücher verfasst ...*

Teilaufgabe **1** *e): Bücher sind für Funke Lebensmittelpunkt ... Wenn sie arbeitet, kennt sie keine Schreibblockaden. Sie glaubt eher, dass sich die Geschichten vor ihren Autoren „versteckten". Damit meint sie, dass ...*

Teilaufgabe **1** *f): Ich habe für meinen Text Informationen aus den Materialien ... genutzt.*

Sechster Schritt: Text überarbeiten

12 Überarbeite deinen informierenden Text. Verwende dazu die CHECKLISTE.

CHECKLISTE zur Überarbeitung von Texten (Aufgabentyp 2)

1. **Den Text inhaltlich überprüfen (Inhaltsleistung)**
   - ☑ Hast du eine interessante Überschrift gewählt?
   - ☑ Hast du in deinem Text alle Ergebnisse deiner Vorarbeit berücksichtigt und dich an den Teilaufgaben orientiert?
   - ☑ Sind deine Informationen für den Leser nachvollziehbar und interessant formuliert?
   - ☑ Wurden die Informationen (Aussagen, Fakten, Zahlen) richtig aus den Materialien übernommen?
   - ☑ Wurden nachvollziehbare Schlussfolgerungen gezogen, die sich sinnvoll aus den Materialien ergeben?
   - ☑ Hast du die Nummern der von dir genutzten Materialien notiert?

2. **Den Text sprachlich überprüfen (Darstellungsleistung)**
   - ☑ Hast du den Text sinnvoll gegliedert? Ist er durch Absätze überschaubar gestaltet?
   - ☑ Hast du eigenständig formuliert und nur Namen, Fakten und Daten aus den Materialien übernommen?
   - ☑ Hast du unnötige Wiederholungen und unklare Formulierungen vermieden?
   - ☑ Sind deine Sätze vollständig?
   - ☑ Kannst du komplizierte Sätze vereinfachen?
   - ☑ Hast du Zusammenhänge durch sinnvolle Satzverknüpfungen verdeutlicht?
   - ☑ Hast du im Präsens geschrieben?
   - ☑ Überprüfe auch Rechtschreibung, Zeichensetzung und Grammatik, denn sie fließen in die Bewertung ein und können den Lesefluss beeinträchtigen.
   - ➡ Kontrolliere deinen Text mehrfach und berücksichtige deine persönlichen Fehlerschwerpunkte.

C Strategien zur Bearbeitung von Schreibaufgaben

C 2 Aufgabentyp 4a

C 2.1 Was wird bei der Aufgabenstellung „Analysiere …" erwartet?

1 Die Aufgabenstellungen unten stammen aus einer Prüfungsvorlage, bei der ein erzählender Text untersucht werden sollte. Lies die Aufgaben. (ACHTUNG: Die zugehörigen Texte und Materialien findest du auf den Seiten 105 – 107).

AUFGABENSTELLUNG Schreibaufgabe

<u>Analysiere</u> den Textauszug aus dem Roman „Schneeriese" von Susan Kreller. Gehe dabei so vor:

- Schreibe eine Einleitung, in der du Textsorte, Titel, Autorin und Erscheinungsjahr <u>benennst</u> sowie das Thema <u>formulierst</u>.
- <u>Fasse</u> den Text <u>zusammen</u>.
- Stelle dar, welche Erwartungen Adrian an Stella hat und wie er sich ihr gegenüber verhält.
- Untersuche, wie Adrian Stellas Körpersprache bei ihrer Begegnung wahrnimmt.
- Erläutere, auf welche Weise durch sprachliche Mittel deutlich wird, wie enttäuscht Adrian von Stellas Verhalten ist (*mögliche Aspekte: Wortwahl, stilistische Mittel, Satzbau*).
- Schreibe einen kurzen Text aus der Sicht Stellas am Ende der Begegnung.
  - Welche Gedanken hat Stella, als sie noch einmal über ihre Begegnung mit Adrian nachdenkt?
  - Wie bewertet sie ihr eigenes und Adrians Verhalten?
  Schreibe in der Ich-Form und berücksichtige die Informationen, die der Textauszug gibt.

> **INFO** zu **2**
>
> ***schreiben/formulieren:*** einen Text verfassen
> ***benennen:*** Informationen zielgerichtet zusammentragen, ohne diese zu kommentieren
> ***zusammenfassen:*** Inhalte komprimiert und strukturiert in eigenen Worten wiedergeben
> ***darstellen:*** Inhalte, Aussagen oder Zusammenhänge sachlich und strukturiert formulieren
> ***untersuchen:*** an Texten, Textaussagen, Problemstellungen oder Sachverhalten kriterienorientiert bzw. fragengeleitet arbeiten
> ***erläutern:*** Sachverhalte oder Textaussagen auf der Basis von Kenntnissen oder Einsichten darstellen und durch zusätzliche Informationen und Beispiele veranschaulichen

2 In der Aufgabenstellung oben ist zum Teil schon unterstrichen worden, was von dir erwartet wird. Unterstreiche auch in den weiteren Aufgaben, was du tun sollst. Die Operatoren geben dir Hinweise.
Lies dazu die Info rechts. Sie erklärt, was unter den Arbeitsanweisungen genau zu verstehen ist.

3 a) Lies die Aufgabenstellungen oben noch einmal.
   b) Woran erkennst du an den Aufgabenstellungen zu den Teilaufgaben, dass du dich auf den Text beziehen musst?

> **INFO** zu **3**
>
> Um einen erzählenden Text zu verstehen, musst du ihn ***analysieren***:
> – Um welche Textsorte handelt es sich?
> – Wo und wann spielt die Handlung?
> – Welche Personen sind wichtig?
> – In welchem Verhältnis stehen sie zueinander?
> – Wie ist die Handlung aufgebaut?
> – Wie wird erzählt (Erzählform und -verhalten)?
>
> – Welche sprachlichen Besonderheiten fallen auf und welche Funktion haben sie?
>
> Zur Analyse gehört auch die ***Deutung***.
> Dazu beantwortest du folgende Fragen:
> – Welche Wirkung hat der Text auf den Leser?
> – Mit welcher Absicht wurde er geschrieben?
> – Welches Problem macht der Text deutlich?

C Strategien zur Bearbeitung von Schreibaufgaben

C 2.2 Einen epischen Text analysieren – Fachwissen

Bei der Analyse eines epischen (= erzählenden) Textes (z. B. Romanauszug, Erzählung, Satire …) musst du nach der Vorstellung (TATTE-Satz) und der Zusammenfassung des Inhalts auch Aufgaben zu Inhalt und **Erzählweise** bearbeiten. Dadurch ermittelst du die Wirkung des Textes auf den Leser sowie die Textaussage (= Funktion). Anschließend nimmst du zu einer Aussage bzw. einem Zitat Stellung oder schreibst aus der Perspektive einer Figur.

Zur Analyse der **Erzählweise** werden dir in der Aufgabe Schwerpunkte (= mögliche Aspekte) vorgegeben. Diese solltest du auf jeden Fall untersuchen, du kannst aber auch auf weitere formale Merkmale eingehen: *Untersuche, wie durch* **sprachliche und formale Mittel** *deutlich wird, dass der vom Vater in der Kindheit ausgeübte Druck den Sohn ständig begleitet (mögliche Aspekte:* **Satzbau, sprachliche Gestaltungsmittel, Erzählform und Erzählhaltung**). *Erkläre in diesem Zusammenhang auch das Ende des Textes.* (vgl. dazu Teilaufgabe 1 e), S. 43)

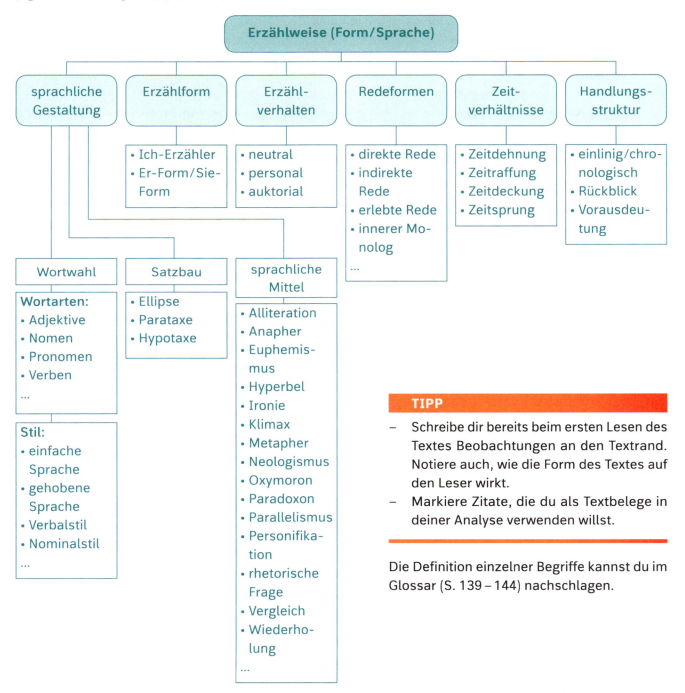

TIPP

- Schreibe dir bereits beim ersten Lesen des Textes Beobachtungen an den Textrand. Notiere auch, wie die Form des Textes auf den Leser wirkt.
- Markiere Zitate, die du als Textbelege in deiner Analyse verwenden willst.

Die Definition einzelner Begriffe kannst du im Glossar (S. 139 – 144) nachschlagen.

C 2.3 Einen lyrischen Text analysieren – Fachwissen

Bei der Analyse eines lyrischen Textes (z. B. Gedicht, Lied …) musst du nach der Vorstellung (TATTE-Satz) und der Zusammenfassung des Inhalts auch Aufgaben zu Inhalt und **Form** bearbeiten. Dadurch ermittelst du die Wirkung des Textes auf den Leser sowie die Textaussage (= Funktion). Anschließend nimmst du zu einer Aussage bzw. einem Zitat Stellung oder schreibst aus der Perspektive einer Figur.

Zur Analyse der **Form** werden dir in der Aufgabe Schwerpunkte (= mögliche Aspekte) vorgegeben. Diese solltest du auf jeden Fall untersuchen, du kannst aber auch auf weitere formale Merkmale eingehen: *Untersuche, wie durch **sprachliche und formale Mittel** deutlich wird, dass die Liebe in der dargestellten Beziehung „abhanden" (V. 3) gekommen ist (mögliche Aspekte: **Strophen, Reimschema, Wortwahl, sprachliche Gestaltungsmittel**).*

(vgl. dazu Teilaufgabe 1 d), S. 51)

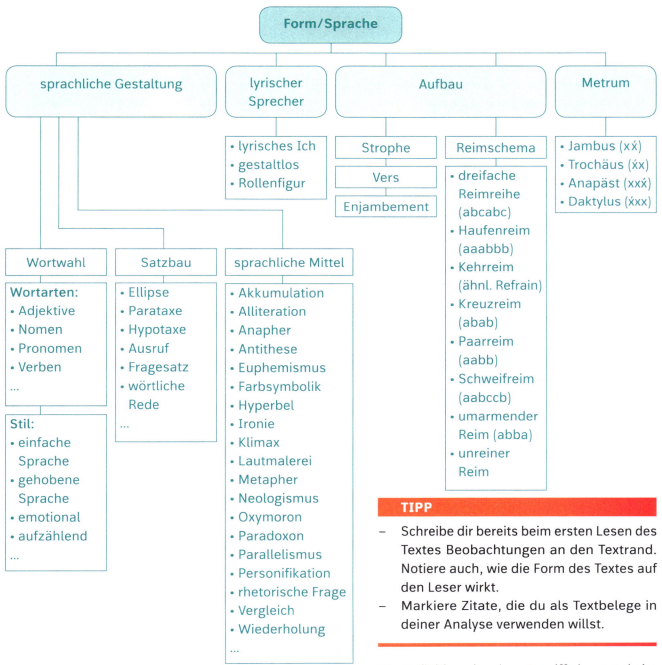

TIPP

- Schreibe dir bereits beim ersten Lesen des Textes Beobachtungen an den Textrand. Notiere auch, wie die Form des Textes auf den Leser wirkt.
- Markiere Zitate, die du als Textbelege in deiner Analyse verwenden willst.

Die Definition einzelner Begriffe kannst du im Glossar (S. 139 – 144) nachschlagen.

C Strategien zur Bearbeitung von Schreibaufgaben

C 2.4 Einen Text analysieren und interpretieren

Hier erhältst du eine Übersicht zur **Vorgehensweise bei der Bearbeitung der Schreibaufgabe zum Aufgabentyp 4a**. Die blau markierten Wörter (Arbeitstechniken, Operatoren, Fachbegriffe) kannst du im Glossar (ab S. 139) oder in den Kapiteln C 2.1 (S. 37) und C 2.6 bzw. C 2.7 (ab S. 42 bzw. S. 50) nachschlagen. Bei der Bearbeitung der Aufgabenstellungen in den Kapiteln E 3 – E 5 kannst du dich an dieser Übersicht orientieren.

Sechs Schritte zur Bearbeitung der Aufgabenstellung

1. Schritt: Sich orientieren
- Aufgabenstellung und Teilaufgaben lesen
- Teilaufgaben und **Operatoren** erfassen
- Schreibziel erkennen (→ **analysieren**)

2. Schritt: Text erschließen und Inhalt erfassen
- Text lesen, unbekannte Begriffe und Ausdrücke klären (Wörterbuch, Sinnzusammenhang)
- **Schlüsselwörter** und **-stellen** markieren
- Sinnabschnitte bilden und Zwischenüberschriften formulieren
- Stichworte zum Inhalt machen
- Beobachtungen zu den formalen und sprachlichen Merkmalen der Textart (**episch, lyrisch, dramatisch** oder **Sachtext**) notieren und deren Wirkungsweise festhalten

3. Schritt: Schreibplan anlegen
- Tabelle anlegen (nach Teilaufgaben gliedern)

4. Schritt: Text untersuchen und Sichworte im Schreibplan festhalten
- Informationen für Einleitung notieren: **TATTE**-Satz (**T**itel, **A**utor, **T**extart, **E**rscheinungsjahr und **T**hema)
- Inhalt **zusammenfassen**: Handlung stichpunktartig notieren
- **Aufgaben zu Inhalt und Form** stichpunktartig **bearbeiten** und passende Textbelege notieren
- zu einer Aussage/einem Zitat **Stellung nehmen** oder einen **Text aus Sicht einer Figur verfassen**

5. Schritt: Text schreiben/Analyse verfassen

Inhalt:
- zusammenhängenden Text verfassen
- Einleitung formulieren
- Inhalt mit eigenen Worten zusammenfassen
- Zusammenhang zwischen Inhalt und Form aufgabengeleitet darstellen, Fazit ziehen
- zu einer Aussage/einem Zitat Stellung nehmen oder einen Text aus Sicht einer Figur verfassen

Darstellung:
- **Präsens** verwenden (bei Vorzeitigkeit: **Perfekt**)
- Beobachtungen belegen, **Zitiertechniken** beachten
- nach Teilaufgaben Absätze einfügen
- Überleitungen formulieren
- in eigenen Worten formulieren

6. Schritt: Text überarbeiten
- Einleitung vollständig?
- Inhalt richtig und mit eigenen Worten zusammengefasst?
- Alle Teilaufgaben berücksichtigt (→ **Operatoren**)?
- Stellungnahme auf das Zitat/die Aussage abgestimmt oder Text aus Sicht einer Figur verfasst?
- Im **Präsens** geschrieben?
- **Rechtschreibung, Zeichensetzung, Grammatik** korrekt?

C Strategien zur Bearbeitung von Schreibaufgaben

C 2.5 Schreibplan zu Aufgabentyp 4a

Nutze diesen Schreibplan zur Planung deines analysierenden Textes. Ergänze in der linken Spalte die Operatoren und Schlüsselwörter aus den Teilaufgaben und notiere in der rechten Spalte stichwortartig deine Ergebnisse mit passenden Textbelegen. Überflüssige Zeilen streichst du.

Teilaufgabe zu 1	Stichworte zur Bearbeitung
a) Einleitung: TATTE-Satz	*Titel:* *Autor:* *Textart:* *Erscheinungsjahr:* *Thema:*
b) Inhalt zusammenfassen	
c) Aufgabe zu Form und/oder Inhalt	
d) Aufgabe zu Form und/oder Inhalt	
e) Aufgabe zu Form und/oder Inhalt	
f) Stellungnahme oder Text aus Sicht einer Figur	

C Strategien zur Bearbeitung von Schreibaufgaben

C 2.6 Schreibaufgabe (erzählender Text) in sechs Schritten bearbeiten: Marathon

Auf den folgenden Seiten werden die wichtigsten Arbeitsschritte für das Lesen und Erschließen eines erzählenden Textes und die Schritte zur Bearbeitung der Prüfungsaufgaben dargestellt. Auf den Seiten 43 – 45 findest du den erzählenden Text, mit dem du diese Schritte üben kannst. Auch in der angeleiteten Prüfungsaufgabe zum Thema „Eine Frage der Beziehung" (Teil E) wird auf diese grundlegenden Seiten verwiesen.

Erster Schritt: Sich orientieren

TIPP zum ersten Schritt

Stürze dich nicht gleich in die Arbeit, sondern verschaffe dir einen ersten Überblick:
1. Mache dir klar, was die Aufgabe von dir verlangt. Lies dazu die einzelnen Teilaufgaben und unterstreiche alle wichtigen Hinweise auf das, was du tun sollst. So erhältst du oft schon Anhaltspunkte, worauf du beim Lesen und Erschließen des Textes achten musst.
2. Worum geht es in dem Text? Was verrät dir die Überschrift?

1 Lies die Aufgabenstellung in der Prüfungsvorlage (Seite 43) „mit dem Stift".
Markiere die Operatoren und die Schlüsselwörter.

2 Gib mit eigenen Worten wieder, was du tun sollst. Beachte die Reihenfolge der einzelnen Schritte.

_____

_____

3 Notiere stichpunktartig, was dir zu dem Titel „Marathon" einfällt. Wovon könnte der Text handeln?

_____

_____

Zweiter Schritt: Text erschließen und Inhalt erfassen

4 a) Erschließe den Text wie im TIPP zum zweiten Schritt dargestellt. Setze dazu die Bearbeitung fort.
  b) Kennzeichne Besonderheiten durch Unterstreichungen und Randbemerkungen (z. B. zu Satzbau, sprachlichen Gestaltungsmitteln, Erzählform und -verhalten).

5 Worum geht es im Text? Formuliere Stichworte zum Thema.

– Druck, den ein Vater auf seinen Sohn ausübt

_____

_____

_____

_____

TIPP zum zweiten Schritt

1. Markiere alle Textstellen, die dir unklar sind. Kläre unbekannte Ausdrücke aus dem Sinnzusammenhang oder mithilfe des Wörterbuchs. Beachte auch die Worterklärungen unter dem Text.
2. Unterstreiche Schlüsselstellen im Text. Das sind Antworten auf die W-Fragen und Textstellen, die du zur Bearbeitung der Teilaufgaben heranziehen willst.
3. Bilde Sinnabschnitte. Notiere dazu jeweils eine Überschrift.
4. Notiere zu jedem Abschnitt Stichpunkte zum Inhalt.
5. Bestimme die Textart.

Teil II

AUFGABENSTELLUNG Schreibaufgabe

1 **Analysiere** den Text „Marathon" von Reinhold Ziegler. Gehe dabei so vor:

a) **Schreibe** eine Einleitung, in der du Titel, Autor, Textart und Thema **benennst**.

b) **Fasse** den Text **zusammen**.

c) **Stelle** die Entwicklung der Sportlerkarriere des Sohnes **dar** und **erkläre**, warum er die gesteckten Ziele jeweils erreicht oder nicht.

d) **Erläutere** die Beziehung des Sohnes zu seinem Vater und ziehe dazu Textbelege heran.

e) **Untersuche**, wie durch sprachliche und formale Mittel deutlich gemacht wird, dass der vom Vater in der Kindheit ausgeübte Druck den Sohn ständig begleitet (*mögliche Aspekte: Satzbau, sprachliche Gestaltungsmittel, Erzählform und Erzählhaltung*). **Erkläre** in diesem Zusammenhang auch das Ende des Textes.

f) Ein Mitschüler sagt über den Text: *„Ich finde, der Sohn war zu gemein zu seinem Vater. Der wollte doch wirklich nur sein Bestes."* **Setze** dich mit dieser Aussage **auseinander** und überlege, ob du die Einschätzung teilen kannst. **Begründe** deine Meinung und beziehe dich dabei auf den Text.

Marathon (2001) *Reinhold Ziegler*

Ich-Form

Aufzählung, Vater hat große Erwartungen an den Sohn – Sportler

Ehrgeiz des Vater verfolgt den Sohn

Ob ich meinen Vater schon hasste, als ich auf die Welt kam, bezweifle ich. Ich vermute, ich fing damit erst an, als ich laufen lernen musste. Ein
5 Sohn, der nur krabbeln konnte, der sich später mühsam von einem Bein aufs andere fallend, durch die Welt hangelte, der schließlich gehen konnte, aber doch nicht lief, noch nicht
10 federnd aus den Fußgelenken, noch nicht abrollend mit der ganzen Sohle, noch nicht locker aus den Hüften heraus, noch nicht exakt im Knie geführt, der eben ging, wie ein Kind
15 geht – all das muss ihn ungeduldig geschmerzt haben in seinem großen Sportlerherz. Und diese Ungeduld ließ er mich damals schon spüren.
[...] Wenn ich an meine Kindheit
20 denke, sehe ich nur ein Bild vor mir: Es ist mein Vater, laufend, schräg rechts vor mir. Er blickt über seine linke Schulter zurück und ruft: „Auf, auf!" Und wenn ich länger
25 hineinhöre in dieses Bild, dann höre ich sein gleichmäßiges Atmen, höre seinen Rhythmus: Schritt, Schritt, ein – Schritt, Schritt, aus. Und ich

höre mein eigenes Keuchen, spüre mein Herz stechen und spüre den 30 Hass, der mich zurückhalten will und der mich doch immer hinter ihm hertreibt. Und dann mein Vater, wie er zu anderen redete: „Der Junge hat Talent", höre ich. „Aus dem 35 wird mal was", höre ich. Wenn er zu mir redete, hörte ich nur: „Auf, auf!"

An meinem dreizehnten Geburtstag lief ich zum ersten Mal die fünftau- 40 send Meter. Es war ein Sportfest, und ich musste mit den Achtzehnjährigen starten, weil in meiner Altersklasse und den zwei darüber niemand sonst auf diese Distanz antrat. Meine 45 Vereinskameraden standen am Rand der Bahn und feuerten mich an. Fast zehn Runden hielt ich mit den Großen mit, dann fiel ich ab. Vater wartete an Start und Ziel, bei jeder Runde 50 schrie er mir sein „Auf, auf!" ins linke Ohr, die letzte Runde lief er auf dem Rasen neben mir her. „Auf, auf, auf!", schrie er, aber ich hörte nichts mehr, lief wie bewusstlos, Schritt, Schritt, 55 ein – Schritt, Schritt, aus – bis mir

irgendwer eine Decke überwarf und ich verstand, dass es vorbei war. [...] „Gut gemacht, mein Läuferlein", flüs-
60 terte er in mein Keuchen. Und ich nahm diese Worte und schloss sie ein wie einen Edelstein, den man immer mal wieder ganz allein hervorholt, um ihn zu betrachten. „Gut gemacht,
65 gut gemacht."
Später standen wir beieinander, alle die, denen Laufen Spaß machen musste. „Viel hat da nicht gefehlt", hörte ich meinen Vater. „Nächstes
70 Jahr packen wir den ganzen Tross."
Ich ging weg, nahm mein „Gut gemacht" heraus und sah es von allen Seiten an. Es hatte viele Facetten, das wusste ich nun. Ich wollte nicht an
75 das nächste Jahr denken, aber natürlich tat ich es. Und natürlich hatte Vater recht.

Es war dasselbe Sportfest, ein Jahr später, als ich tatsächlich zum ersten
80 Mal die fünftausend Meter gewann. Von nun an war ich, wie die Zeitungen schrieben, abonniert auf Sieg, das große deutsche Talent, unsere Olympiahoffnung und vieles andere mehr,
85 was mich vergessen ließ, wie sehr ich meinen Vater hasste, vielleicht auch, dass ich ihn überhaupt hasste.

Ich studierte in einer anderen Stadt. Sport natürlich, was sonst. Ich trai-
90 nierte zweimal täglich, professionell, wie man mir sagte, obwohl es auch nicht viel mehr war als das „Auf, auf!" meines Vaters, nur besser organisiert, wissenschaftlicher verpackt und
95 anonymer. [...] Dann verpasste ich die Qualifikation, wurde nicht zur deutschen olympischen Hoffnung. [...] Ich fing an, auf Marathon zu trainieren. Irgendjemand hatte meinen Laufstil
100 analysiert und mir von der Bahn, von fünftausend und zehntausend weg hin zu Marathon geraten. [...] Ich war gut im Marathon, aber meine Zeiten zeigten mir, für die Welt, die
105 ganz große Welt, war ich auch hier nicht gut genug.

In dieser Zeit – es war kurz nachdem ich auch diese Qualifikation verpasst hatte – fuhr ich einmal nach Hau- 110 se. Wie fremd saß ich dort an dem vertrauten Esstisch, trank Kaffee mit meinen Eltern wie früher und fand doch keine Worte, um das Versagen auszulöschen oder an die kleinen Siege meiner Vergangenheit anzu- 115 knüpfen.

Komm, lass uns laufen, sagte mein Vater, noch immer, ohne zu begreifen, wie sehr ich auch diesen Satz hasste. Als wir die Schuhe aussuchten, fragte 120 er: „Wie weit?" „Marathon", sagte ich, ohne ihn anzusehen. Er war noch nie Marathon gelaufen, das wusste ich, und er war älter geworden. Ich ließ ihn voranlaufen und merkte nach den 125 ersten paar hundert Metern, dass er es zu schnell anging. Ich ließ mich zurückfallen, aber immer wieder kam sein Kopf über die linke Schulter zu mir: „Auf, auf!" Nach nicht einmal 130 einem Viertel der Strecke begannen ihn die Kräfte zu verlassen. Wieder drehte er sich um: „Auf! Sei nicht so faul!", rief er. „Führ du mal!" ich zog an ihm vorbei, hörte sein Atmen, viel 135 zu hastig, viel zu ausgepumpt, viel zu verkrampft. [...]

Ich wollte ihn umbringen, wollte ihn winseln hören, wollte seine Ausflüchte hören, sein „Ich habe es doch nur 140 gut gemeint." [...]

Ich zog noch ein bisschen an und er ging das Tempo mit. Sein Kopf wurde allmählich rot und fing an zu pendeln, seine Füße rollten jetzt 145 nicht mehr, sondern platschten auf den Boden wie bei einem Kind, das froh ist, überhaupt von der Stelle zu kommen. Ab und zu drehte ich mich um: „Auf, auf!", rief ich ihm über die 150 Schulter zu.

[...] Keuchend und nach Luft ringend, lief er hinter mir her. Wir waren jetzt viel zu schnell, selbst ich würde dieses Tempo nicht bis zum 155 Ende halten können, aber es würde

C Strategien zur Bearbeitung von Schreibaufgaben

ohnehin keinen Einlauf durchs große Marathontor geben, nicht heute und nie mehr. Dies war das letzte Rennen 160 meines Lebens, und nichts und niemand konnte mich daran hindern, es für immer zu gewinnen.

Plötzlich taumelte er, wie zwei Kreisel liefen seine Arme neben ihm her. 165 Ich blieb stehen, um ihn aufzufangen, aber er stolperte an mir vorbei, ließ sich ein paar Meter weiter in die Wiese fallen und übergab sich. Ich drehte ihn um, stützte ihm die Stirn, 170 verschaffte ihm mehr Luft. Sag es, dachte ich. Sag dieses verdammte: „Ich wollte doch nur dein Bestes!" Aber er konnte nicht mehr sprechen, würgte alles heraus, was in ihm war, schnappte nach Luft wie ein Kind im 175 Heulkrampf.

Allmählich kam er zur Ruhe, sah mich an, sah mir von unten her lange in die Augen. „Hasst du mich so sehr?", fragte er. Da war etwas wie 180 erstauntes Entsetzen in seinen Augen. Aber ich schwieg, sah ihn nur an in all seiner Hilflosigkeit. „Nein, nicht mehr", antwortete ich schließlich. „Nicht mehr, es ist vorbei, es ist gut." 185 Wir blieben lange sitzen, wortlos, aber zum ersten Mal in unserem Leben einig. Dann trabten wir zurück. Ganz ruhig, fast gelassen. Nebeneinander. 190

aus: Reinhold Ziegler: Der Straßengeher. Weinheim/Basel: Beltz & Gelberg 2001, S. 82 – 87.

Dritter Schritt: Schreibplan anlegen

TIPP zum dritten Schritt

1. Die Schreibaufgabe besteht darin, in einem zusammenhängenden Text alle Teilaufgaben zu bearbeiten. Nutze die Aufgabenstellung und deren Unterpunkte für deine Gliederung.
2. Lege in einem Schreibplan (Tabelle) die Gliederung deines Textes (linke Spalte) fest:
   a) In der Einleitung stellst du den Text vor, machst Angaben zu Titel, Autor, Textart, Erscheinungsjahr und Thema (Teilaufgabe **1** a). Du formulierst also den TATTE-Satz.
   b) Im Hauptteil wendest du dich den Teilaufgaben **1** b) – e) zu. Das sind Aufgaben zu inhaltlichen und formalen Aspekten (z. B. Textart, Form, Sprache, Erzählweise). Beachte dazu genau die Operatoren (z. B. *darstellen, beschreiben, erklären* …) und die Schlüsselwörter in den Teilaufgaben (z. B. *Entwicklung der Sportlerkarriere, gesteckte Ziele, Beziehung* …). Zitate und Belege unterstützen deine Aussagen. Daher solltest du sie bereits in deinem Schreibplan notieren.
   c) Deinen Text rundest du am Schluss mit einer Stellungnahme ab. Achte auf die genaue Formulierung der letzten Aufgabe (Teilaufgabe **1** f).

6 a) Übertrage den Schreibplan von Seite 46 auf eine DIN-A4-Seite. Lasse in den einzelnen Zeilen ausreichend Platz. Du kannst auch den vorbereiteten Schreibplan von Seite 41 kopieren (C 2.5).
b) Vervollständige stichwortartig die linke Spalte. Orientiere dich dazu an den Teilaufgaben von Seite 43 (Operatoren und Schlüsselwörter). So behältst du die Aufgaben im Blick und vermeidest Wiederholungen.

C Strategien zur Bearbeitung von Schreibaufgaben

Teilaufgaben	Stichworte zur Bearbeitung
1 a) Einleitung: TATTE-Satz	– <u>Titel</u>: … – <u>Autor</u>: Reinhold Ziegler – <u>Textart</u>: kurze Erzählung (epischer Text) – <u>Erscheinungsjahr</u>: – <u>Thema</u>: …
1 b) Inhalt zusammenfassen	– bereits als der Sohn noch ganz klein ist, hat sein Vater große Erwartungen an ihn, denn dieser ist Sportler – wenn der Sohn zurückdenkt, …
1 c) Entwicklung der Sportler-karriere (Sohn) darstellen; Erreichen und Nicht-Erreichen der Ziele erklären	– Sohn „muss" als Kind lernen, wie er richtig läuft (Z. 4); Vater trainiert ständig mit ihm und feuert ihn an (Z. 4–33) → Vater ist stolz auf ihn, hält viel von ihm, gibt mit ihm an (Z. 34–36) …
1 d) Beziehung (Vater + Sohn) erläutern + Textbelege	…
1 e) …	…
1 f) …	…

Vierter Schritt: Text untersuchen und Stichworte im Schreibplan festhalten

> **INFO** zum vierten Schritt

Ein erzählender Text stellt häufig ein bestimmtes zwischenmenschliches oder gesellschaftliches Problem dar. In der Analyse sollst du diese Textaussage herausarbeiten.

1. Zuerst musst du den **Text vorstellen** und den **Inhalt zusammenfassen**.
2. Danach bearbeitest du **Aufgaben zum Inhalt** und zur **Form/Sprache** des Textes:
   a) Untersuche den Text dazu **aufgabenbezogen**. Konzentriere dich auf die Schwerpunkte, die in den Aufgaben verlangt werden. Suche dazu passende Textstellen.
   b) Mit Blick auf **Inhalt**, **Form** und **Sprache** musst du auf Folgendes achten:
      – **Inhalt:** Überschrift, Thema/Motive, Atmosphäre, Handlung, Personen und ihre Beziehungen, Gefühle, Gedanken, Konflikte.
      – **Form/Sprache:** Textart, Wortwahl (Schlüsselwörter), Satzbau, sprachliche Gestaltungsmittel, Erzählform und -verhalten.

   Du ermittelst diese Gestaltungsmerkmale, um **Wirkung** und **Deutung** des Textes zu erklären. Manchmal musst du auch die **Entstehungszeit** des Textes berücksichtigen.

---

7 Ergänze deinen Schreibplan stichwortartig. Beginne mit der ersten Zeile zur Einleitung (Teilaufgabe **1** a) und orientiere dich am TIPP.
   a) Notiere Titel, Autor, Erscheinungsjahr und Textart.
   b) Formuliere das Thema.

> **TIPP** zu **7** : Formulieren einer Einleitung

1. Stelle die Erzählung vor: Autor, Titel, Erscheinungsjahr.
2. Ermittle die Textart. Handelt es sich um einen Auszug aus einem Roman, eine Kurzgeschichte, eine Novelle, eine Parabel, …?
3. Formuliere das Thema des Textes in wenigen Sätzen. Achte darauf, dass deine Formulierung sich auf den gesamten Text bezieht.

C Strategien zur Bearbeitung von Schreibaufgaben

8 Notiere in der zweiten Zeile Stichworte zur Zusammenfassung des Inhalts (Teilaufgabe **1** b):
- Nutze dazu deine Stichpunkte aus der Texterschließung (Aufgabe **4**, S. 42).
- Notiere die Stichworte zu den Sinnabschnitten im Schreibplan. Orientiere dich an den unterstrichenen Schlüsselwörtern. So kannst du beginnen:

1. Sinnabschnitt: (Z. 1–18)
— bereits als der Sohn noch ganz klein ist, hat sein Vater große Erwartungen an ihn, denn auch dieser ist Sportler
— der Vater hat schon in seiner Kindheit ungeduldig auf seinen Laufstil des Sohnes geachtet …

9 a) Markiere im Text die einzelnen Schritte in der Sportlerkarriere des Sohnes und notiere sie in der dritten Zeile deines Schreibplans (Aufgabe **1** c). Ergänze passende Textstellen als Belege.
b) Notiere hinter jedem Karriereschritt, ob dieses Ziel jeweils erreicht wurde oder nicht (Teilaufgabe **1** c). Mache dies durch einen Folgepfeil deutlich.

— Sohn „muss" als Kind lernen, wie er richtig läuft (Z. 4); Vater trainiert ständig mit ihm und feuert ihn an (Z. 4–33) → Vater ist stolz auf ihn, hält viel von ihm, gibt mit ihm an (Z. 34–36)
— 13. Geburtstag: erstes Mal 5000-Meter-Lauf (Z. 39–45); läuft gegen 18-Jährige → …

10 Erläutere, wie du die Beziehung zwischen Sohn und Vater nach der Untersuchung des Textes einschätzt. Sammle dazu Stichwörter in der vierten Zeile der Tabelle (Teilaufgabe **1** d).

— schwieriges Verhältnis, da Vater den Sohn von klein auf durch das Training und seine Erwartungshaltung unter Druck gesetzt hat (Z. 1–38)
— Ich-Erzähler meint sogar, seinen Vater später zu hassen, während er dies als Kind noch nicht tat („Ob ich meinen Vater schon hasste, als ich auf die Welt kam, bezweifle ich.", Z.1–3)
— kein normales Vater-Sohn-Verhältnis, sondern der Vater erscheint durch den übermäßigen Ehrgeiz wie ein Antreiber (Z. 49–53) …

TIPP zu 10

1. In Teilaufgabe **1** d) zeigst du, ob du die Botschaft des Ich-Erzählers und damit die Intention des Textes richtig verstanden hast, denn der Ich-Erzähler verarbeitet in diesem Text das angespannte Verhältnis zu seinem Vater.
2. Betrachte die Beziehung der beiden auf den gesamten Text bezogen. Verdeutliche die dargestellte Entwicklung und erkläre, wie es zu diesem angespannten Verhältnis gekommen ist.
3. In Teilaufgabe **1** d) wird verlangt, Textbelege heranzuziehen. Diese solltest du wiederum im Schreibplan notieren. Dabei kannst du deinen Text anschaulicher gestalten, wenn du auch wörtlich zitierst.

---

11 a) Ergänze in Zeile 5 der Tabelle, wie durch Form und Sprache deutlich wird, dass der Druck des Vaters den Sohn ständig begleitet (Teilaufgabe **1** e).

— Sohn muss seine Kindheit und Jugend verarbeiten, denn er denkt immer wieder an die Anweisungen seines Vaters – auch als er schon studiert → Wiederholungen: „Auf, auf!" (Z. 24, Z. 51 …), „Schritt, Schritt, ein – Schritt, Schritt, aus" (Z. 27/28); diese Äußerungen verfolgen ihn, weil der Vater sie immer beim Trainieren wiederholt hat …

TIPP zu 11

Achte bei der Untersuchung von Form und Sprache auf Satzbau, sprachliche Gestaltungsmittel, Erzählform und Erzählhaltung. Auf diese Merkmale wird oft schon in der Aufgabenstellung verwiesen.

Notiere im Schreibplan auch immer gleich die Wirkung dieser Merkmale.

C Strategien zur Bearbeitung von Schreibaufgaben

— Erzähler nutzt viele Vergleiche: „[…] der eben ging, wie ein Kind geht […]" (Z. 14/15) → macht deutlich, dass er eigentlich ein ganz normales Kind war; „[…] lief wie bewusstlos […]" (Z. 55) → zeigt, dass er alles gegeben hat, um die Erwartungen des Vaters zu erfüllen …

b) Die Erzählung endet mit den Sätzen *„Wir blieben lange sitzen, wortlos, aber zum ersten Mal in unserem Leben einig. Dann trabten wir zurück. Ganz ruhig, fast gelassen. Nebeneinander."* (Z. 186–190). Erkläre, welche Entwicklung in der Beziehung von Vater und Sohn sich hier zeigt (zweiter Teil von Teilaufgabe **1** e). Ergänze deine Ergebnisse ebenfalls in der fünften Zeile des Schreibplans.

— Sohn behandelt den Vater bei seinem Besuch zu Hause ebenso, wie dieser ihn in all den Jahren seiner Kindheit und Jugend behandelt hat …
— Sohn treibt Vater an, obwohl er weiß, dass dieser seine Grenzen überschreiten muss, denn er ist mittlerweile alt und noch nie Marathon gelaufen (Z. 122–124) …

12 a) Lies die Teilaufgabe **1** f). Mache dir klar, wozu du Stellung nehmen sollst. Erläutere die Aussage im Schreibplan kurz in eigenen Worten.

Ein Mitschüler sagt über den Text, er finde, der Sohn … Damit meint er, dass …

b) Welchen Standpunkt vertrittst du?
c) Sammle in Stichworten Gedanken und notiere sie geordnet in deinem Schreibplan. Schreibe auch die Textstellen auf, die du als Belege in deiner Argumentation berücksichtigen willst.

TIPP zu **12** a) und c)

Wenn eine Stellungnahme zu einer Aussage zum Text/zu einem Zitat von dir erwartet wird, gehe so vor:
1. Gib die Aussage/das Zitat direkt oder indirekt wieder und erkläre, was damit gemeint ist.
2. Stelle deinen Standpunkt eindeutig dar. Du kannst zustimmen, ablehnen oder einen Kompromiss finden. Wichtig ist, dass du die Gründe abwägst und am Ende ein zusammenfassendes Fazit ziehst.
3. Begründe deine Position nachvollziehbar und stichhaltig. Beziehe dich dabei auf den Text und führe auch Zitate an, die deine Meinung anschaulich belegen.

Fünfter Schritt: Text schreiben

TIPP zum fünften Schritt

1. Formuliere deinen Text. Lasse einen **breiten Rand** an der Seite und unten, damit du Platz für die Überarbeitung und Ergänzungen hast. Schreibe so, als würde dein Leser den erzählenden Text nicht kennen.
2. Schreibe im **Präsens**. Um Vorzeitigkeit auszudrücken, nutzt du das **Perfekt**.
3. Bringe die Ergebnisse aus deinem **Schreibplan** in einen **schlüssigen und zusammenhängenden Gedankengang**. Dazu fasst du **ähnliche Beobachtungen** zusammen und beschreibst ihre **Wirkung**, damit dein Leser versteht, warum der Autor bestimmte inhaltliche, sprachliche und formale Merkmale ausgewählt hat. Vermeide **Wiederholungen**.
4. Verwende **Zitate**, wenn du etwas Typisches oder Bemerkenswertes herausstellen willst oder **um eigene Aussagen zu belegen**. Kennzeichne Zitate durch Anführungszeichen und Zeilenangaben in Klammern.
5. **Fachbegriffe** helfen, präzise zu formulieren.
6. Verwende passende **Satzverknüpfungswörter**. So wirkt dein Text zusammenhängend.
7. Setze nach jeder Teilaufgabe einen **Absatz**.

48

C Strategien zur Bearbeitung von Schreibaufgaben

13 Fasse deine Analyseergebnisse in einem geschlossenen Text zusammen. Orientiere dich am TIPP von Seite 48. Nutze die Vorarbeit aus deinem Schreibplan sowie die folgenden Textanfänge.

*Teilaufgabe **1** a): In der kurzen Erzählung „Marathon" von Reinhold Ziegler, die dieser im Jahre 2001 verfasst hat, geht es um das schwierige Verhältnis eines Sohnes zu seinem …*

*Teilaufgabe **1** b): Bereits als der Sohn noch ganz klein ist, hat sein Vater große Erwartungen an ihn, denn dieser ist ebenfalls Sportler. Wenn der Sohn zurückdenkt, erinnert er sich an …*

*Teilaufgabe **1** c): Der Sohn „muss" schon als Kind lernen, wie er richtig zu laufen hat (Z. 4). Der Vater trainiert ständig mit ihm und feuert ihn an (Z. 4–33). Er ist stolz auf ihn und …*

*Teilaufgabe **1** d): Vater und Sohn haben ein schwieriges Verhältnis, da der Vater seinen Sohn durch seine Erwartungshaltung unter Druck gesetzt hat (Z. 1–38). Der Ich-Erzähler meint …*

*Teilaufgabe **1** e): Durch die verwendete Form und Sprache wird deutlich, dass der Druck des Vaters den Sohn bis zu dem Ereignis bei seinem Besuch begleitet hat, denn der Sohn denkt immer wieder an die Anweisungen seines Vaters. Dies wird z. B. durch die Wiederholungen erkennbar: „Auf, auf!" (Z. 24, 37/38, 92) oder „Schritt, Schritt, ein – Schritt, Schritt …*

*Teilaufgabe **1** f): Ein Mitschüler sagt über den Text, er finde, der Sohn sei zu seinem Vater zu gemein gewesen. Er meint damit, dass er den Vater zum Marathonlauf gezwungen habe …*

Sechster Schritt: Text überarbeiten

14 Überarbeite deinen Text. Verwende dazu die CHECKLISTE.

CHECKLISTE zur Überarbeitung von Texten (Aufgabentyp 4a)

1. Den Text inhaltlich überprüfen (Inhaltsleistung)
- ☑ Hast du in deinem Text alle Unterpunkte der Schreibaufgabe und die Ergebnisse aus deinem Schreibplan berücksichtigt?
- ☑ Sind deine Ergebnisse für den Leser nachvollziehbar formuliert, d. h. hast du erklärt, wie du etwas verstanden hast, und dieses durch Textbelege veranschaulicht?
- ☑ Ist klar, welche Bedeutung Form und Sprache des Textes für die Aussageabsicht haben?
- ☑ Hast du deine Ergebnisse miteinander verknüpft und Zusammenhänge hergestellt?
- ☑ Hast du in der Stellungnahme deine Position durch Begründungen sowie durch Zitate/Belege gestützt?

2. Den Text sprachlich überprüfen (Darstellungsleistung)
- ☑ Hast du den Text sinnvoll gegliedert? Ist er durch Absätze überschaubar gestaltet?
- ☑ Hast du unnötige Wiederholungen und unklare Formulierungen vermieden?
- ☑ Sind deine Sätze vollständig?
- ☑ Kannst du komplizierte Sätze vereinfachen?
- ☑ Hast du Zusammenhänge durch sinnvolle Satzverknüpfungen verdeutlicht?
- ☑ Überprüfe auch Rechtschreibung, Zeichensetzung und Grammatik, denn sie fließen in die Bewertung ein.
- ➡ Kontrolliere deinen Text mehrfach und berücksichtige deine persönlichen Fehlerschwerpunkte.

C Strategien zur Bearbeitung von Schreibaufgaben

C 2.7 Schreibaufgabe (Gedicht) in sechs Schritten bearbeiten: Sachliche Romanze

Auf den folgenden Seiten werden die wichtigsten Arbeitsschritte für das Lesen und Erschließen eines Gedichtes und die Schritte für die Bearbeitung der Aufgaben dargestellt. Auf der Seite 51 findest du das Gedicht, mit dem du diese Schritte üben kannst. Auch in der angeleiteten Prüfungsaufgabe zum Thema „Eine Frage der Beziehung" (Teil E) wird auf diese grundlegenden Seiten verwiesen.

Erster Schritt: Sich orientieren

TIPP zum ersten Schritt

Stürze dich nicht gleich in die Arbeit, sondern verschaffe dir einen ersten Überblick:
1. Mache dir klar, was die Aufgabe von dir verlangt. Lies dazu die einzelnen Teilaufgaben und unterstreiche alle wichtigen Hinweise auf das, was du tun sollst. So erhältst du oft schon Anhaltspunkte, worauf du beim Lesen und Erschließen des Gedichtes achten musst.
2. Worum geht es in dem Gedicht? Was verrät dir die Überschrift?

---

1 Lies die Aufgabenstellung in der Prüfungsvorlage (Seite 51) „mit dem Stift".
Markiere die Operatoren und die Schlüsselwörter.

2 Gib mit eigenen Worten wieder, was du tun sollst. Beachte die Reihenfolge der einzelnen Schritte.

_____

_____

3 Notiere stichpunktartig, was dir zu dem Titel „Sachliche Romanze" einfällt. Um welches Thema könnte es gehen? Wovon könnte das Gedicht handeln?

_____

_____

Zweiter Schritt: Text lesen und Inhalt erfassen

4 a) Erschließe das Gedicht wie im TIPP zum zweiten Schritt dargestellt. Setze dazu die Bearbeitung fort.
b) Kennzeichne Besonderheiten durch Unterstreichungen und Randbemerkungen (z. B. zu Strophen- und Versanzahl, Reimschema, Enjambements, sprachlichen Gestaltungsmitteln).

5 Worum geht es im Text? Formuliere Stichworte zum Thema.

– Beziehung zwischen zwei Partnern nach acht

Jahren

–Alltagstrott, Gewohnheit, verlorene Liebe, ggf.

gescheiterte Ehe

TIPP zum zweiten Schritt

1. Markiere alle Textstellen, die dir unklar sind. Kläre diese Ausdrücke aus dem Sinnzusammenhang oder schlage sie im Wörterbuch nach. Beachte auch die Worterklärungen unter dem Text.
2. Unterstreiche Schlüsselstellen. Das sind Textstellen, die für das Verständnis wichtig sind.
3. Formuliere eine Überschrift und Stichworte zu den einzelnen Strophen bzw. Sinnabschnitten. Notiere auch Hinweise zu Atmosphäre und Stimmung.
4. Da auch die formale und sprachliche Gestaltung für das Verständnis wichtig sind, mache dir Notizen zu Strophen- und Versanzahl, Reimschema, Enjambements, sprachlichen Gestaltungsmitteln etc. (vgl. Glossar, Stichwort Lyrik).

50

C Strategien zur Bearbeitung von Schreibaufgaben

Teil II

AUFGABENSTELLUNG Schreibaufgabe

1 **Analysiere** das Gedicht „Sachliche Romanze" von Erich Kästner. Gehe dabei so vor:
a) **Schreibe** eine Einleitung, in der du Titel, Autor, Textart, Thema und Erscheinungsjahr **benennst**.
b) **Fasse** den Inhalt des Gedichts in eigenen Worten **zusammen**.
c) **Beschreibe** die im Gedicht dargestellte Beziehung. Ziehe dazu Textbelege heran.
d) **Untersuche**, wie durch sprachliche und formale Mittel deutlich gemacht wird, dass die Liebe in der dargestellten Beziehung „abhanden" (V. 3) gekommen ist (*mögliche Aspekte: Strophen, Reimschema, Wortwahl, sprachliche Gestaltungsmittel*).
e) **Erkläre** anhand von Textbelegen, warum Erich Kästner als Titel seines Gedichts „Sachliche Romanze" ausgewählt hat.
f) **Verfasse** einen kurzen Text aus der Sicht des Mannes oder aus der Sicht der Frau:
   – Welche Gedanken hat der Mann/die Frau bezüglich ihrer Beziehung?
   – Was fühlt die Person für ihr Gegenüber?
   – Warum kann die Person die Situation „einfach nicht fassen" (V. 17)?
   Schreibe in der Ich-Form und **berücksichtige** die Informationen, die das Gedicht gibt.

Sachliche Romanze (1928)   *Erich Kästner*

Als sie einander <u>acht</u> Jahre kannten
(und man darf sagen: sie kannten sich gut),
kam ihre Liebe plötzlich abhanden.
Wie andern Leuten ein Stock oder Hut.

a → zwei Partner, kennen sich 8 Jahre, „sie"
b → eingeschobener Kommentar, „man"
a → Liebe geht verloren; „plötzlich" – Grund?
b → Vergleich; Liebe als Gegenstand
↳ Kreuzreim, Parataxe und Enjambement zwischen V. 1 und 2: wirkt amüsant, beinahe alltäglich, wie Erzählung

5 Sie waren traurig, betrugen[1] sich heiter,
versuchten Küsse, als ob nichts sei,
und sahen sich an und wussten nicht weiter.
Da weinte sie schließlich. Und er stand dabei.

c → verhalten sich anders als sie fühlen
d → Vergleich; wollen Situation nicht wahrhaben
c → Ratlosigkeit
d → Frau reagiert emotional; Mann weiß nicht, was er machen soll; hilflos
↳ Kreuzreim; Beschreibung wirkt sachlich, Feststellung von Tatsachen

Vom Fenster aus konnte man Schiffen winken.
10 Er sagte, es wäre schon Viertel nach vier
und Zeit, irgendwo Kaffee zu trinken.
Nebenan übte ein Mensch Klavier.

Sie gingen ins kleinste Café am Ort
und rührten in ihren Tassen.
15 Am Abend saßen sie immer noch dort.
Sie saßen allein, und sie sprachen kein Wort
und konnten es einfach nicht fassen.

1 **sie betrugen:** Präteritumform von sich betragen: verhalten

Aus: Erich Kästner: Lärm im Spiegel. In: Gesammelte Schriften, Band 1, Gedichte, Verlag Kiepenheuer & Witsch, Köln, 1959, S. 101. © Atrium Verlag, Zürich.

C Strategien zur Bearbeitung von Schreibaufgaben

Dritter Schritt: Schreibplan anlegen

INFO zum dritten Schritt

1. Die Schreibaufgabe besteht darin, in einem zusammenhängenden Text alle Teilaufgaben zu bearbeiten. Nutze die Aufgabenstellung und deren Unterpunkte für deine Gliederung.
2. Lege in einem Schreibplan (Tabelle) die Gliederung deines Textes (linke Spalte) fest:
   a) In der **Einleitung** stellst du den Text vor, machst Angaben zu Titel, Autor, Textart, Erscheinungsjahr und Thema (Teilaufgabe **1** a). Du formulierst also den TATTE-Satz.
   b) Im **Hauptteil** wendest du dich den Teilaufgaben **1** b) – e) zu. Das sind Aufgaben zu inhaltlichen und formalen Aspekten (z. B. *Art der Beziehung, Titel, Form, Sprache*). Beachte dazu genau die Operatoren (z. B. *darstellen, beschreiben, erklären …*) und die Schlüsselwörter in den Teilaufgaben (z. B. *dargestellte Beziehung, abhanden gekommene Liebe, Titel …*). Zitate und Belege unterstützen deine Aussagen. Daher solltest du sie bereits in deinem Schreibplan notieren.
   c) Zum **Schluss** verfasst du einen Text aus der Sicht des Mannes/der Frau. Achte genau auf die Fragen, auf die du eingehen sollst. Schreibe in der Ich-Form (Teilaufgabe **1** f).

6 a) Übertrage den Schreibplan unten auf eine DIN-A4-Seite. Lasse in den einzelnen Zeilen ausreichend Platz. Du kannst auch den vorbereiteten Schreibplan von Seite 41 kopieren (C 2.5).
b) Vervollständige stichwortartig die linke Spalte. Orientiere dich dazu an den Teilaufgaben von Seite 51 (Operatoren und Schlüsselwörter). So behältst du die Aufgaben im Blick und vermeidest Wiederholungen.

Teilaufgaben	Stichworte zur Bearbeitung
1 a) Einleitung: TATTE-Satz	– <u>Titel</u>: Sachliche Romanze – <u>Autor</u>: … – <u>Textart</u>: Gedicht (lyrischer Text) – <u>Erscheinungsjahr</u>: – <u>Thema</u>: …
1 b) Inhalt zusammenfassen	– ein Paar stellt nach acht Jahren Beziehung fest, dass die Liebe plötzlich nicht mehr da ist …
1 c) Beziehung beschreiben + Textbelege	– die Beziehung der beiden ist dem Alltagstrott und der Gewohnheit verfallen (V. 2); sie stellen fest, dass die Liebe „abhanden" gekommen ist (V. 3) → das belastet die beiden Partner, doch sie wollen es nicht wahrhaben (V. 5) …
1 d) Liebe ist „abhanden gekommen" (V. 3) – Eindruck mithilfe von Form und Sprache erklären	– Partner stellen fest, dass die Liebe ein Gefühl ist, das vergehen kann (V. 3); dieser Vorgang wird durch einen Vergleich (V. 4) als fast gewöhnlich dargestellt → alltäglich; Wirkung entsteht durch Kreuzreim und Rhythmus
1 e) …	…
1 f) …	…

C Strategien zur Bearbeitung von Schreibaufgaben

Vierter Schritt: Text untersuchen und Stichworte im Schreibplan festhalten

INFO zum vierten Schritt

Ein Gedicht stellt häufig ein zwischenmenschliches oder gesellschaftliches Problem sowie Emotionen oder Stimmungen dar. In der Analyse sollst du diese Textaussage herausarbeiten:

1. Zuerst musst du das **Gedicht vorstellen** und den **Inhalt zusammenfassen**. Dazu kannst du zumeist strophenweise vorgehen.
2. Danach bearbeitest du **Aufgaben zum Inhalt** und **zur Form/Sprache** des Textes:
   a) Lies noch einmal die **Teilaufgaben** ganz genau und untersuche das Gedicht beim zweiten Lesen **aufgabenbezogen**, d. h. du konzentrierst dich auf die Schwerpunkte, die in den Aufgaben verlangt werden, z. B. *die dargestellte Beziehung* (Teilaufgabe **1** c), und suchst nach Versen, die zur Bearbeitung dieser Aufgabe hilfreich sind.
   b) Mit Blick auf **Inhalt**, **Form** und **Sprache** musst du auf Folgendes achten:
   - **Inhalt:** Überschrift, Thema/Motive, Atmosphäre/Stimmung, Handlung,Personen und ihre Beziehungen, Gefühle, Gedanken, Konflikte.
   - **Form/Sprache:** Gedichtform, Strophen- und Versaufbau sowie -anzahl, Reimschema, Metrum, Wortwahl (Schlüsselwörter), Interpunktion, Satzbau, Enjambements, Zeilenstil, sprachliche Gestaltungsmittel (Metapher, Personifikation, Wiederholung, Vergleich, Anapher …). Wenn dir Fachbegriffe unklar sind, schlage im Glossar unter dem Stichwort Lyrik nach (S. 140). Auch die Rechtschreibung kann für die Interpretation wichtig sein.

Du ermittelst diese Gestaltungsmerkmale, um die **Wirkung** und **Deutung** des Textes zu erklären. Manchmal musst du auch die **Entstehungszeit** des Textes bedenken, denn diese Information kann für das Verständnis ebenfalls von Bedeutung sein.

7 Ergänze deinen Schreibplan stichwortartig. Beginne mit der ersten Zeile zur Einleitung (Teilaufgabe **1** a). Orientiere dich am TIPP:
   a) Notiere Titel, Autor, Erscheinungsjahr und Textart.
   b) Formuliere das Thema.

8 Notiere in der zweiten Zeile Stichworte zur Zusammenfassung (Teilaufgabe **1** b):
   - Nutze deine Stichpunkte aus der Texterschließung (Aufgabe **4**, S. 50).
   - Notiere die Stichworte zu den Strophen im Präsens in deinem Schreibplan. Für die Vorzeitigkeit verwendest du das Perfekt. Orientiere dich an den unterstrichenen Schlüsselwörtern. Beginne so:

1. Strophe: (Z. 1–4)
— ein Paar stellt nach acht Jahren Beziehung
  fest, dass die Liebe plötzlich fort ist
— die Partner wollen es nicht wahrhaben und …

TIPP zu **7**

Formulieren einer Einleitung:
1. Stelle das Gedicht vor: Autor, Titel, Erscheinungsjahr. Du kannst auch die Quelle angeben. Sie steht meist unter dem Text.
2. Ermittle die Textart, wenn möglich, genauer: Handelt es sich um einen Songtext, eine Ballade, ein Sonett …? Die Merkmale dieser Textarten kannst du im Glossar ab Seite 139 nachlesen.
3. Formuliere das Thema des Gedichts in wenigen Sätzen. Achte darauf, dass deine Formulierung sich auf den gesamten Text bezieht, z. B. *In dem Gedicht wird eine gescheiterte Beziehung dargestellt, da die Partner nach einigen Jahren feststellen, dass die Liebe zueinander nicht mehr vorhanden ist.*

C Strategien zur Bearbeitung von Schreibaufgaben

9 Mache dir Notizen zur Stimmung der beiden Partner und markiere passende Textbelege. Ziehe Schlussfolgerungen über die dargestellte Beziehung und notiere diese in der dritten Zeile deines Schreibplans (Teilaufgabe **1** c). Ergänze passende Textstellen als Belege.

– die Beziehung der beiden ist dem Alltagstrott und der Gewohnheit verfallen (V. 2)
– sie stellen fest, dass die Liebe „abhanden gekommen" ist (V. 3) → das belastet die beiden Partner, doch sie wollen es nicht wahrhaben, denn sie verhalten sich anders als sie fühlen (V. 5)
– Frau und Mann gehen mit dieser Feststellung unterschiedlich um, denn …

10 Finde heraus, woran deutlich wird, dass die Liebe der beiden „abhanden gekommen" (V. 3) ist (Teilaufgabe **1** d). Sammle deine Stichwörter in der vierten Zeile der Tabelle:
  a) Markiere Textstellen, die besonders sachlich erscheinen und die zeigen, dass die Beziehung eher lieblos wirkt.
  b) Ermittle, welche formalen und sprachlichen Gestaltungsmittel diesen Eindruck zudem verstärken.

– Partner stellen fest, dass die Liebe ein Gefühl ist, das vergehen kann (V. 3); dieser Vorgang wird durch einen Vergleich (V. 4) als fast gewöhnlich dargestellt → alltäglich; diese Wirkung entsteht durch den verwendeten Kreuzreim und den gleichmäßigen Rhythmus (Metrum)
– beide Partner versuchen dennoch weiterzumachen (Vergleich V. 6), doch auch ihre Ratlosigkeit wird durch Parataxen, die mit der Konjunktion „und" (V. 7) verknüpft sind, deutlich …

11 Ergänze in Zeile fünf der Tabelle, warum der Autor Erich Kästner seinem Gedicht den Titel „Sachliche Romanze" gegeben hat (Teilaufgabe **1** e).

– der Titel „Sachliche Romanze" ist ein Oxymoron, d. h. eine Verknüpfung von eigentlich gegensätzlichen Begriffen; damit verdeutlicht Kästner …

TIPP zu 9

1. Orientiere dich beim Festhalten der Notizen an den Operatoren (beschreibe, erkläre) und am Wortlaut (Schlüsselwörter) der Teilaufgabe. So kannst du beim Ausformulieren der Ergebnisse Wiederholungen vermeiden.
2. Wenn du die Teilaufgaben zu Inhalt, Form und Sprache bearbeitest, ergänze im Schreibplan Textbelege, die du beim Ausformulieren heranziehen willst. So ersparst du dir das Suchen im Text. Beim Zitieren gibst du Verse an: z. B. V. 3.
3. Formuliere deine Stichwörter in eigenen Worten.

TIPP zu 10

Achte bei der Untersuchung der Form und Sprache auf folgende Merkmale: Strophen, Reimschema, Wortwahl, sprachliche Gestaltungsmittel. Auf diese wird häufig bereits in der Aufgabenstellung hingewiesen. Du kannst zusätzlich aber auch weitere Auffälligkeiten einbeziehen, z. B. Verse, Satzbau, Enjambements, Zeilenstil etc. Manchmal weist eine Unregelmäßigkeit beim Strophenaufbau oder bei der Versanzahl auch auf inhaltlich Wichtiges hin. Notiere in deinem Schreibplan dazu auch immer die Wirkung dieser Merkmale.

TIPP zu 11

Vergleiche deine Eindrücke aus den Analyseaufgaben mit dem Titel des Gedichts. Achte auch darauf, ob dieser ein sprachliches Gestaltungsmittel enthält.

C Strategien zur Bearbeitung von Schreibaufgaben

12 a) Lies die Teilaufgabe **1** f). Mache dir klar, aus wessen Sicht du schreiben sollst (in diesem Fall darfst du eine Person auswählen).

b) Notiere im Schreibplan stichwortartig, auf welche Inhalte du in dem inneren Monolog eingehen sollst.

1. Darstellung der Gedanken der Frau (Ich-Form) bezogen auf die Beziehung ...

c) Beantworte die Fragen (Teilaufgabe **1** f) stichwortartig aus der Sicht des Mannes/der Frau, d. h. du schreibst in der Ich-Form und berücksichtigst die Informationen, die der Textauszug gibt. Denke auch daran, die Gedanken und Gefühle der Person darzustellen.

TIPP zu **12**

1. Wenn du als letzte Aufgabe einen Text aus der Sicht einer der Figuren schreiben sollst, achte darauf, dass du dich in die Figur hineinfühlst.

2. Schreibe in der Ich-Form und orientiere dich an den Informationen des Textes sowie an den Gedanken und Gefühlen, die dort deutlich werden. Du kannst auch Gefühle und Gedanken ergänzen, die nicht im Text genannt werden. Sie sollten aber zum Text passen.

3. Nutze die Fragen aus der Aufgabenstellung zur Gliederung deines Textes. Beantworte sie nacheinander.

4. Gestalte deine Schreibweise so, dass sie zu der Figur passt (z. B. *Mann/Frau: Beziehung leidet unter dem Alltagstrott; beide können nichts dagegen tun*).

Fünfter Schritt: Text schreiben

INFO zum fünften Schritt

1. Formuliere deinen Text. Lasse einen **breiten Rand** an der Seite und unten, damit du Platz für die Überarbeitung und Ergänzungen hast. Schreibe beim Ausformulieren so, als würde dein Leser das Gedicht nicht kennen. So erreichst du, dass du genau und detailliert arbeitest.

2. Schreibe im **Präsens**. Um die Vorzeitigkeit auszudrücken, nutzt du das **Perfekt**.

3. Bringe die Ergebnisse aus deinem **Schreibplan** in einen **schlüssigen und zusammenhängenden Gedankengang**. Dazu fasst du **ähnliche Beobachtungen** zusammen und beschreibst ihre **Wirkung**, damit dein Leser versteht, warum der Autor bestimmte inhaltliche, sprachliche und formale Merkmale ausgewählt hat. **Vermeide Wiederholungen**.

4. Verwende **Zitate** – wie in den Teilaufgaben gefordert –, wenn du etwas Typisches oder Bemerkenswertes herausstellen willst oder **um eigene Aussagen zu belegen**. Kennzeichne Zitate durch Anführungszeichen und Zeilenangaben in Klammern: *„Wie andern Leuten ein Stock oder Hut." (V. 4)*.

5. Verwende die richtigen **Fachbegriffe**, denn mit ihnen kannst du präzise formulieren.

6. Verwende passende **Satzverknüpfungswörter**. So wirkt dein Text zusammenhängend.

---

13 Fasse deine Analyseergebnisse zum Gedicht „Sachliche Romanze" von Erich Kästner in einem geschlossenen Text auf einem Extrablatt zusammen. Orientiere dich am TIPP und nutze deine Vorarbeit aus dem Schreibplan sowie die folgenden Textanfänge zu den Teilaufgaben.

Teilaufgabe **1** *a): In dem Gedicht „Sachliche Romanze" von Erich Kästner, das dieser im Jahre 1928 verfasst hat, geht es um eine Beziehung zwischen zwei Partnern, die einigen Jahren der Gewohnheit zum Opfer fällt und daher lieblos erscheint ...*

Teilaufgabe **1** *b): Ein Paar stellt nach acht Jahren Beziehung fest, dass die Liebe plötzlich nicht mehr da ist. Obwohl sie versuchen, die Beziehung aufrecht zu erhalten, sind sie traurig, denn ihre Bemühungen haben keinen Erfolg ...*

Teilaufgabe **1** *c): Die Beziehung der beiden ist dem Alltagstrott und der Gewohnheit verfallen (V. 2), denn Frau und Mann stellen fest, dass ihre Liebe „abhanden" (V. 3) gekommen ist. Das belastet die beiden Partner, doch sie wollen diese Tatsache nicht wahrhaben (V. 5), denn ...*

C Strategien zur Bearbeitung von Schreibaufgaben

Teilaufgabe **1** *d)*: Die Partner müssen feststellen, dass die Liebe ein Gefühl ist, das vergehen kann (V. 3). Dieser Vorgang wird durch einen Vergleich (V. 4) als gewöhnlich dargestellt. Er wirkt ein wenig alltäglich, da die Liebe hier mit einem „Hut" oder „Stock" verglichen wird. Unterstützt wird dieser Eindruck durch die verwendeten Kreuzreime sowie durch den gleichmäßig klingenden Rhythmus, der zum Teil fast ironisch klingt. Die Beschreibung „[sie] versuchten Küsse" (V. 6) zeigt, dass Frau und Mann sich durchaus bemühen, die Beziehung aufrecht zu erhalten, doch der folgende Vergleich („[…] als ob nichts sei", V. 6) zeigt, dass sie sich nicht mit den wahren Gründen auseinandersetzen …

Teilaufgabe **1** *e)*: Der Titel „Sachliche Romanze" ist ein Oxymoron, d. h. eine Verbindung von sich eigentlich ausschließenden Begriffen. Damit verdeutlicht Kästner die verlorene Liebe, denn die Beziehung ist keinesfalls als romantisch oder gar liebevoll zu bezeichnen, sondern …

Teilaufgabe **1** *f)*: (Text aus Sicht der Frau) Was ist nur mit uns passiert? Wir kennen uns jetzt acht Jahre und alles ist so gleichgültig geworden. Doch keiner will sich dies eingestehen. Manchmal bin ich so traurig, dass ich nicht weiterweiß. Aber er tröstet mich nicht …

Sechster Schritt: Text überarbeiten

14 Überarbeite deinen Text. Verwende dazu die CHECKLISTE.

CHECKLISTE zur Überarbeitung von Texten (Aufgabentyp 4a)

1. **Den Text inhaltlich überprüfen (Inhaltsleistung)**
   - ☑ Hast du in deinem Text alle Unterpunkte der Schreibaufgabe und die Ergebnisse aus deinem Schreibplan berücksichtigt?
   - ☑ Sind deine Ergebnisse für den Leser nachvollziehbar formuliert, d. h. hast du erklärt, wie du etwas verstanden hast, und dieses durch Textbelege veranschaulicht?
   - ☑ Ist klar, welche Bedeutung Form und Sprache des Textes für die Aussageabsicht haben?
   - ☑ Hast du deine Ergebnisse miteinander verknüpft und Zusammenhänge hergestellt?
   - ☑ Ist der Text aus der Sicht einer Figur in der Ich-Form verfasst und passt er zu den Informationen aus dem Text?

2. **Den Text sprachlich überprüfen (Darstellungsleistung)**
   - ☑ Hast du den Text sinnvoll gegliedert? Ist er durch Absätze überschaubar gestaltet?
   - ☑ Hast du unnötige Wiederholungen und unklare Formulierungen vermieden?
   - ☑ Sind deine Sätze vollständig?
   - ☑ Kannst du komplizierte Sätze vereinfachen?
   - ☑ Hast du Zusammenhänge durch sinnvolle Satzverknüpfungen verdeutlicht?
   - ☑ Überprüfe auch Rechtschreibung, Zeichensetzung und Grammatik, denn sie fließen in die Bewertung ein.
   - ➡ Kontrolliere deinen Text mehrfach. Berücksichtige deine persönlichen Fehlerschwerpunkte.

C Strategien zur Bearbeitung von Schreibaufgaben

C 3 Aufgabentyp 4b

C 3.1 Was bedeutet die Aufgabenstellung „Untersuche und vergleiche …"?

1 Die Aufgabenstellung unten stammt aus einer Prüfungsvorlage, bei der du verschiedene Sachtexte und Schaubilder untersuchen und miteinander vergleichen musst. Lies die Aufgabenstellung (ACHTUNG: Die zugehörigen Texte und Materialien findest du auf den Seiten 127 – 129).

AUFGABENSTELLUNG Schreibaufgabe

Untersuche die Materialien M1, M2 und M3. Gehe dabei so vor:

* Benenne das gemeinsame Thema von M1, M2 und M3.
* Fasse die Informationen aus M1a und M1b zusammen.
* Stelle die Aussagen aus M2 und M3 mit eigenen Worten dar. Vergleiche die Positionen im Hinblick auf die Auswirkungen, die „Self-Tracking" auf das Leben der Menschen haben kann. Belege deine Ausführungen am Text.
* Setze dich kritisch mit der folgenden Aussage eines Mitschülers auseinander:
  „Jeder sollte danach streben, das Beste aus sich herauszuholen, und dafür auch digitale Hilfsmittel nutzen."
  – Nimm Stellung zu der Aussage.
  – Begründe deine Meinung.
  – Beziehe dich dabei auch auf die Materialien M1 – M3.

---

2 In der Aufgabenstellung oben ist zum Teil schon unterstrichen worden, was von dir erwartet wird. Unterstreiche auch in den weiteren Aufgaben, was du tun sollst. Die Operatoren geben dir Hinweise. Lies dazu die Info rechts. Dort wird erklärt, was unter den Arbeitsanweisungen genau zu verstehen ist.

3 Die Teilaufgabe c) gibt dir Hinweise, <u>was</u> du **untersuchen** und **vergleichen** sollst.
Markiere oben, auf was du besonders achten musst.
Notiere diese Punkte stichwortartig:

_____

_____

INFO zu **2**

benennen: Informationen zusammentragen
zusammenfassen: Inhalte, Aussagen oder Zusammenhänge komprimiert und strukturiert wiedergeben
darstellen: einen Sachverhalt, Zusammenhang oder eine methodische Entscheidung strukturiert formulieren
vergleichen: vorgegebene Materialien unter besonderen Bedingungen vergleichen (ermitteln von Gemeinsamkeiten, Unterschieden und Abweichungen)
Stellung nehmen: nach eingehender Auseinandersetzung mit einem Sachverhalt oder einer Fragestellung eine eigene Einschätzung des Problems verfassen
begünden: eine Meinung/Einschätzung fachlich, sachlich oder durch Erfahrungswerte bzw. Weltwissen absichern

---

INFO zu **3**

Um einen Sachtext zu verstehen, musst du ihn **untersuchen**:
– Welche Informationen enthält er?
– Welcher Aufbau ist erkennbar?
– Um welche Textsorte handelt es sich?
– Welche Wirkung hat der Text?
– Welche Absicht liegt dem Text zugrunde?
– Welche sprachlichen Besonderheiten gibt es, welche Funktion haben sie?

Vergleichen bedeutet, Texte nach bestimmten Gesichtspunkten in Beziehung zu setzen:
– Was haben sie gemeinsam?
– Welche Unterschiede sind erkennbar?
– Inwieweit ergänzen sich die Texte?
Diese Vergleiche können sich auf Inhalt, Form, Absicht, Wirkung und Sprache beziehen.
In den Teilaufgaben findest du Hinweise, auf welche Aspekte du achten musst.

57

C Strategien zur Bearbeitung von Schreibaufgaben

C 3.2 Materialien vergleichen, deuten und bewerten – Fachwissen

Wenn du verschiedene Materialien (vgl. dazu die Übersicht über die Textarten im Glossar, Seite 144) miteinander vergleichen sollst, stellst du diese kurz vor (= TATTE-Satz) und fasst dann die wesentlichen Informationen aus den Texten getrennt voneinander zusammen. In der eigentlichen **Vergleichsaufgabe** wird dir ein Schwerpunkt vorgegeben, der deutlich macht, **was** du vergleichen sollst. Anschließend nimmst du zu einer Aussage oder einem im Text genannten Sachverhalt Stellung.

Die **Gliederung** deines Vergleichstextes wird dir durch die Teilaufgaben vorgegeben:

– **Stelle … vor und benenne das gemeinsame Thema …**

→ Wenn du mehrere Materialien vorliegen hast, fasse dich bei der Vorstellung kurz. Hinweise zum Thema erhältst du oft schon in der Überschrift.

– **Fasse die Informationen … zusammen**
– **Stelle dar, …**

→ Beachte bei der Zusammenfassung den genannten Schwerpunkt: Was soll ich zusammenfassen/darstellen/wiedergeben?

– **Setze M1 und M2 in Beziehung, indem du … erläuterst.**

→ Stelle Unterschiede und Gemeinsamkeiten bezogen auf den Schwerpunkt dar: Was soll ich in Beziehung setzen/vergleichen?

– **Nimm Stellung zu der Aussage und begründe …**

→ Argumentiere über die Texte hinaus, beziehe dich aber auch auf diese.
(vgl. dazu Teilaufgaben **1** a) – e), Seite 62)

Ziele des Textes (= Funktion)

Du zeigst, dass du die Inhalte aller Materialien und ihre Aussage verstanden hast und dass du erkannt hast, wie sie zueinander in Beziehung stehen. Dazu schreibst du **über** die Texte.

Schreibstil und Art der Informationen

- informativ
- beschreibend
- sachlich
- argumentativ

Beachte dabei:

✔ Schreibe nicht aus dem Text ab. **Zahlen**, **Daten**, **Namen** und **Fakten** solltest du aber **richtig übernehmen**.
✔ Gib im Vergleich und auch in der Stellungnahme **Textbelege** an. Dazu kannst du **wörtlich**, aber auch **indirekt Aussagen wiedergeben**. Ergänze immer das **Material** als Quelle, z. B. *M1, Z. 2*.
✔ Weise den **Vergleich sprachlich eindeutig** als solchen aus: *Während in M1 …, wird in M2 deutlich, dass …*
✔ Formuliere im **Präsens**.

TIPP

– Weise bereits beim Lesen der Schreibaufgabe den einzelnen Teilaufgaben unterschiedliche Farben zu. Beim Erschließen des Textes markierst du in diesen Farben die Informationen, die du für die Bearbeitung der jeweiligen Teilaufgabe verwenden willst.
– Für den Vergleich kennzeichnest du die betreffenden Stellen am Rand. Wenn in Texten je eine Pro- bzw. Kontra-Meinung dargestellt wird, kannst du zur Kennzeichnung Symbole verwenden, z. B. +, –, =.
– **Achtung!** Nicht immer sind die Aufgaben gleich gegliedert. Zum Beispiel wird nicht immer verlangt, dass du die Materialien vorstellen sollst. Manchmal finden sich auch die Zusammenfassung der Inhalte und der Vergleich der Materialien in derselben Teilaufgabe (vgl. F 3, Seite 127). Beachte deshalb die Operatoren in den Teilaufgaben genau!

58

C Strategien zur Bearbeitung von Schreibaufgaben

C 3.3 Einen Textvergleich verfassen

Hier erhältst du eine Übersicht zur **Vorgehensweise bei der Bearbeitung der Schreibaufgabe zum Aufgabentyp 4b**. Die blau markierten Wörter (Arbeitstechniken, Operatoren, Fachbegriffe) kannst du im Glossar (ab S. 139) oder im Kapitel C 3.1 (S. 57) und C 3.5 (ab S. 61) nachschlagen. Bei der Bearbeitung der Aufgabenstellungen in den Kapiteln F 3 – F 5 kannst du dich an dieser Übersicht orientieren.

Sechs Schritte zur Bearbeitung der Aufgabenstellung

1. Schritt: Sich orientieren
– Teilaufgaben und Operatoren erfassen

– Schreibziel erkennen
  (→ **vergleichend untersuchen**)

2. Schritt: Materialien erschließen und Inhalte erfassen
– Texte, **Diagramme**, **Schaubilder** lesen
  (Lesemethode anwenden)
– unbekannte Begriffe und Ausdrücke klären
  (Wörterbuch, Sinnzusammenhang)

– **Schlüsselstellen** markieren und bewerten
  (mit Symbolen, Pfeilen)
– Inhalt abschnittsweise in Stichpunkten
  zusammenfassen

3. Schritt: Schreibplan anlegen
– Tabelle anlegen (nach Teilaufgaben und Materialien gliedern)

– ggf. Alternative zum Schreibplan anlegen:
  farbige Markierungen pro Teilaufgabe vornehmen

4. Schritt: Materialien auswerten und Stichworte im Schreibplan festhalten
– Informationen für die Einleitung notieren: **T**itel, **A**utor, **T**extart, **E**rscheinungsjahr und **T**hema
  (= **TATTE-Satz**)/gemeinsames Thema
– Inhalt abschnittsweise in Stichpunkten zusammenfassen, Aussagen der Schaubilder zum Thema kurz benennen

– Aufgaben zu Inhalten der Materialien
  stichpunktartig bearbeiten
– zu einer Aussage oder einem Zitat **Stellung nehmen**
– **Operatoren** und Wortlaut der Teilaufgaben
  berücksichtigen

5. Schritt: Eigenen Text schreiben
Inhalt:
– zusammenhängenden Text verfassen
– Einleitung formulieren/gemeinsames Thema
  der Materialien benennen
– Inhalte mit eigenen Worten zusammenfassen
– Aussagen der Schaubilder zum Thema darstellen
– vergleichende Ergebnisse am Text belegen
– zu einem Zitat/einer Aussage Stellung nehmen

Darstellung:
– im **Präsens** schreiben
– **Zitiertechniken** beachten
– in eigenen Worten formulieren
– Überleitungen formulieren
– Ergebnisse der Teilaufgaben miteinander
  verknüpfen
– nach Teilaufgaben Absätze einfügen

6. Schritt: Text überarbeiten
– Einleitung vollständig? (**TATTE-Satz**, Thema)
– Inhalt richtig/eigenständig zusammengefasst?
– Alle Teilaufgaben berücksichtigt?
  (→ **Operatoren**)

– **Fazit** formuliert?
– Stellungnahme auf das Zitat/die Aussage
  abgestimmt?
– Im **Präsens** geschrieben?
– **Rechtschreibung, Zeichensetzung, Grammatik** korrekt?

C Strategien zur Bearbeitung von Schreibaufgaben

C 3.4 Schreibplan zu Aufgabentyp 4b

Nutze diese Tabelle zur Planung deines Vergleichs. Ergänze die Kategorien der Teilaufgaben und die Informationen aus den Materialien stichwortartig. Wenn in deiner Prüfungsvorlage nur zwei Materialien oder weniger Teilaufgaben vorkommen, kannst du einfach eine Spalte bzw. Zeile streichen. Ebenso streichst du die Kästchen, die du für die Bearbeitung der Teilaufgaben nicht benötigst.

Teilaufgabe	M1	M2	M3	M4
1 a) Einleitung: TATTE-Satz				
gemeinsames Thema der Materialien benennen				
1 b)				
1 c)				
1 d)				
1 e)				

C Strategien zur Bearbeitung von Schreibaufgaben

C 3.5 Schreibaufgabe in sechs Schritten bearbeiten: Fitnesstracker – Chance oder Risiko?

Auf den folgenden Seiten werden die wichtigsten Arbeitsschritte für das Lesen und Erschließen eines Sachtextes und eines Schaubildes und die Schritte für die Bearbeitung der Prüfungsaufgaben dargestellt. Auf den Seiten 62 und 63 findest du den Sachtext und das Schaubild, mit denen du diese Schritte üben kannst. Auch in der angeleiteten Prüfungsaufgabe zum Thema „Digitale Welten" (Teil F) wird auf diese grundlegenden Seiten verwiesen.

Erster Schritt: Sich orientieren

1 Lies die Aufgabenstellung in der Prüfungsvorlage auf den Seiten 62 und 63 „mit dem Stift".
Markiere die Verben und die Schlüsselwörter.

2 Gib mit eigenen Worten wieder, was du tun sollst. Beachte die Reihenfolge der einzelnen Schritte.

_____

_____

_____

_____

> **TIPP** zum ersten Schritt
>
> Verschaffe dir einen ersten Überblick:
> 1. Was verlangen die Aufgaben von dir? Lies die einzelnen Teilaufgaben und unterstreiche alle wichtigen Hinweise auf das, was du tun sollst. Du erhältst oft schon Anhaltspunkte, auf was du beim Lesen und Erschließen der Texte achten musst.
> 2. Worum geht es in den Materialien? Was verraten die Überschriften?

3 Notiere stichpunktartig, um was es in den einzelnen Materialien gehen könnte.

Material 1: Umgang mit den Daten, die Fitnesstracker liefern _____

_____

Material 2: ... _____

_____

Zweiter Schritt: Materialien erschließen und Inhalte erfassen

4 a) Erschließe die Materialien wie im TIPP zum zweiten Schritt dargestellt. Setze dazu die Bearbeitung fort.
b) Kennzeichne Besonderheiten, die dir auffallen, durch Unterstreichungen und Randbemerkungen.

5 Gib den Inhalt von M 1 wieder.

– *Fitnesstracker als Hilfsmittel zur Erfassung von Gesundheitsdaten ...*

– *...*

6 Notiere die wichtigsten Aussagen aus dem Schaubild (M2).

– *Ergebnisse einer Umfrage zur Erfassung von Gesundheits- und Fitnessdaten*

– *...*

> **TIPP** zum zweiten Schritt
>
> 1. Markiere alle unbekannten Begriffe und Textstellen. Kläre sie mithilfe des Wörterbuchs. Beachte auch die Worterklärungen unter dem Text.
> 2. Unterstreiche oder kennzeichne Textstellen, die dir wichtig erscheinen.
> 3. Markiere Textstellen, die du zur Bearbeitung der Teilaufgaben heranziehen willst.
> 4. Notiere zu jedem Textabschnitt Stichpunkte zum Inhalt.
> 5. Werte das Schaubild aus wie in B 4 auf Seite 21.

61

C Strategien zur Bearbeitung von Schreibaufgaben

Teil II

Lies bitte zunächst die Aufgabe und dann die Materialien aufmerksam durch, bevor du mit dem Schreiben beginnst. Schreibe einen zusammenhängenden Text.

AUFGABENSTELLUNG Schreibaufgabe

1 **Untersuche** die Materialien M1 und M2.
Gehe dabei so vor:
a) **Stelle** die beiden Materialien kurz **vor** und **benenne** das gemeinsame Thema von M1 und M2.
b) **Fasse** die Informationen aus M1 **zusammen**.
c) **Stelle dar**, welche Gesundheitsdaten die Befragten aus M2 ganz allgemein erfassen und welche Daten speziell von den Nutzer/-innen von Fitnesstrackern erfasst werden.
d) **Setze** die Aussagen von M1 und M2 **in Beziehung**, indem du anhand von Beispielen **erläuterst**, welche Chancen und Risiken das Aufzeichnen von Gesundheitsdaten mithilfe eines Fitnesstrackers für die Verbraucher/-innen mit sich bringt. **Belege** deine Ausführungen am Text.
e) **Setze dich** kritisch mit der folgenden Aussage einer Mitschülerin **auseinander**:
„Ich denke, dass das Tragen eines Fitnesstrackers zu mehr Gesundheitsbewusstsein und einer positiven Veränderung des Bewegungsverhaltens beitragen kann."
– **Nimm Stellung** zu der Aussage.
– **Begründe** deine Meinung.
– Beziehe dich dabei auch auf die Materialien.

M1 Der vermessene Mensch   *Sonja Álvarez*

Immer mehr Deutsche nutzen Fitnesstracker, um zu verfolgen, wie gesund sie sind. An den Daten sind vor allem Versicherer interessiert, Verbraucherschützer fürchten die Benachteiligung alter und kranker Menschen.

5 Berlin – Wenn Heiko Maas[1] (SPD) eine freie Minute hat, dann geht er gerne schwimmen, Rad fahren und laufen. Der Bundesminister für Justiz und Verbraucherschutz ist ein begeisterter Triathlet – und er will immer besser werden. Deshalb überprüft er beispielsweise seine Atemfrequenz und in welcher Zeit er wie viele Kilometer schafft, die Daten wertet er dann an seinem
10 Computer aus. Sonst aber habe niemand Zugriff auf diese Daten, „hoffe ich zumindest", sagte Maas am Dienstag. Maas meinte das zwar eher als Scherz, trifft dabei aber die Sorge vieler Menschen, die sich fragen, wer tatsächlich Zugriff auf ihre Daten hat. [...] Wie Maas nutzt fast jeder dritte Mensch in Deutschland laut einer Studie des IT-Branchenverbands Bitkom sogenannte
15 Fitnesstracker oder Apps, um Gesundheitsdaten aufzuzeichnen. Diese neuen Möglichkeiten der Selbstvermessung bieten zwar Chancen mit Blick auf Gesundheitsprävention[2], bergen jedoch Risiken vor dem Hintergrund, wie diese Daten genutzt werden – und vor allem von wem. [...] Wer seine Daten nicht messen lassen oder diese Daten nicht der Krankenkasse zur Verfügung
20 stellen wolle, dürfe keine Nachteile haben, betonte Maas. Wichtig sei, über diese sensiblen Daten „frei und selbstbestimmt" entscheiden zu können. Mit dieser Freiheit sei es aber nicht weit her, „wenn Krankenkassen Tarifmodelle[3] entwickeln, bei denen Versicherte den günstigen Tarif nur dann bekommen, wenn sie ihre kompletten Gesundheitsdaten ständig übermitteln." Er will
25 deshalb die Verwendung bestimmter Gesundheitsdaten auf Grundlage des

C Strategien zur Bearbeitung von Schreibaufgaben

neuen EU-Datenschutzrechts prüfen und gegebenenfalls einschränken. Die Sorge des Ministers kommt nicht ohne Anlass. Denn tatsächlich planen viele Versicherer bereits, die Gesundheitsdaten von Kunden zu nutzen und einen nachweislich positiven Lebensstil zu prämieren[4]. Zwar bieten die meisten Kassen schon heute ihren Mitgliedern Bonusprogramme[5] an, doch diese gehen nicht auf elektronisch erfasste Daten zurück […]. So will die Techniker Krankenkasse (TK) künftig Daten von Fitnesstrackern auf der Gesundheitskarte speichern. TK-Chef Jens Baas plädierte[6] in der „Süddeutschen Zeitung" für eine „elektronische Patientenakte", in der Ärzte neben Röntgenbildern und Laborbefunden auch Daten wie das Ausmaß der Bewegung abrufen können. So könnten Krankheiten besser beobachtet und Prognosen über die gesundheitliche Entwicklung gegeben werden. […]

Solche Programme, die den „gläsernen Kunden" belohnen, stoßen bei Verbraucherschützern indes auf Protest. So fürchtet die Deutsche Stiftung Patientenschutz, dass die Nutzung von Fitnesstrackern und Gesundheits-Apps letztlich zulasten alter und kranker Beitragszahler gehe. „Wer gesund und fit ist, spekuliert auf Rabatte. Wer nicht mitmacht, ist schnell identifiziert und diskriminiert", erklärte Vorstand Eugen Brysch am Dienstag der Katholischen Nachrichten-Agentur. Alte, chronisch kranke und pflegebedürftige Mitglieder seien die Verlierer, wenn Krankenkassen neue Tarifmodelle für ihre gesunden Kunden anbieten dürften. Sie müssten die Marketing-Zeche bezahlen. Problematisch ist jedoch nicht allein der Schutz der Daten, sondern auch die Genauigkeit der Messung. Stiftung Warentest hatte 2015 zwölf Smartwatches geprüft, keine davon war ohne Mängel. Viele Nutzer trainieren also möglicherweise auf Grundlage falscher Daten – was wiederum Gesundheitsrisiken birgt.

[1] **Heiko Maas:** Bundesminister der Justiz und für Verbraucherschutz von 2013 bis 2018
[2] **die Gesundheitsprävention:** die Vorbeugung vor Krankheiten
[3] **der Tarif:** die Gebühr, der Beitrag
[4] **prämieren:** belohnen
[5] **der Bonus:** eine Vergütung, ein Rabatt
[6] **plädieren:** sich für etwas aussprechen

Tagesspiegel Online. Verlag Der Tagesspiegel Online GmbH (https://www.tagesspiegel.de/wirtschaft/fitnesstracker-smartwatches-und-co-der-vermessene-mensch/12941006.html) erschienen 09.02.2016

M2 Umfrage: Erfassung von Gesundheitsdaten

Der Mensch vermisst sich selbst
Welche Gesundheits- oder Fitnessdaten erfassen Sie?

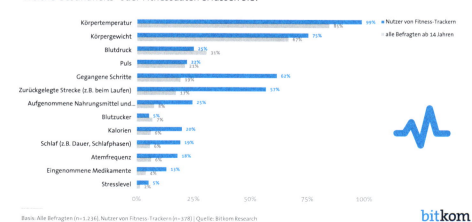

Basis: Alle Befragten (n=1.236), Nutzer von Fitness-Trackern (n=378) | Quelle: Bitkom Research

Bitkom Research GmbH

C Strategien zur Bearbeitung von Schreibaufgaben

Dritter Schritt: Schreibplan anlegen

> **TIPP** zum dritten Schritt

1. Die Schreibaufgabe besteht darin, in einem zusammenhängenden Text alle Teilaufgaben zu bearbeiten. Orientiere dich zur Gliederung an den Teilaufgaben.
2. Lege in einem **Schreibplan** wie unten (Tabelle) die Gliederung deines Textes (linke Spalte) fest, indem du für jede Teilaufgabe eine Zeile anlegst und die Aufgabe stichwortartig beantwortest.
   a) Zu Beginn stellst du die Materialien (M1 und M2) kurz vor, indem du jeweils Angaben zu Titel, Autor/-in, Textart und Erscheinungsjahr machst und das gemeinsame Thema formulierst (TATTE-Satz) (Teilaufgabe **1** a).
   b) In den weiteren Teilaufgaben fasst du die wichtigsten Aussagen der Materialien zusammen und vergleichst diese mit Blick auf den Schwerpunkt (hier: Teilaufgaben **1** b – d). Beachte dabei genau die verwendeten Operatoren sowie den Wortlaut der Aufgabenstellung. Sie gibt dir den Schwerpunkt des Vergleichs vor.
   c) Am Schluss musst du zu einer vorgegebenen Thematik Stellung nehmen (Teilaufgabe **1** e).
3. Wenn du schon häufig mit einem Schreibplan gearbeitet hast und gut formulieren kannst, kannst du diesen Schritt auch überspringen. Weise den einzelnen Teilaufgaben (S. 62) stattdessen verschiedene Farben zu. Mit diesen markierst du zugehörige Passagen in den Materialien. Anschließend machst du direkt mit dem 5. Schritt weiter und schreibst deinen Text auf der Grundlage deiner Markierungen. Achte dabei darauf, dass du den Wortlaut der Materialtexte nicht einfach übernimmst, sondern in eigenen Worten formulierst.

7 a) Übertrage den folgenden Schreibplan auf eine DIN-A4-Seite. Lasse in den einzelnen Zeilen ausreichend Platz. Du kannst auch den vorbereiteten Schreibplan von Seite 60 kopieren (C 3.4).
   b) Vervollständige stichwortartig die linke Spalte. Orientiere dich dazu an den Teilaufgaben von Seite 62 (markierte Verben). So behältst du die Aufgaben im Blick und vermeidest Wiederholungen.

Teilaufgaben	M1	M2
1 a) Einleitung: TATTE-Satz	Titel: Der vermessene Mensch Autorin: …	Titel: Umfrage: … Quelle: …
Gemeinsames Thema benennen		
1 b) Informationen aus M1 zusammenfassen:	– Fitnesstracker als Hilfsmittel zur Erfassung von Gesundheitsdaten …	
1 c) Darstellen, …		
1 d) …		
1 e) …		

C Strategien zur Bearbeitung von Schreibaufgaben

Vierter Schritt: Materialien untersuchen und vergleichen, Stichworte im Schreibplan festhalten

INFO zum vierten Schritt

1. **Vergleichen** heißt, Textaussagen, Problemstellungen und Sachverhalte aus den verschiedenen Materialien unter bestimmten Aspekten gegenüberzustellen mit dem Ziel, Gemeinsamkeiten, aber auch Unterschiede zu ermitteln.
2. Wenn du dich dafür entschieden hast, den Schreibplan nicht als Tabelle anzulegen, sondern deinen Text durch farbiges Markieren vorzubereiten, musst du die Stichwörter zu den Aufgaben **8** – **14** (S. 65/66) nicht notieren. Dann erarbeitest du die Aufgaben direkt an den Materialien, markierst passend zu den Aufgaben die Textstellen farbig und schreibst wichtige Notizen, wie z. B. das gemeinsame Thema, an den Rand. Nutze die Notizen zu den Aufgaben als Formulierungshilfen.

---

8 Ergänze nun deinen Schreibplan stichwortartig. Beginne mit der Einleitung (Teilaufgabe **1** a):

a) Stelle M1 und M2 kurz vor. Notiere Titel, Autor/-in, Erscheinungsjahr und Textart.

Bei M1 handelt es sich um einen Sachtext von Sonja Álvarez. Der Text trägt den Titel „Der vermessene Mensch" und ist am 09.02.2016 auf der Internetseite tagesspiegel.de erschienen.
M2 bildet die Ergebnisse einer Umfrage von Bitkom Research zur Frage ...

TIPP zu **8**

Stelle die Materialien vor. Nenne dazu Autor/-in, Titel und Erscheinungsjahr. Ermittle die Textart genauer, wenn möglich. Notiere das Thema der Materialien in wenigen Sätzen.

b) Formuliere das gemeinsame Thema.

Beide Materialien beschäftigen sich mit dem Thema „Erfassung von Gesundheitsdaten" und der Rolle, die Fitnesstracker dabei spielen ...

9 Fasse in der zweiten Zeile des Schreibplans die Informationen aus M1 zusammen (Teilaufgabe **1** b). Nutze dazu deine Stichpunkte aus dem zweiten Schritt (Aufgabe **4**, S. 61).

— Fitnesstracker als Hilfsmittel, um Gesundheitsdaten zu erfassen
— fast jeder dritte Deutsche nutzt Fitnesstracker oder entsprechende Apps
— Möglichkeit zur Selbstvermessung bietet Chancen im Hinblick auf die Gesundheitsprävention
— Risiken in Bezug auf Datenschutz: Wer kann die mithilfe der Tracker erfassten Daten nutzen und wofür?
— ...

10 Bearbeite nun das Schaubild M2. Stelle dar, welche Gesundheitsdaten die Befragten ganz allgemein erfassen und welche Daten speziell von den Nutzern von Fitnesstrackern erfasst werden. Nutze dazu die dritte Zeile deines Schreibplans (**1** c).

— Ergebnisse einer Umfrage zum Thema „Welche Gesundheits- und Fitnessdaten erfassen Sie?", Quelle: Bitkom Research GmbH
— Befragte: Menschen ab 14 Jahren, Unterscheidung zwischen: alle Befragten und Nutzer/-innen von Fitnesstrackern ...
— erfasste Gesundheits- und Fitnessdaten: ...
— ...

TIPP zu **10**

1. Lies zuerst die Überschrift und den Begleittext zum Diagramm.
2. Stelle fest, ob es sich um Mengen- oder Prozentangaben handelt.
3. Untersuche nun Auffälligkeiten, z. B. auffällig hohe oder auffällig niedrige Werte.

65

C Strategien zur Bearbeitung von Schreibaufgaben

11 Setze M1 und M2 zueinander in Beziehung, indem du untersuchst, was die Materialien gemeinsam haben bzw. worin sie sich unterscheiden oder ergänzen (Teilaufgabe **1** d). Markiere dazu in M1 Textstellen, die sich mit den Chancen und Risiken der Nutzung von aufgezeichneten Gesundheitsdaten befassen. Notiere dann, inwieweit die Aussagen aus M2 diese Aussagen ergänzen oder unterstützen. Ergänze deine Ergebnisse zu **1** d) in der vierten Zeile des Schreibplans.

M1:   *– Chancen: Datenerhebung per Fitnesstracker als Möglichkeit zur Gesundheitsprävention ...*
        – Risiken: Datenschutz, Krankenkassenbeiträge basierend auf Daten zum persönlichen Bewegungsverhalten ...

M2:   *– nennt keine Chancen und Risiken, sondern informiert ganz allgemein darüber, welche Gesundheits- und Fitnessdaten die Menschen erfassen*
        – Ergebnisse der Umfrage unterstreichen die Aussage aus M1 (-> die Nutzer/-innen von Fitnesstrackern erfassen besonders häufig Daten aus den Bereichen, die wichtig sind, wenn es darum geht, Krankheiten vorzubeugen, zum Beispiel ...)

12 Lies die Teilaufgabe **1** e). Mache dir klar, wozu du Stellung nehmen sollst. Erläutere die Aussage im Schreibplan kurz in eigenen Worten.

Eine Schülerin hat gesagt, dass sie der Meinung ist, dass das Tragen eines Fitnesstrackers zu mehr Gesundheitsbewusstsein und einer positiven Veränderung des Bewegungsverhaltens führen kann ...

13 Notiere, welchen Standpunkt du vertrittst.

Ich stimme der Meinung der Schülerin zu/nicht zu, weil ...

14 Sammle Stichworte zu Teilaufgabe **1** e). Notiere sie in deinem Schreibplan. Notiere auch die Textstellen, die du als Belege in deiner Stellungnahme berücksichtigen willst.

> **TIPP** zu **12 – 14**
>
> 1. In der Stellungnahme wird von dir erwartet, dass du dich mit einer Aussage bzw. einem Zitat aus dem Text befasst.
> 2. Stelle deinen Standpunkt klar und eindeutig dar. Du kannst der Aussage zustimmen, sie ablehnen oder auch einen Kompromiss finden.
> 3. Begründe deine Position durch nachvollziehbare Argumente und veranschauliche sie durch Beispiele. Beziehe dich dabei auf den Text und auf Erfahrungen aus deinem Umfeld.

Fünfter Schritt: Text schreiben

> **TIPP** zum fünften Schritt
>
> 1. Schreibe deinen Text auf DIN-A4-Papier. Lasse einen **breiten Rand** an der Seite, damit du für die Überarbeitung Platz hast.
> 2. Bringe die Ergebnisse aus deinem Schreibplan in einen **schlüssigen und zusammenhängenden Gedankengang**. Achte darauf, dass du Wiederholungen vermeidest.
>   Wenn du nur markiert und dir Notizen am Rand gemacht hast, nutzt du diese Vorarbeiten als Grundlage für deinen zusammenhängenden Text. Achte beim Schreiben auch hier darauf, dass du Wiederholungen vermeidest.
> 3. Verwende **Zitate**, wenn du etwas Typisches oder Bemerkenswertes herausstellen willst oder **um eigene Aussagen zu belegen**. Kennzeichne Zitate durch Anführungszeichen und Zeilenangaben in Klammern: *„Maas trifft „die Sorge vieler Menschen, die sich fragen, wer tatsächlich Zugriff auf ihre Daten hat." (M1, Z. 12/13)*
> 4. Verwende die richtigen Fachbegriffe, denn mit ihnen kannst du präzise formulieren. Damit dein Text zusammenhängend wirkt, verwende passende **Satzverknüpfungswörter**. Setze nach jeder Teilaufgabe einen **Absatz**.

C Strategien zur Bearbeitung von Schreibaufgaben

15 Verfasse deinen Textvergleich auf einem Extrablatt. Orientiere dich am TIPP zum fünften Schritt auf Seite 66 und nutze die Ergebnisse deiner Vorarbeit sowie die folgenden Textanfänge zu den Teilaufgaben.

Teilaufgabe **1** *a): Es liegen zwei Materialien vor: M1 ist … / Das gemeinsame Thema lautet …*

Teilaufgabe **1** *b): Die Autorin von M1 schildert, dass Fitnesstracker …*

Teilaufgabe **1** *c): Das Schaubild M2 bildet die Ergebnisse einer Umfrage zur Frage … ab. Darin wird aufgeführt, dass …*

Teilaufgabe **1** *d): Während M1 sowohl Chancen und Risiken der Erfassung und Weiterleitung von Gesundheitsdaten per Fitnesstracker erläutert, wird in M2 dargestellt, dass …*
Die M2 in dargestellten Ergebnisse der Umfrage zum Thema … unterstützen …

Teilaufgabe **1** *e): Die Aussage der Schülerin, die sagt, dass … kann ich nachvollziehen/nicht nachvollziehen …*

Sechster Schritt: Text überarbeiten

16 Überarbeite deinen informierenden Text. Verwende dazu die CHECKLISTE.

CHECKLISTE zur Überarbeitung von Texten (Aufgabentyp 4b)

1. **Den Text inhaltlich überprüfen (Inhaltsleistung)**
   - ☑ Hast du in deinem Text alle Unterpunkte der Aufgabenstellung und die Ergebnisse aus deinem Schreibplan berücksichtigt (Operatoren)?
   - ☑ Sind deine Ergebnisse für den Leser nachvollziehbar formuliert?
   - ☑ Wurden nachvollziehbare Schlussfolgerungen gezogen, die sich sinnvoll aus den Materialien ergeben?
   - ☑ Hast du deine Aussagen am Text belegt?
   - ☑ Hast du deine Ergebnisse verknüpft und Zusammenhänge hergestellt?
   - ☑ Hast du in der Stellungnahme deine Position durch Begründungen gestützt und Bezug auf die Materialien genommen?

2. **Den Text sprachlich überprüfen (Darstellungsleistung)**
   - ☑ Hast du den Text sinnvoll gegliedert? Ist er durch Absätze überschaubar gestaltet?
   - ☑ Hast du unnötige Wiederholungen und unklare Formulierungen vermieden?
   - ☑ Kannst du komplizierte Sätze vereinfachen?
   - ☑ Hast du Zusammenhänge durch sinnvolle Satzverknüpfungen verdeutlicht?
   - ☑ Überprüfe auch Rechtschreibung, Zeichensetzung und Grammatik, denn sie fließen in die Bewertung ein.

   ➡ Kontrolliere deinen Text mehrfach und berücksichtige deine persönlichen Fehlerschwerpunkte.

D Prüfungsaufgaben zum Themenbereich „Medien und Kultur"

D Prüfungsaufgaben zum Themenbereich „Medien und Kultur"

In diesem Kapitel bearbeitest du zu dem Thema „Medien und Kultur" mehrere Prüfungsbeispiele.
Notiere die benötigte Arbeitszeit (siehe Seite 5).

D 1 Leseverstehen: Lernt langsam lesen! (angeleitetes Üben)

Teil I

Lies den Text sorgfältig durch und bearbeite die Aufgaben **1** – **14**.

Lernt langsam lesen! *Johan Schloemann*

(1) Das ist natürlich ganz prima, dass jetzt all die Buchmenschen zur Buchmesse fahren, weil es wieder Zehntausende dicke neue Bücher anzuschauen gibt. Aber es stellt sich verschärft die Frage: Wer soll das alles lesen? Die Frage ist zwar schon uralt. Und seit Erfindung des Buchdrucks wurde sie immer neu
5 mit wachsendem Unmut gestellt. Doch heute spüren Menschen, die gerne lesen oder lesen würden, neben der Konkurrenz zwischen den unzähligen Titeln zusätzlich noch die unglaubliche Macht der digitalen Ablenkung, von Jahr zu Jahr stärker. Alles fühlt sich irgendwie so weggewischt, ausgeflimmert und herumgezwitschert an.

10 (2) Was also tun? Man könnte sich in Frankfurt auf der Messe verabreden, zu Hause einen „Slow Reading Club" zu gründen. Das ist gerade ziemlich angesagt. [...] Man trifft sich in einem Café oder einer Bar, macht es sich gemütlich, schaltet sein Telefon aus, keiner darf reden – und dann gilt, wie es in der Ankündigung eines dieser Klubs heißt: „Genießt eine Stunde leisen,
15 ununterbrochenen Lesens!" Nach der stillen Lesezeit darf, wer will, bleiben und sich unterhalten. Zur Vorbereitung gibt es nur eine Anforderung: BYOB. Also „Bring your own book", bring dein eigenes Buch mit. Die Slow-Reading-Bewegung folgt dabei von ferne dem Vorbild der aus Italien stammenden Slow-Food-Bewegung – nur dass man in den Leseklubs, anders als beim Slow
20 Food, auch nichtregionale Produkte verzehren darf.

(3) Das moderne Gefühl der Hast und Beschleunigung war stets mit medialen Umbrüchen[1] verbunden. [...] Es liegen naturgemäß noch keine Langzeitstudien[2] darüber vor, was die Echtzeit-Kommunikation im Netz mit unserem Leseverhalten und unserer Konzentrationsfähigkeit genau anstellt. Facebook,
25 das nunmehr Milliarden Menschen verbindet, gibt es erst seit zehn Jahren; und außerdem hängt vieles von individuellen Eigenschaften und Prägungen ab. Aber es mehren sich doch die Klagen und Erfahrungsberichte, dass es insgesamt viel schwieriger geworden sei, sich auf längere Lektüren voll und ganz einzulassen [...].

30 (4) Vor einigen Jahren schon berichtete die Leseforscherin Maryanne Wolf über ihren Versuch, ihr einstiges Lieblingsbuch wiederzulesen, nämlich einen Roman des Schriftstellers Hermann Hesse: „Ich las dreißig Seiten, aber wie eine Maschine. Es war, als würde ich nur Informationen aufnehmen, ohne sie zu verarbeiten und darüber nachzudenken. Ich las wie ein Prozessor[3], ohne
35 Gefühl, ohne Fantasie. Es war ein Schock." [...]

(5) Eine Studie mit Jugendlichen, die 2013 im International Journal of Educational Research veröffentlicht wurde, stellt fest, dass das Hin- und Herhüpfen

68

D Prüfungsaufgaben zum Themenbereich „Medien und Kultur"

zwischen verschiedenen Fenstern und Angeboten auf Computerbildschirmen die geistige Erfassung der einzelnen Inhalte deutlich beeinträchtigt.

(6) Der Wiener Germanist[4] und Medienforscher Günther Stocker schreibt 40 über die Fähigkeit zum ungestörten Lesen: „Inwiefern Romane, die für die Lektüre gedruckter Bücher verfasst wurden, in der von digitalen Medien geprägten Welt tatsächlich unlesbar – im Sinne eines vertiefenden Lesens – werden, hängt auch von individuellen Nutzungsentscheidungen ab." [...] So eine Nutzungsentscheidung haben die „Slow Reading"-Liebhaber getroffen. 45 Ihre Lösung lautet: Wenn die Leute zwischen Berufsleben und Familie, zwischen vielen abendlichen Internetstunden und vierhundert amerikanischen Qualitäts-Fernsehserien selbst keine Lücke mehr finden für etwas, das sie eigentlich wahnsinnig gerne tun oder getan haben, nämlich gute Bücher zu lesen – dann muss man sich eben, für den Anfang zumindest, gemeinsam 50 zu einem festen Termin treffen, wie zu einem wöchentlichen Yoga-Kurs. [...]

(7) Natürlich ist das „langsame", also ungehetzte und sehr aufmerksame Lesen für sich genommen nichts Neues. [...] Umgekehrt sind Ablenkungen, Abbrüche und Abschweifungen beim Lesen auch nicht erst mit Fernsehen und Internet in die Welt gekommen – darauf hat der Germanist Heinz Schlaffer 55 in mehreren Beiträgen hingewiesen. Das diagonale Lesen, so Schlaffer, habe nicht das moderne Management erfunden, sondern „der Romanleser, der langweilige Textabschnitte überfliegt, um möglichst schnell zu den spannenden zu kommen". [...]

(8) Die „Slow Reading"-Bewegung dürfte jedem sympathisch sein, der sich 60 medial und sonstwie gehetzt fühlt. Aber noch bleibt unklar, wohin sie will. Der amerikanische Literaturprofessor David Mikics gibt in seinem Buch „Slow Reading in a Hurried age"[5] viele Ratschläge, darunter: Stellen rausschreiben, Wörterbuch benutzen, die Gliederung des Textes erkennen. Na, das ist aber eher klassischer Literaturunterricht durch die Hintertür! Die „Slow Reading 65 Clubs" hingegen wollen nur einen Schutzraum für entspanntes Lesen schaffen. Gegen eine allgemeine Atmosphäre, in der man sich fürs versunkene Lesen fast schon schämen muss.

1 **mediale Umbrüche:** deutliche Veränderungen im Medienbereich

2 **Langzeitstudie:** Untersuchung über einen längeren Zeitraum

3 **Prozessor:** zentraler Teil des Computers, der die Eingaben steuert und verarbeitet

4 **Germanist:** Wissenschaftler, der sich mit der deutschen Sprache und Literatur beschäftigt

5 **„Slow Reading in a Hurried Age":** sinngemäß übersetzt: langsames Lesen in einem beschleunigten Zeitalter

Süddeutsche Zeitung online, 13.10.2015 (http://www.sueddeutsche.de/kultur/slow-reading-bewegung-lernt-langsam-lesen-1.2689979?reduced=true, Zugriff: 07.02.2018), verändert

---

LÖSUNGSHILFEN zu 1 – 14

1 Nicht gleich in die Aufgaben stürzen! Erschließe zuerst den Text wie in B 3 (S. 19) dargestellt.
- Markiere wichtige Schlüsselstellen.
- Formuliere am Rand Überschriften oder Stichwörter zu den Sinnabschnitten.
  Du findest zu den Aufgaben dann schnell die passenden Textstellen.

D Prüfungsaufgaben zum Themenbereich „Medien und Kultur"

AUFGABEN 1–14

TIPP Richtige Aussagen ankreuzen

Suche zu jeder Aussage die passende Stelle im Text und unterstreiche sie. Oft findest du in der Aufgabenstellung bereits einen Hinweis darauf, in welchem Abschnitt du die Textstellen findest. Überprüfe genau, ob die Textstelle mit der Aussage unten übereinstimmt bzw. worin sich Text und Aussage unterscheiden. Achte auf Wortwahl, Fragestellung und Schlüsselwörter.

---

1 Kreuze die richtige Antwort an.
Die Frage „*Wer soll das alles lesen?*" (Z. 3) bedeutet im Textzusammenhang, dass …

a) es zu viele Buchmessen gibt. ☐

b) die meisten Bücher zu dick sind. ☐

c) eine Fülle an Lesestoff existiert. ☐

d) der Kreis der Leser unbekannt ist. ☐

2 Kreuze die richtige Antwort an.
Eine zusätzliche Herausforderung für Menschen, die gerne lesen, ist die (Abschnitt 1) …

a) Menge an verfügbaren Daten. ☐

b) Schwierigkeit von langen Texten. ☐

c) Zerstreuung durch die neuen Medien. ☐

d) Unverständlichkeit der Informationen. ☐

3 Kreuze die richtige Antwort an.
Für die neue Bewegung ist es vor allem wichtig (Abschnitt 2), …

a) gemütlich zu Hause zu lesen. ☐

b) mit engen Freunden zu lesen. ☐

c) fremdsprachige Bücher zu lesen. ☐

d) still und ungestört zu lesen. ☐

4 Kreuze die richtige Antwort an.
Die Slow-Reading-Bewegung unterscheidet sich von der Slow-Food-Bewegung durch (Abschnitt 2) …

a) die Lust am gemeinschaftlichen Tun. ☐

b) den besonders langsamen Genuss. ☐

c) das Nutzen überregionaler Erzeugnisse. ☐

d) die Vorliebe für italienische Produkte. ☐

Quelle (Aufgaben): Qualitäts- und UnterstützungsAgentur – Landesinstitut für Schule, Soest 2018

70

D Prüfungsaufgaben zum Themenbereich „Medien und Kultur"

5 Kreuze die richtige Antwort an.
Es gibt noch keine Langzeitstudien über den Zusammenhang von Leseverhalten (Abschnitt 3) und …

a) dem Missbrauch von Computerspielen. ☐

b) der Nutzung sozialer Netzwerke. ☐

c) den Folgen gemeinsamen Lesens. ☐

d) der Entwicklung individueller Eigenschaften. ☐

TIPP zu **6**: Textzusammenhang berücksichtigen

1. Markiere die angegebene Textstelle.
2. Mache dir klar, was das Zitat/die Textaussage bedeutet (z. B. Was bedeutet *Prozessor*?).
3. Schlage unbekannte Begrifflichkeiten im Wörterbuch nach, erschließe sie aus dem Textzusammenhang oder orientiere dich an den vorhandenen Worterklärungen unter dem Text.
4. Lies die Textaussagen, die vor oder hinter der angegebenen Textstelle stehen, und unterstreiche die zu der Textaussage passenden Aussagen bzw. Schlüsselwörter (z. B. … *ohne Gefühl*, …).
5. Formuliere die Antwort mit eigenen Worten: *Mit dem Zitat „Ich las wie ein Prozessor …" (Z. 34) ist gemeint, dass …*

---

6 Erläutere das Zitat *„Ich las wie ein Prozessor …"* (Z. 34) im Textzusammenhang.

_____

_____

_____

_____

_____

_____

7 Kreuze die richtige Antwort an.
Durch das Lesen und Kommunizieren am Bildschirm wird das Verständnis von Gelesenem (Abschnitt 5) …

a) erschwert. ☐

b) verbessert. ☐

c) erleichtert. ☐

d) vertieft. ☐

TIPP zu **7**: Wortbedeutungen unterscheiden

Bei vorgegebenen Antworten, die nur aus einem Wort bestehen, vergewissere dich, dass du die Bedeutung der Wörter und die Unterschiede zwischen den Bedeutungen im Zusammenhang ermittelst.

71

D Prüfungsaufgaben zum Themenbereich „Medien und Kultur"

8 Kreuze die richtige Antwort an.
Der Germanist und Medienforscher Günther Stocker sagt, dass die Fähigkeit zum ungestörten Lesen auch bestimmt ist durch (Abschnitt 6) …

a) die Menge an Literatur. ☐

b) den Einfluss neuer Medien. ☐

c) das Verhalten des Lesers. ☐

d) die Qualität des Buches. ☐

9 Kreuze die richtige Antwort an.
„Slow Reading Clubs" dienen dazu, dass Menschen (Abschnitt 6) …

a) nicht nur im Kreise der Familie lesen. ☐

b) sich Zeit zum Lesen nehmen. ☐

c) Beruf und Freizeit voneinander trennen. ☐

d) Lesen mit Yoga verbinden. ☐

10 Kreuze die richtige Antwort an.
Diagonales Lesen bedeutet nach Schlaffer (Abschnitt 7), dass der Leser …

a) Schwieriges nicht erkennt. ☐

b) Uninteressantes überspringt. ☐

c) Kompliziertes nicht versteht. ☐

d) Spannendes verarbeitet. ☐

11 Kreuze die richtige Antwort an.
Für das „Slow Reading" empfiehlt der amerikanische Professor David Mikics (Abschnitt 8) …

a) klassische Bücher zu lesen. ☐

b) Ratschläge aufzuschreiben. ☐

c) den Text zu verkürzen. ☐

d) Wörter nachzuschlagen. ☐

12 Erläutere die Aussage, dass man sich in der heutigen Zeit „fürs versunkene Lesen fast schon schämen muss." (Z. 67/68), im Zusammenhang des gesamten Textes.

_____

_____

_____

_____

_____

_____

_____

D Prüfungsaufgaben zum Themenbereich „Medien und Kultur"

TIPP zu **13**

Falls der Abschnitt nicht angegeben ist, in dem du die passende Aussage findest, gehe so vor:
1. Markiere in der Aussage das Schlüsselwort (z. B. „Slow Reading-Bewegung").
2. Überfliege den Text, suche nach dem Schlüsselwort und unterstreiche es.
3. Lies die Textstellen rund um das unterstrichene Schlüsselwort genau und entscheide, welche Aussage am besten zu dem dargestellen Kontext passt.

---

13 Kreuze die richtige Antwort an.
Die im Text beschriebene „Slow Reading"-Bewegung spricht in erster Linie Menschen an, die …

a) die Lektüre eines Textes genießen möchten. ☐

b) einen gemütlichen Raum zum Lesen suchen. ☐

c) komplizierte Bücher verstehen wollen. ☐

d) sich einen langen Text erarbeiten wollen. ☐

14 Ein Schüler sagt nach dem Lesen des Textes:

„Slow Reading-Clubs sind eine gute Alternative zum einsamen Lesen zu Hause."

Schreibe eine kurze Stellungnahme zu dieser Aussage.
Du kannst dieser Auffassung zustimmen oder nicht. Wichtig ist, dass du deine Meinung begründest. Beziehe dich dabei auf den Text.

Ich stimme der Aussage des Schülers, dass …
_____
_____

zu / nicht zu, denn … _____

TIPP Zu einer Aussage Stellung nehmen

1. Entscheide dich für eine der beiden Möglichkeiten: *Ich stimme zu/nicht zu.*
2. Überfliege den Text noch einmal und markiere Textaussagen, die deine Auffassung unterstützen.
3. Greife zu Beginn die Aussage, zu der du dich äußern willst, noch einmal auf.
4. Beziehe dich bei deiner Begründung auch auf die markierten Textaussagen *(Slow Reading Clubs stellen ein attraktives Angebot für Leser dar, denn so kommen Treffen von Buchinteressierten zustande, die …).*

_____
_____
_____
_____
_____
_____
_____
_____
_____
_____
_____
_____
_____

73

D Prüfungsaufgaben zum Themenbereich „Medien und Kultur"

D 2 Leseverstehen: Bitte lächeln! (selbstständiges Üben)

Teil I

Lies zunächst den Text sorgfältig durch und bearbeite anschließend die Aufgaben **1** – **14**.

Bitte lächeln! – Lach-Smileys bei ernsten Themen: Wie Emojis im Netz emotionalisieren *Gregor Tholl*

(1) Berlin – Küsschenmund, Teufelchen, Kackhaufen, Katzengesicht: In Chats und sozialen Medien wimmelt es von Emojis. Die kleinen Bildzeichen und Symbole sind im Internet- und Smartphone-Zeitalter zur Weltsprache geworden. Fast alle nutzen die Piktogramme auf ihrem Handy – jung wie alt. Doch
5 so unterhaltsam die Zeichen von Aubergine bis Zebra oft sind und so sehr sie zur Verständigung oder auch nur Verstärkung des Geschriebenen beitragen, so missverständlich oder gar bösartig können sie auch zum Einsatz kommen.
(2) Am Samstag (17.7.) ist wieder Welt-Emoji-Tag, den es seit sieben Jahren gibt. Der „World Emoji Day" geht auf den in London lebenden Australier
10 Jeremy Burges zurück. Der 17. Juli wurde erkoren, weil das Kalender-Emoji diesen Tag beispielhaft auf mobilen Endgeräten zeigt. Auch wenn „Emoji" wie „Emoticon" (Bezeichnung für die Kombinationen von Buchstaben, Satz- und Sonderzeichen, die Gesichter ergeben) die Vorsilbe „Emo" enthält, hat das aus dem Japanischen stammende Wort mit „Emotion" und Gefühl erstmal nichts
15 zu tun. Es heißt übersetzt einfach nur „Bildschriftzeichen". [...]
(3) Die Grundlage der globalen Zeichen geht auf den heute 49 Jahre alten Grafikdesigner Shigetaka Kurita zurück, der Ende der 90er Jahre für einen japanischen Mobilfunkanbieter 176 Piktogramme entwarf. Der weltweite Siegeszug der Emojis begann 2010, als das Unicode-Konsortium in Mountain View im
20 Silicon Valley (eine Arbeitsgemeinschaft, die sich um die einheitliche digitale Darstellung von Schriftsystemen kümmert) die Piktogramme verschiedener Anbieter in einen Standard integrierte. Seitdem kann jede und jeder sicher sein, dass beim Gegenüber auch tatsächlich das Clownsgesicht oder der Daumen hoch ankommt. Der aktuelle Emoji-Katalog umfasst 3000 Symbole.
25 **(4)** Kritiker werfen ein, der Einsatz von Emojis sei pandemisch und lasse die menschliche Fähigkeit verkümmern, Emotionen angemessen zu beschreiben. Der Schriftgestalter und Autor Erik Spiekermann sagte zum Beispiel schon vor fünf Jahren im Deutschlandfunk Kultur: „Wir gehen damit zurück in die Bronzezeit, wo man solche Emojis ja an die Höhlen gemalt hat: Also, Mann mit
30 Speer erledigt Hirsch." Der Sprachwissenschaftler Anatol Stefanowitsch meint, hinter den scheinbar einfachen bunten Bildchen lauere ein Kulturkampf. Man denke an die Einführung von mehr weiblichen Emojis, an die größere Auswahl von Hautfarben oder das Emoji „Frau mit Hijab". Das islamische Kopftuch sei beispielsweise rasch zum Symbol für Frauen muslimischen Glaubens schlecht-
35 hin geworden. So werden Stereotype verstärkt. Auch bei Geschlechtern spielen Klischees und Vereinfachungen eine Rolle. Stefanowitsch: „Für kurzhaarige oder ungeschminkte Frauen ist ebenso wenig Platz wie für langhaarige oder bartlose Männer."
(5) Politisch und perfide ist in den letzten Jahren ausgerechnet das fröhliche
40 Lach-Smiley geworden [...] oder auch das Tränen lachende Smiley [...]. Bei Facebook zum Beispiel kommentieren trollige[1] Profile oft Beiträge über ernste

74

D Prüfungsaufgaben zum Themenbereich „Medien und Kultur"

Themen mit Hahaha-Gesichtern. Damit sollen dann etwa tote Flüchtlinge im Mittelmeer, Klimawandelfolgen, Anti-Corona-Maßnahmen oder bestimmte Personen abgewertet und ins Lächerliche gezogen werden. Spott und Hass breiten sich aus. Bei Leuten, denen diese Themen oder Menschen ernste Anliegen 45 sind, entsteht auf diese Weise eine unangenehme Stimmung und ein Gefühl der Ohnmacht. Ein bislang unaufgelöster Widerspruch des Web-Zeitalters: Symbole für gute Laune erzeugen schlechte Laune.

(6) [...] Wer Emojis verwendet, sollte aber hin und wieder darüber nachdenken, ob er noch das richtige Maß hat. Denn für einen selber mag es lustig sein, 50 virtuell Bildchen zu streuen. In einer Umfrage im Auftrag des IT-Branchenverbandes Bitkom gaben aber immerhin fünf Prozent an, von Emojis genervt zu sein. [...] Einige Nutzer gaben an, die Person dann nicht ganz ernst nehmen zu können. Auch reine Emoji-Antworten, etwa Daumen hoch, können negativ ankommen und als Faulheit oder Respektlosigkeit aufgefasst werden. 55

(7) Ein weiteres Problem: [...] „Emojis sind – wie Bilder generell – von Kulturalität geprägt und deshalb nicht unbedingt global verständlich", erklärt Siever[2]. Sogar simple Symbole wie der Zwinker-Smiley können mehrdeutig sein: Der eine sieht ihn als Zeichen für einen Witz oder Ironie, der andere als neckisches Zwinkern oder der nächste gar als Provokation. 60

(8) „Man kann einfach nicht sagen, Emoji X bedeutet das oder das", sagt auch der Linguist Michael Beißwenger von der Universität Duisburg-Essen. Die Bedeutung sei „hochgradig kontextabhängig" – es kommt also darauf an, was zuvor geschrieben wurde, mit welchen Wörtern das Symbol kombiniert wurde und in welchem Verhältnis die Chatpartner zueinander stehen. Besonders 65 heikel wird es, wenn man Emojis in beruflichen Beziehungen sendet. „Emojis haben in geschäftlichen Mails nichts zu suchen", sagt Knigge-Coach Michael Mayer. Die Gefahr von Missverständnissen sei einfach zu hoch.

1 **der Troll:** Person, die im Internet durch Kommentare vorsätzlicher einen Disput entfachen oder verärgern will

2 **Christina Margrit Siever**, Linguistin, untersuchte an der Uni Zürich die Kommunikation mit Emojis

Lüdenscheider Nachrichten, Märkischer Zeitungsverlag GmbH & Co. KG Lüdenscheid, 17.07.2021

AUFGABEN 1 – 14

1 Kreuze die richtige Antwort an.

Emojis, kleine Bildzeichen und Symbole in sozialen Medien und Chats, (Abschnitt 1) ...

a) dienen vorrangig der schriftlichen Verständigung der jungen Menschen. ☐
b) sind im Internet- und Smartphone-Zeitalter zur Weltsprache geworden. ☐
c) verursachen gerade bei älteren Usern oft Missverständnisse. ☐
d) werden nicht von allen Menschen genutzt. ☐

2 Kreuze die richtige Antwort an.

Der „World Emoji Day", der auf Jeremy Burges zurückgeht, wird gefeiert, weil (Abschnitt 2) ...

a) er diese Bildzeichen am 17.01. kreiert hat. ☐
b) das erste lachende Smiley im Sommer entwickelt wurde. ☐
c) das Wort seit der vorletzten Ausgabe (2017) in den Duden aufgenommen wurde. ☐
d) dieses Datum durch das Kalender-Emoji angezeigt wird. ☐

75

D Prüfungsaufgaben zum Themenbereich „Medien und Kultur"

3 Erläutere in eigenen Worten, was die Bezeichnung „Emoji" bedeutet (Abschnitt 2).

_____

_____

_____

_____

4 Kreuze die richtige Antwort an.

Emojis wurden 2019 vom Unicode Konsortium im Silicon Valley standardisiert (Abschnitt 3). Das heißt, …

a) dass es nun 3000 neue Symbole gibt. ☐

b) sie wurden als Basis zum allgemeinen Verständnis für jeden zugänglich gemacht. ☐

c) sie werden seit 2010 verpflichtend auf jedem Mobilfunkgerät genutzt. ☐

d) dass Emojis in jeder Sprache anders genutzt werden dürfen. ☐

5 Erläutere folgenden Satz: _„Kritiker werfen ein, der Einsatz von Emojis sei pandemisch und lasse die menschliche Fähigkeit verkümmern, Emotionen angemessen zu beschreiben."_ (Z. 25/26, Abschnitt 4).

_____

_____

_____

_____

_____

6 Kreuze die richtige Antwort an.

Es wird vermutet, dass Emojis einen Kulturkampf entfachen könnten, da (Abschnitt 4) …

a) manche Emojis durch die Abbildung von Klischees Stereotype verstärken. ☐

b) da die Bildzeichen nicht immer die Wahrheit abbilden. ☐

c) man durch die Nutzung dieser Zeichen wieder zurück in die Bronzezeit ginge. ☐

d) die Anzahl der Emojis nicht ausreicht, um alle Meinungen abzubilden. ☐

7 Kreuze die richtige Antwort an.

Besondere Konflikte ergaben sich durch die Verwendung des Lach-Smileys oder des Tränen lachenden Smileys, indem (Abschnitt 5) …

a) die Nutzer diese Smileys einfach ohne nachzudenken jedes Mal verwenden. ☐

b) die Kommentare mit diesen Smileys nicht ernst genommen wurden. ☐

c) ernste und traurige politische Themen dadurch abgewertet oder verspottet wurden. ☐

d) die Kommentare mit diesen Emojis Freude erzeugten. ☐

8 Erkläre, was mit dem Ausdruck „trollige Profile" (Z. 41, Abschnitt 5) gemeint ist.

_____

_____

_____

_____

D Prüfungsaufgaben zum Themenbereich „Medien und Kultur"

9 Kreuze die richtige Antwort an.

Absender empfinden das Verwenden von Emojis häufig als lustig, doch (Abschnitt 6)...

a) einige Leser verstehen viele Aussagen mit Emojis nicht. ☐
b) laut IT-Branchenverband ist zehn Prozent der Adressaten die Nutzung zu häufig. ☐
c) eine Umfrage belegte, dass 5 % der Befragten durch Emojis genervt sind. ☐
d) viele Menschen fühlen sich durch Emojis beleidigt oder diffamiert. ☐

10 Kreuze die richtige Antwort an.

Durch das alleinige Antworten mit bestimmten Emojis, wie Daumen hoch, (Abschnitt 6) ...

a) wirken die Absender träge und respektlos. ☐
b) erscheinen die Absender respektlos und frech. ☐
c) vermitteln die Absender einen teilnahmslosen Eindruck. ☐
d) wirken die Absender dumm. ☐

11 Kreuze die richtige Antwort an.

Ein besonderes Problem der Emojis ist (Abschnitte 1, 7) ...

a) ihre Eindeutigkeit, denn wenn man sie falsch deutet, kann es zu Missverständnissen kommen. ☐
b) ihre Eindeutigkeit, denn man muss die genaue Bedeutung kennen, um sie zu verstehen. ☐
c) ihre Mehrdeutigkeit, denn ihre Bedeutung ist nicht für alle gleich verständlich. ☐
d) ihre Mehrdeutigkeit, man kann sie bewusst falsch interpretieren. ☐

12 Erläutere im Textzusammenhang die Bezeichnung „hochgradig kontextabhängig" (Z. 63).

_____

_____

_____

13 Kreuze die richtige Antwort an.

Besonders schwierig ist die Verwendung von Bildzeichen in (Abschnitt 8) ...

a) beruflichen Beziehungen und geschäftlichen Mails. ☐
b) Mailkontakten, bei denen sich die Chatpartner nicht kennen. ☐
c) Mailkontakten, bei denen sich die Chatpartner kennen. ☐
d) heiklen Angelegenheiten privater Natur. ☐

14 Eine Schülerin sagt nach dem Lesen des Textes: „Ich werde dennoch weiterhin Emojis nutzen, denn das verkürzt den Schreibprozess extrem. Mein Adressat wird mich schon verstehen."

Schreibe eine kurze Stellungnahme zu dieser Aussage. Du kannst dieser Auffassung zustimmen oder nicht. Wichtig ist, dass du deine Meinung begründest. Beziehe dich dabei auf den Text.

_____

_____

_____

_____

_____

D Prüfungsaufgaben zum Themenbereich „Medien und Kultur"

D 3 Original-Prüfung 2021: Aufgabentyp 2: Fake News (angeleitetes Üben)

Teil II

Lies bitte zunächst die Aufgabe und dann die Materialien aufmerksam, bevor du mit dem Schreiben beginnst.

Situation:

Die nächste Ausgabe der Schülerzeitung, die Schülerinnen und Schüler, Lehrkräfte und Eltern lesen, befasst sich mit der aktuellen Rolle der digitalen Medien.

Du bist gebeten worden, für diese Ausgabe einen informierenden Text zur Problematik von Fake News zu schreiben. Zu diesem Zweck wird dir eine Materialsammlung (M1 – M6) zur Verfügung gestellt.

AUFGABENSTELLUNG

1 **Verfasse** auf der Grundlage der Materialien M1 – M6 einen **informierenden Text** zum Thema „Problematik von Fake News". Schreibe nicht einfach aus den Materialien ab, sondern achte auf eine eigenständige Darstellung in einem zusammenhängenden Text.

Gehe dabei so vor:

- **Formuliere** für deinen Text eine passende, zum Lesen anregende Überschrift.
- **Erkläre** einleitend, was Fake News sind.
- **Stelle dar**, wie Fake News entstehen und wie sie sich verbreiten und verfestigen.
- **Erläutere** die negativen Auswirkungen, die Fake News für den Einzelnen und für die Gesellschaft haben können.
- **Beurteile** anhand der Materialien und eigener Überlegungen, welche Maßnahmen zur Bekämpfung von Fake News wirksam sein können.

M1a **Was sind Fake News?** *Romy Jaster, David Lanius*

Fake News sind Berichterstattungen, die in zweierlei Hinsicht problematisch sind: Erstens sind sie entweder falsch oder irreführend. Und zweitens verfolgen ihre Verfasser entweder eine Täuschungsabsicht oder sind der Wahrheit der Behauptungen gegenüber gleichgültig. [...]

5 Meldungen, die nach dieser Definition Fake News darstellen, gab es schon immer. [...] Fake News sind also überhaupt nicht neu. [...] Andererseits stimmt auch, dass Fake News ein spezielles Problem der Gegenwart darstellen. Erst durch die Digitalisierung und die sozialen Medien konnte es zu dem beispiellosen Exzess[1] von Fake News kommen, dem wir heute gegenüberstehen. In

10 diesem Sinne haben wir es also durchaus mit etwas Neuem zu tun. Doch das Neue ist nicht das Phänomen[2] als solches, sondern das Ausmaß des Problems, vor das uns Fake News heute stellen.

1 Exzess: Vorhandensein im Übermaß

2 Phänomen: Erscheinung, hier im Sinne von „Problem"

Romy Jaster, David Lanius: Die Wahrheit schafft sich ab. Wie Fake News Politik machen. 2., durchgesehene Auflage. Stuttgart: Reclam 2019, S. 31, S. 46 – 47 (Text gekürzt und geringfügig verändert)

Quelle (Aufgaben): Qualitäts- und UnterstützungsAgentur – Landesinstitut für Schule, Soest 2021

D Prüfungsaufgaben zum Themenbereich „Medien und Kultur"

M1b Fakten statt Fakes: Das Phänomen „Fake News"

Alexander Sängerlaub, Miriam Meier, Wolf-Dieter Rühl

Fake News	
Desinformation: *Gezielte Verbreitung von falschen oder irreführenden Informationen, um jemandem zu schaden.* **Darunter fallen:**	
• umgedeutete Inhalte	*Informationen werden aus ihrem Zusammenhang gerissen oder Fakten bewusst verfälschend interpretiert.*
• manipulierte Inhalte	*Informationen werden zur zielgerichteten Beeinflussung ihrer Wahrnehmung verändert (z. B. durch digitale Manipulation von Bildern).*
• gefälschte Inhalte	*Inhalte werden völlig frei erfunden.*

Tabelle in Anlehnung an: Alexander Sängerlaub, Miriam Meier, Wolf-Dieter Rühl: Fakten statt Fakes. Verursacher, Verbreitungswege und Wirkungen von Fake News im Bundestagswahlkampf 2017. Berlin: Stiftung Neue Verantwortung e. V. März 2018, S. 11 (online abrufbar unter: https://www.stiftung-nv.de/de/publikation/fakten-statt-fakes-verursacher-verbreitungswege-und-wirkungen-von-fake-news-im, 26.03.2018; Zugriff: 25.02.2021)

M1c Beispiele für „Fake News"

AIDS-Virus vom amerikanischen Geheimdienst entwickelt

https://www.schule-bw.de/themen-und-impulse/medienbildung/lernmaterial/fakenews/beispiele-fake-news/aidsluege.html (Zugriff: 25.02.2021)

Stadt bezahlt Asylsuchenden Taxifahrten kreuz und quer durch die Gegend

https://hoaxmap.org/hoaxmapdata.html (Zugriff: 25.02.2021)

Papst unterstützt Donald Trump

https://www.svz.de/ratgeber/digital/papst-unterstuetzt-donald-trump-id15977661.html (Zugriff: 25.02.2021)

Der Klimawandel ist eine Erfindung der Chinesen.

https://www.ndr.de/ratgeber/Fake-News-Warum-lassen-wir-uns-beluegen,luegen144.html, 01.04.2019 (Zugriff: 25.02.2021)

(Aus lizenzrechtlichen Gründen werden hier nur vier der fünf in der Original-Prüfungsarbeit abgedruckten Beispiele dargestellt.)

D Prüfungsaufgaben zum Themenbereich „Medien und Kultur"

M2 „Fake News" – die Macht der Falschmeldungen

Sonja Kolonko

[...] Fake News sind erfolgreich. Gerade weil sie an niedere Instinkte appellieren[1] und emotionale Reizthemen behandeln, über die sich jeder sofort empören kann, verbreiten sie sich rasant: bis zu sechsmal schneller als wahre Nachrichten, wie die US-Universität Massachusetts Institute of Technology (MIT) in einer
5 Studie herausfand. [...] Durch häufiges Teilen erreichen die Fake News erstens immer mehr Nutzer, was zweitens wiederum ihre Glaubwürdigkeit erhöht. Denn wenn ein Beitrag schon hunderttausendfach weitergeleitet wurde, muss er ja stimmen – so die Annahme. Wie viel Wahrheitsgehalt dabei tatsächlich in der Meldung steckt, ist zweitrangig. [...]
10 Besonders brisant: Die Verfasser solcher bewusst falschen Nachrichten sind oft gar keine Menschen, sondern Computerprogramme namens „Social Bots[2]", die Stimmung für oder gegen politische Ansichten machen und die öffentliche Meinung gezielt beeinflussen. [...] Gezielt gestreute Desinformationen können also die politische Meinungsbildung steuern und sogar das Vertrauen der
15 Bevölkerung in bestimmte Institutionen oder die Demokratie selbst zerstören.

1 an niedere Instinkte appellieren: hier: Gefühle und Verhaltensmuster ansprechen, die gesellschaftlich nicht akzeptiert werden, zum Beispiel Neid oder Schadenfreude

2 Social Bot: ein Computerprogramm, das in den sozialen Medien automatisch Nachrichten und Meinungen verbreitet und dabei den Eindruck erweckt, dass diese Nachrichten von realen Menschen stammen

Planet Wissen. Westdeutscher Rundfunk, Köln. https://www.planet-wissen.de/kultur/medien/fake_news/index.html#entstehen, 08.07.2020 (Zugriff: 25.02.2021, Text gekürzt und geringfügig verändert)

M3 Fake News: Warum lassen wir uns belügen?

[unbekannter Verfasser]

Falschmeldungen haben durch Internet und soziale Medien rasant zugenommen. Meistens stecken politische oder wirtschaftliche Absichten dahinter. Sind sie einmal im Umlauf, sind Falschmeldungen nur schwer wieder aus der Welt zu schaffen. Eine australische Studie zeigte, dass Menschen dazu neigen,
5 manche Lügen zu glauben, selbst wenn sie durch Fakten widerlegt werden. Eine gefälschte Nachricht erscheint vielleicht vertraut, weil sie gut zur Weltanschauung passt. Diese Lüge weiter zu glauben ist daher einfacher, als andere, neue Informationen zu verarbeiten. Dazu kommt: Wer beim Versuch, eine Lüge zu widerlegen, die Lüge wiederholt, macht sie durch die Wiederholung
10 vertrauter und sie verfestigt sich weiter.

Norddeutscher Rundfunk, Hamburg. https://www.ndr.de/ratgeber/Fake-News-Warum-lassen-wir-uns-beluegen,luegen144.html, 01.04.2019 (Zugriff: 25.02.2021, Text gekürzt und geringfügig verändert)

Hinweis zur Quelle: Der Text wurde ohne namentliche Nennung eines Verfassers veröffentlicht.

D Prüfungsaufgaben zum Themenbereich „Medien und Kultur"

M4 **Warum Fake News so erfolgreich sind.**
Ingrid Brodnig im Gespräch mit Christian Rabhansl

In ihrem neuen Buch „Lügen im Netz" analysiert Ingrid Brodnig, wie Menschen durch Fake News im Internet manipuliert werden. Besonders wirkungsvoll sind dabei Meldungen, die Wut auslösen, sagt die Journalistin und Netzexpertin.

Allein mit Fakten lässt sich Fake News im Netz nicht beikommen – das ist 5
eine der Lehren [...] der Journalistin. [...] Ein Erklärungsansatz, warum sich
auch offensichtliche und weniger offensichtliche Falschmeldungen so erfolgreich im Internet verbreiten, ist für Brodnig, dass es sich dabei immer um
sehr emotionalisierende Berichte handelt. „Ich glaube, wir Menschen waren
schon immer so, dass wir einfach auf Wut sehr stark einsteigen, dass Wut eine 10
extrem infektiöse[1] Emotion ist", betont sie. „Wenn Sie sich die erfolgreichsten
Falschmeldungen ansehen, dann werden die in der Regel Wut auslösen." [...]
Dass mit solchen Emotionen im Netz viele Clicks geerntet werden könnten, lasse
sich auch in Zahlen messen, sagt Brodnig. [...] Sie rät dazu, es als Warnsignal
zu begreifen, wenn man merkt, dass man auf eine Nachricht stark emotional 15
reagiert: „Wenn eine Meldung mich total aufrüttelt, wenn ich mir denke, das
habe ich mir schon immer gedacht, oder wenn die mich total emotionalisiert,
dann ist das der erste Moment, in dem man vorsichtig werden sollte, weil gerade Falschmeldungen darauf ausgerichtet sind, dass sie uns so wachrütteln,
dass wir gar nicht nachdenken." 20

1 infektiös: ansteckend, hier im übertragenen Sinne

Deutschlandradio, Köln. https://www.deutschlandfunkkultur.de/warum-fake-news-so-erfolgreich-sind-
wut-ist-eine-extrem.1270.de.html?dram:article_id=393862, 19.08.2017 (Zugriff: 25.02.2021, Text gekürzt
und geringfügig verändert)

M5 **Wie Faktenchecks auf Facebook und Twitter**
funktionieren *Bernd Oswald*

Krisenzeiten sind immer auch Zeiten, in denen viele Falschmeldungen verbreitet werden. Die großen Player[1] sind sich dieses Problems bewusst und
gehen gegen die Verbreitung von falschen Nachrichten beziehungsweise
Behauptungen vor.
Facebook überprüft Falschmeldungen, die auf seiner Plattform verbreitet wer- 5
den, nicht selbst, sondern hat diesen Job bereits vor knapp dreieinhalb Jahren
an unabhängige Fact-Checker aus aller Welt ausgelagert. Inzwischen sind es
laut Facebook mehr als 60 Organisationen, die Inhalte in mehr als 50 Sprachen
überprüfen. Kommen Faktenchecker zu dem Schluss, dass der Inhalt ganz oder
teilweise falsch ist, zeigt Facebook den entsprechenden Hinweis direkt unter 10
dem Link zu dem fraglichen Inhalt an. Teilt der Nutzer ihn trotzdem, wird
der Inhalt im News Feed nur noch eingeschränkt verbreitet. Laut Facebook
reduziert sich die Reichweite solcher Posts um 80 Prozent.
Auch Twitter ist daran interessiert, die Verbreitung von falschen oder irre-
führenden Inhalten einzudämmen, und hat dazu seine Nutzungsbedingungen 15
aktualisiert. Ob ein Tweet und die darin verwendeten Medien gegen diese
Bedingungen verstoßen, hängt von drei Kriterien ab:

81

D Prüfungsaufgaben zum Themenbereich „Medien und Kultur"

M5

20

25

30

1. Technische Manipulation: Hier geht es unter anderem um die Frage, ob Zusammensetzung, Ablauf, zeitliche Abfolge oder Gestaltung eines Inhalts grundlegend verändert wurden, ob visuelle oder akustische Informationen hinzugefügt oder entfernt wurden.

2. Irreführende Verbreitung: Twitter prüft, ob der Kontext, in dem Medien geteilt werden, zu Verwirrung oder Missverständnissen führen könnte oder darauf schließen lässt, dass Nutzer absichtlich über die Art oder Herkunft des Inhalts getäuscht werden sollen.

3. Schädliche Auswirkung: Hier wird bewertet, ob Tweets die körperliche Sicherheit einer Person oder Gruppe gefährden, Massengewalt oder Unruhen schüren könnten oder die Meinungsfreiheit einer Person oder Gruppe bedrohen.

Im Gegensatz zu Facebook nimmt Twitter die Bewertung, ob ein Inhalt, der auf der Plattform geteilt wird, falsch oder irreführend ist, selbst vor. Je nachdem, wie diese Prüfung ausfällt, wird ein Tweet als irreführend oder falsch gekennzeichnet und mit Links zu weiterführenden Erklärungen versehen.

1 großer Player: *hier:* umgangssprachliche Bezeichnung für ein marktbeherrschendes Unternehmen

BR.de (Bayerischer Rundfunk), München. https://www.br.de/nachrichten/netzwelt/wie-faktenchecks-auf-facebook-und-twitter-funktionieren,RwtNV0a, 22.04.2020 (Zugriff: 25.02.2021, Text gekürzt und geringfügig verändert)

M6a ## Der Kampf gegen Fake News im Klassenzimmer
Teri Schultz

Ein Screenshot eines Textes auf Instagram umgeht automatisierte „Fact-Checking"-Funktionen, die eine hetzerische Sprache erkennen, wenn sie auf Facebook oder Twitter gebraucht wird. [...] Diese Erfahrung war ein Wendepunkt für die Journalistin Juliane von Reppert-Bismarck. [...] Sie gab ihren

5 Job auf und entwickelte ein neues Programm mit dem Namen „Lie Detector", auf Deutsch „Lügendetektor[1]".

Es bildet Journalisten aus und schickt sie in Schulen, damit sie Schülerinnen und Schülern ab zehn Jahren beibringen, wie sie Informationen überprüfen und vertrauenswürdige Quellen erkennen können. [...]

10 Wer nicht an seiner Schule an einem Kurs teilnehmen kann, für den gibt es andere Wege. Die Internetseite „getbadnews.com" klingt zwar nach einem schlechten Rat, ist aber ein Spiel. [...] Die Nutzer von „getbadnews.com" schlüpfen in die Rolle von Journalisten, die versuchen, gefälschte Geschichten zu verbreiten, so viele Leser wie möglich zu gewinnen und gleichzeitig als glaub-

15 würdig dazustehen. „Dabei müssen sie eigene mentale Grenzen[2] überwinden, und das löst einen Denkprozess aus, der ihnen hilft, Widerstand aufzubauen", erklärt Marije Arentze, die überzeugt ist, dass ihr Spiel funktioniere. [...]
„Die ersten Ergebnisse deuten darauf hin, dass Leute besser darin werden, gefälschte Nachrichten zu erkennen, nachdem sie unser Spiel gespielt haben,

20 und gleichzeitig vertrauen sie echten Nachrichten nicht weniger."

1 Lügendetektor: umgangssprachliche Bezeichnung für ein technisches Gerät, das dazu dient, während einer Befragung Falschaussagen aufzudecken, indem körperlich auffällige Reaktionen aufgezeichnet werden, z. B. Veränderungen von Atmung, Puls und Blutdruck

2 mentale Grenzen: *hier:* Grenzen des (bisherigen) Denkens

Deutsche Welle, Bonn. https://www.dw.com/de/der-kampf-gegen-fake-news-im-klassenzimmer/a-49293454, 21.06.2019 (Zugriff: 25.02.2021, Text gekürzt und geringfügig verändert)

D Prüfungsaufgaben zum Themenbereich „Medien und Kultur"

M6b Onlinespiel „Get Bad News"

(Spielerische Simulation der Verbreitung von Nachrichten – vereinfachte Darstellung des Spielverlaufs)

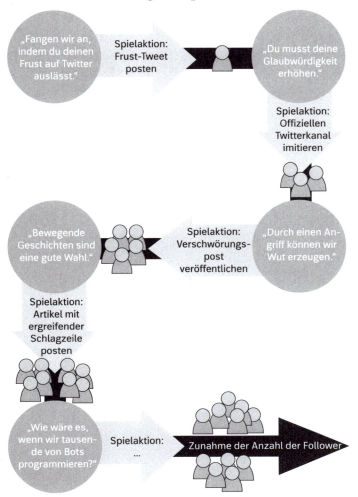

Grafik: Qualitäts- und UnterstützungsAgentur – Landesinstitut für Schule, auf der Grundlage von: https://www.getbadnews.de/#play (Zugriff: 25.02.2021)

Hinweis zur Abbildung: Mit den Figuren innerhalb der Grafik werden Follower dargestellt.

LÖSUNGSHILFE zu **1** a) – e)

1 Führe die ersten Schritte „Sich orientieren" und „Materialien lesen und Inhalte erfassen" durch (siehe C 1.5, S. 28). Halte deine Notizen (z. B. zu Textart, Thema und Inhalten) am Rand fest.

2 Lege dir eine Tabelle als Schreibplan an (siehe C 1.5, S. 34) oder nutze die Kopiervorlage C. 1.4 auf S. 27.

3 Notiere im Schreibplan Stichpunkte für eine passende Überschrift (Teilaufgabe **1** a).

Beispiele: Wir lassen uns freiwillig belügen! ... / Zunehmende Verbreitung von Fake News beeinflusst auch uns ...

TIPP zu **2**

Wenn du sicher im Umgang mit farbigen Markierungen bist, arbeite direkt mit Aufgabe **8** weiter und nutze deine Markierungen als Schreibplan.

TIPP zu **3**

Denke an eine Überschrift für deinen Text. Du kannst dich dazu an den Überschriften der Materialien orientieren und diese verändern oder eine eigene Überschrift formulieren.

D Prüfungsaufgaben zum Themenbereich „Medien und Kultur"

4 Halte im Schreibplan fest, was man unter Fake News versteht (Teilaufgabe **1** b). Berücksichtige dazu besonders die Materialien 1a und 1b.

— *falsche oder irreführende Neuigkeiten, die allgemein verbreitet werden*
— *problematisch, da damit eine Täuschungsabsicht verfolgt wird …*
— *…*

5 Halte in deinem Schreibplan fest, wie Fake News entstehen, wie sie sich verbreiten und festigen (Teilaufgabe **1** c). Beachte, dass diese Teilaufgabe dreiteilig ist. Daher ist dies auch beim Anlegen deines Schreibplans zu berücksichtigen:

Entstehung von Fake News:
— *voranschreitende Digitalisierung*
— *Nutzung sozialer Medien …*

Verbreitung von Fake News:
— *gezielte Verbreitung, um jemandem zu schaden*
— *über die Medien rasant schnell und gezielt möglich …*

Festigung von Fake News:
— *viel Nutzer orientieren sich an der Anzahl der weitergeleiteten Nachrichten oder ihrer Kommentierungen*
— *Herkunft oder Wahrheitsgehalt werden dabei nicht hinterfragt …*

6 Notiere in deinem Schreibplan die negativen Auswirkungen von Fake News für den Einzelnen und für die Gesellschaft (Teilaufgabe **1** d). Beachte, dass diese Teilaufgabe zweiteilig ist.

Auswirkungen von Fake News für den Einzelnen:
— *Reizthemen lösen beim einzelnen Menschen, aber auch in der Öffentlichkeit emotionale Reize aus, da sie häufig an niedere Instinkte appellieren (z. B. Neid, Schadenfreude)*
— *viele Nachrichten lösen Wut aus (Ingrid Brodnig, Autorin des Buches „Lügen im Netz") und sind daher extrem erfolgreich …*

Auswirkungen von Fake News für die Gesellschaft:
— *machen Stimmung für oder gegen politische Auffassungen → beeinflussen politische Meinungen*
— *können das Vertrauen in bestimmte Institutionen (politische Parteien, Kirche …) zerstören*
— *schaden der Demokratie, weil …*

7 Notiere abschließend im Schreibplan Stichpunkte dazu, welche Maßnahmen zur Bekämpfung von Fake News wirksam sein können (**1** e).

— *nicht an der Anzahl der Clicks orientieren, sondern diese als Warnsignal nehmen …*
— *Quellen überprüfen: genaue Recherche hilft, falsche von richtigen Nachrichten zu unterscheiden …*

TIPP zu **4** / **5** und **6**

1. Markiere in den Materialien alle Informationen, die sich auf eine Teilaufgabe beziehen, in der gleichen Farbe. So kannst du die Textstellen den Teilaufgaben übersichtlich zuordnen.
2. Für die Teilaufgaben **1** c) und **1** d) solltest du verschiedene Farben verwenden, da mehrere Aspekte zu berücksichtigen sind.

TIPP zu **7**

1. Suche in den Materialien gezielt nach Maßnahmen zur Bekämpfung von Fake News (siehe M5).
2. Der Operator „Beurteile" zeigt an, dass in der Teilaufgabe **1** e) ein selbstständiges Urteil von dir erwartet wird.
   Die Bewertung soll nicht nur anhand der Materialien erfolgen, sondern auch aufgrund „eigener Überlegungen". Hier kannst du dich auch an deinen Ausführungen zu den Teilaufgaben **1** c) und d) orientieren und daraus Schlussfolgerungen ableiten.

D Prüfungsaufgaben zum Themenbereich „Medien und Kultur"

8 Schreibe deinen informierenden Text mithilfe der folgenden Formulierungsvorschläge. Achte darauf, adressatenbezogen zu schreiben. Beziehe dazu die Beispiele aus M1c ein, um deinen Text besonders anschaulich zu gestalten. Ebenso solltest du Fragen formulieren und diese dann beantworten, um deinen Text deutlich zu strukturieren.

1 a) Überschrift:
Wir lassen uns freiwillig belügen! – Verbreitung von Fake News als Konsequenz der zunehmenden Digitalisierung und der Nutzung sozialer Medien

1 b) Einleitung (Erklärung zu Fake News):
Aufgrund der immer weiter voranschreitenden Digitalisierung in unserer Gesellschaft nehmen digitale Medien einen immer größeren Stellenwert im privaten Bereich sowie in der Öffentlichkeit ein.
Neben vielen Vorteilen in Bildung … resultieren daraus aber auch Probleme und Schwierigkeiten, mit denen wir umzugehen lernen müssen …
In diesem Informationstext möchte ich die Leser unserer Schülerzeitung über Fake News aufklären und darstellen, wie …

1 c) Hauptteil (Entstehung, Verbreitung und Festigung von Fake News):
Die Bezeichnung „Fake News" ist spätestens seit Donald Trump allen bekannt …
Schlagzeilen, wie …, haben wir alle schon mal gelesen und im besten Fall belächelt. Solche Fake News gab es im Prinzip schon immer … Damit sind falsche oder irreführende Neuigkeiten gemeint, die allgemein verbreitet werden. Sie sind jedoch problematisch, da …
Fake News lassen sich nach der Darstellung der Stiftung „Neue Verantwortung" (Berlin, 2018) in drei verschiedene Kategorien der Desinformation einteilen: …

1 d) Hauptteil (negative Auswirkungen für den Einzelnen und die Gesellschaft):
Diese Art der Irreführung kann negative Auswirkungen für uns als Einzelne, aber auch für die gesamte Gesellschaft haben, denn Fake News …
Oftmals werden im Rahmen von Fake News Reizthemen angesprochen, wie beispielsweise … Diese lösen beim einzelnen Menschen, aber auch in der Öffentlichkeit emotionale Reize aus, da sie häufig an niedere Instinkte appellieren, wie z. B. … Auch Vorurteile werden dadurch nur verstärkt … Zudem glaubt ein Leser eher das, was er sowieso schon empfindet, oder das, was seine Meinung unterstreicht …

1 e) Schluss (Urteil dazu, welche Maßnahmen zur Bekämpfung wirksam sein können):
Was können wir nun aber tun, um nicht in den Sog der Fake News zu geraten und Wahres von Falschem besser unterscheiden zu können? Brodnig meint, dass wir uns eben nicht an der Anzahl der Clicks im Netz orientieren sollen. Im Gegenteil, sie rät dazu, …
Gleichermaßen sollen wir Nachrichten, die emotional sehr berühren, mit Vorsicht aufnehmen und noch genauer …

9 Überarbeite deinen Text mithilfe der Checkliste auf Seite 36.

D Prüfungsaufgaben zum Themenbereich „Medien und Kultur"

D 4 Aufgabentyp 2: Sherlock Holmes (selbstständiges Üben)

Teil II

Unter der Rubrik „Europäische Romanhelden" sollen auf der Homepage deiner Schule bekannte Romanfiguren vorgestellt werden, die unsterblich sind. Du bist gebeten worden, einen Homepage-beitrag zu Sherlock Holmes als britischem Helden zu schreiben. Dieser Text soll Schülerinnen und Schüler sowie Lehrkräfte und Eltern über den Meisterdetektiv informieren. Verfasse deinen Text auf der Grundlage der Materialsammlung (M1 – M6).

Lies bitte zunächst die Aufgabenstellung und dann die Materialien aufmerksam durch, bevor du mit dem Schreiben beginnst.

AUFGABENSTELLUNG

Verfasse auf der Grundlage der Materialien M1 – M6 einen **informierenden Text** über Sherlock Holmes. Schreibe nicht einfach aus den Materialien ab, sondern achte auf eine eigenständige Darstellung in einem zusammenhängenden Text. Gehe dabei so vor:

- **Formuliere** eine passende Überschrift.
- **Schreibe** eine Einleitung, in der du die Figur Sherlock Holmes vorstellst (*Wer ist Sherlock Holmes? Wer ist sein Begleiter? Welcher Autor hat die Figur erfunden?*).
- **Stelle** die sogenannte Holmes-Methode **dar**.
- **Erläutere** die Beziehung des Autors Arthur Conan Doyle zu seiner Figur. Beziehe dazu auch Holmes' Tod und seine „Auferstehung" mit ein.
- **Erkläre**, wodurch die Kunstfigur Holmes am Leben gehalten wird (z. B. Filme, Serien etc.).
- **Schlussfolgere** anhand der Materialien und eigener Überlegungen, warum von dem „typisch britischen Superhelden" diese besondere Faszination ausgeht, die immer noch aktuell ist.
- **Notiere** unterhalb deines Textes die von dir genutzten Materialien.

M1   **Romanfigur mit Postanschrift**   *Alfried Schmitz*

Sherlock Holmes wohnte in der Londoner Baker Street 221b – natürlich nur in der Phantasie und in den Geschichten seines Erfinders Sir Arthur Conan Doyle. 1990 ist Doyles Phantasievorstellung allerdings Wirklichkeit geworden: In unmittelbarer Nähe der Romanadresse entstand in der Baker
5   Street ein Sherlock-Holmes-Museum. Es präsentiert die Wohnung des Meisterdetektivs genau so, wie Doyle sie sich ausgedacht und in seinen Erzählungen beschrieben hat: ein Wohnzimmer, gemütlich möbliert im Stil der Viktorianischen Zeit[1] und vollgestopft mit vielen Erinnerungsstücken des Kriminalisten. Es gibt zwei Schlafräume in der Wohnung, einen für Hol-
10 mes selbst, den anderen für seinen treuen Weggefährten Dr. Watson. [...] Sherlock Holmes ist wohl eine der wenigen Romanfiguren, die es in der wirklichen Welt zu einer realen Wohnungsadresse gebracht haben. Noch heute erreichen Hunderte von Briefen die Londoner Baker Street 221b. Dort befindet sich zwar das nüchterne Verwaltungsgebäude einer Bausparkasse, doch die
15 stellte eigens einen Mitarbeiter ab, der stellvertretend für den Meisterdetektiv die Post seiner vielen Fans nach bestem Wissen und Gewissen beantwortet.

1 Viktorianische Zeit: Epoche in der britischen Geschichte, Zeitabschnitt der Regierung Königin Victorias von 1837 bis 1901

Planet Wissen, Westdeutscher Rundfunk, Köln (https://www.planet-wissen.de/kultur/literatur/sherlock_ holmes_ein_literarisches_phaenomen/index.html#Postanschrift, Zugriff: 03.01.2021)

D Prüfungsaufgaben zum Themenbereich „Medien und Kultur"

M2 **Sherlock Holmes** *Alfried Schmitz*

Als Arthur Conan Doyle 1886 seine erste Sherlock-Holmes-Geschichte schrieb, ahnte er nicht, wie berühmt die Figur in der Literatur werden würde. Der eigenwillige Detektiv besitzt heute Kultstatus. [...]

Arthur Conan Doyle entwickelte neben seinem Beruf als Mediziner eine Leidenschaft für die Schriftstellerei. Die Figur, die ihn berühmt machen sollte, 5 ersann er zunächst allerdings ohne die Absicht, sie zum Helden einer ganzen Serie werden zu lassen: 1886 tauchte der Detektiv Sherlock Holmes zum ersten Mal in der Erzählung „A Study in Scarlet" („Eine Studie in Scharlachrot") auf. [...] Holmes ermittelte den Täter schon in seinem ersten Fall mit viel Sachverstand und mit für die damalige Zeit sehr fortschrittlichen Methoden 10 der Kriminalwissenschaft. [...] Doyle hatte sich längst anderen literarischen Stoffen und seinem Hauptberuf als Mediziner zugewandt, als er zwei Jahre später die Nachricht eines amerikanischen Verlegers erhielt. Dieser [...] wollte nun mit Doyle wegen weiterer Episoden von Sherlock Holmes ins Geschäft kommen [...]. Es waren 15 aber nicht die insgesamt vier langen Kriminalgeschichten um den Londoner Detektiv, [...] die am populärsten wurden. In der Gunst der Leser standen die 56 kurzen Episoden um Sherlock Holmes ganz oben. Sie erschienen als Fortsetzungsgeschichten vor allem im „Strand Magazine" [...]. Die enorme Beliebtheit von Sherlock Holmes und seinen Fällen bescherte [...] seinem Autor 20 enormen Wohlstand. Die Geschichten wurden in mehr als 50 Sprachen übersetzt und dienten als Vorlage für Filme, Theaterstücke, Hörspiele und Comics. Geschrieben hat Doyle die vielen Kriminalepisoden allerdings nur widerwillig und auf Druck seines Verlegers und seiner vielen Leser. Schon 1893 war Doyle der Sherlock-Holmes-Figur überdrüssig geworden und arbeitete auf das Ende 25 seines Helden hin. [...] Als Doyle 1893 beschloss, Sherlock Holmes seinen letzten Fall lösen und darin sterben zu lassen, ging ein Aufschrei des Entsetzens durch die Welt. Es hagelte Protestbriefe, mit oft bitterbösen und enttäuschten Kommentaren. [...] In vielen Städten sah man Holmes-Fans, die zum Zeichen der Trauer schwarze Armbinden trugen [...]. Auch die Tagespresse nahm Anteil 30 am Phänomen Holmes. Die „Kölnische Tageszeitung" schrieb: „Es ist sicher, dass das gegenwärtige Europa an einer Krankheit leidet, die man den Sherlockismus nennen kann ..." Nachdem die vielen „Sherlockianer" wütend und enttäuscht ihren Kummer [...] zum Ausdruck gebracht hatten und der Verlag Doyle mit einer größeren Geldsumme überredet hatte, ließ der Schriftsteller 35 seinen Romanhelden wieder auferstehen. [...] 1902 erschien dann mit „The Hound of the Baskervilles" („Der Hund von Baskerville") wieder ein Roman mit Sherlock Holmes. Es sollte die bekannteste Kriminalgeschichte um den Meisterdetektiv aus London werden.

Planet Wissen, Westdeutscher Rundfunk, Köln (https://www.planet-wissen.de/kultur/literatur/sherlock_holmes_ein_literarisches_phaenomen/index.html, Zugriff: 03.01.2021)

M3 **Holmes' Methode: Beobachtung und Logik** *Christoph Teves*

Für Dr. Watson ist ein alter Hut ein eben solcher. Für Sherlock Holmes erzählt ein Hut die Lebensgeschichte seines Besitzers. Er ist ein Meister der Beobachtung und der Logik, der mit Deduktion[1] arbeitet.

87

D Prüfungsaufgaben zum Themenbereich „Medien und Kultur"

M3

Holmes sammelt durch Berichte seiner Klienten und eigene Beobachtungen
zunächst möglichst viele objektive Tatsachen. Dann lässt er der Logik freien
Lauf. Ein winziges Detail reicht ihm, um eine ganze Reihe von verblüffenden
Schlussfolgerungen zu ziehen. Trotz gründlicher Untersuchung kann Watson
in „Der blaue Karfunkel"[2] an dem verstaubten, fleckigen Hut keine Informationen über dessen Besitzer entdecken – Holmes schon: […] Da der Hut eine
sehr gute Qualität hat und rund drei Jahre alt ist, war der Besitzer vor drei
Jahren wahrscheinlich wohlhabend. Nun macht er allerdings schlechte Zeiten
durch, denn sonst hätte er sich schon längst einen neuen Hut zugelegt. […]
Hausstaub auf dem Hut verrät dem Meisterschnüffler, dass der Mann nur
selten fortgeht, Schweißflecken im Hutinneren, dass er schnell schwitzt und
darum in körperlich schlechter Form ist. Der Mann hat graue Haare, die vor
kurzem noch geschnitten wurden und die er mit Zitronencreme pflegt – das
erkennt Holmes an den winzigen Haarspitzen, die er im Hut findet. Und: Der
Hutbesitzer hat wahrscheinlich keinen Gasanschluss im Haus – auf dem Hut
befinden sich Talgspritzer[3]. Also, folgert Holmes, hat der Mann häufig Kontakt
mit Talglichtern, „wenn er nachts die Treppe hinaufgeht, wahrscheinlich den
Hut in der einen Hand, eine tropfende Kerze in der anderen." Fast überflüssig
zu erwähnen, dass Holmes mit seinen Vermutungen recht behält. […]

1 **die Deduktion:** Herleitung des Besonderen vom Allgemeinen
2 **„Der blaue Karfunkel":** Sherlock-Holmes-Kurzgeschichte von Sir Arthur Conan Doyle
3 **die Talgspritzer:** gelbliches Fett, das für Kerzen verwendet wird

Planet Wissen, Westdeutscher Rundfunk, Köln (https://www.planet-wissen.de/kultur/literatur/sherlock_holmes_ein_literarisches_phaenomen/pwieholmesmethodebeobachtungundlogik100.html, Zugriff: 03.01.2021)

M4 **Holmes als Denkmal**   *Alfried Schmitz*

Nicht nur in London gibt es ein Sherlock-Holmes-Denkmal, sondern auch auf dem europäischen Festland. Wo steht es? Und warum gerade dort?

Geoffrey Taunton,
Alamy Stock Photo

[…] Bei einem Urlaub in der Schweiz, im Berner Oberland, kam ihm [Arthur Conan Doyle] die Idee, wie er sich Sherlock Holmes entledigen könnte: In „The Final Problem" (deutsch: „Das letzte Problem") kommt es an den Reichenbachfällen in der Nähe des schweizerischen Ortes Meiringen zwischen Holmes und seinem Widersacher Professor Moriarty zu einem Kampf auf Leben und Tod. Beide stürzen dabei den 100 Meter tiefen Abgrund hinunter, in die tosende Gischt des Wasserfalls. Der Todestag ist im Roman auf den 4. Mai 1891 datiert […]. Als Doyle seinen Meisterdetektiv einige Jahre später dann doch wieder […] auferstehen ließ, begründete er das Überleben seines Helden so: Holmes habe sich an einem Grasbüschel mit letzter Kraft festhalten können. In der Nähe des Schauplatzes dieses spektakulären Kampfes […] erinnert heute ein Museum an den Detektiv. Genau wie das Museum in der Londoner Baker Street wurde auch dieses Museum im schweizerischen Ort Meiringen zur Pilgerstätte für Holmes-Fans. Vor dem Museum steht auf dem sogenannten „Conan Doyle Square" eine lebensgroße Holmes-Statue, die der englische Bildhauer John Doubleday 1988 für ein Honorar von 60.000 Schweizer Franken anfertigte. Außerdem erinnert am Fuße der nahegelegenen Reichenbachfälle eine Gedenktafel an jenen 4. Mai 1891 […].

Planet Wissen, Westdeutscher Rundfunk, Köln (https://www.planet-wissen.de/kultur/literatur/sherlock_holmes_ein_literarisches_phaenomen/pwiewissensfrage524.html, Zugriff: 03.01.2021)

M5 Sherlock Holmes als urbritischer Held

„Wenn du das Unmögliche ausgeschlossen hast, dann ist das, was übrig bleibt, die Wahrheit, wie unwahrscheinlich sie auch sein mag." Mit solch nüchternen Betrachtungen wurde Sherlock Holmes zum wohl bekanntesten Detektiv der Literaturgeschichte. Und nicht nur das: Sein Name wurde zum Synonym des analytisch-rational denkenden Stereotyps des Detektivs. Die Romane haben unser Bild davon geprägt, wie ein Detektiv auszusehen hat: Inverness-Mantel[1], Jagdkappe […] und Pfeife im Mund. […] „Sherlock Holmes ist das, was einem typisch britischen Superhelden am nächsten kommt", erklärt Toby Finlay, einer der Autoren der erfolgreichen BBC-Serie „Sherlock" […]. Je länger es her ist, dass die ersten Bände im späten 19. Jahrhundert erschienen sind, desto realer scheint Holmes zu werden, desto mehr meint man, dass sich dahinter eine historische Figur verstecken müsste. Das liegt daran, dass Conan Doyle für seinen Sherlock Holmes eine fiktive Welt geschaffen hat, die aber so genau durchdacht ist, dass man sie ohne Weiteres als Realität anerkennen kann. Bis ins 21. Jahrhundert hinein gab es deshalb eine große Schar von Anhängern, die fest davon überzeugt waren, dass Sherlock Holmes wirklich gelebt hat. Vor dem geistigen Auge des Lesers passt dann alles wunderbar zusammen: die Details des viktorianischen Lebens in England, historische Ereignisse, die ihre Schatten in die Geschichten um den Detektiv werfen, detailgenaue Beschreibungen von Figuren und Orten […] Conan Doyle hat die Welt des Sherlock Holmes mit genau solcher forensischer Genauigkeit kreiert, wie er seinen Detektiv in dessen Fällen ermitteln lässt. Ein weiterer Beweis für die anhaltende Faszination, die von Sherlock Holmes ausgeht, sind die zahllosen neuen Verarbeitungen und Interpretationen der Romane […]. Viele der von Arthur Conan Doyle verfassten Geschichten wurden auch verfilmt […]. Aus all diesen Verfilmungen sticht aber die BBC-Fernsehserie „Sherlock" (2011/2012) deutlich heraus. Dafür hat die BBC ein interessantes Experiment gewagt und die klassischen Kriminalgeschichten aus dem viktorianischen Umfeld herausgeholt und in ein modernes, elektronisch gestaltetes Umfeld verpflanzt […]

Mary Evans Picture Library, Picture Alliance GmbH

1 Inverness-Mantel: wetterfester, ärmelloser Außenmantel; die Arme ragen aus den Armlöchern unter einem Umhang heraus
England.de, apromo® Limited, Derbyshire, Unitedt Kingdom, https://www.england.de/london/london-buchtipps/sherlock-holmes, Zugriff: 03.01.2021

M6 „Sherlock Holmes" – Bald singt er wieder in Hamburg

Seit Januar 2019 gibt es nun auch ein Musical rund um den berühmten Detektiv Sherlock Holmes – *Next Generation* heißt das Stück. Darin singt der popkulturberühmte, aber spleenige Detektiv am First Stage Theater in Hamburg-Altona an der Seite von Dr. Watson. Beide sind auf der Suche nach Professor Moriarty, dem üblichen Verdächtigen, dem kriminellen Genie. Gespickt sind die Texte mit aktuellen politischen Anspielungen auf Merkel, Brexit und Co. Es dauerte ganze sieben Jahre, den Plot zu entwerfen, und das Musical musste sich zwangsläufig auch mit der BBC-Serie Sherlock um Schauspieler Benedict Cumberbatch messen lassen. Aber die Story von Regisseur Rudi Reschke funktioniert auch gesungen zur exzellenten Livemusik der Band, die hinter einem Vorhang spielt. Very British!

D Prüfungsaufgaben zum Themenbereich „Medien und Kultur"

D 5 Aufgabentyp 2: Sprachenreichtum an unserer Schule
(selbstständiges Üben)

Teil II

Am 1. Juli findet an deiner Schule ein Projekttag „Sprachenreichtum an unserer Schule" statt. Dafür wird ein Ordner zur Vorbereitung erstellt, der allen Schülerinnen und Schülern sowie Lehrkräften zur Verfügung steht. Du bist gebeten worden, für den Vorbereitungsordner einen informierenden Text zum Thema „Mehrsprachigkeit" zu verfassen. Um deinen Text schreiben zu können, bekommst du eine Materialsammlung (M1 – M7).

AUFGABENSTELLUNG

1 **Verfasse** auf der Grundlage der Materialien M1 – M7 einen **informierenden Text** zum Thema „Mehrsprachigkeit". Schreibe nicht einfach aus den Materialien ab, sondern achte auf eine eigenständige Darstellung in einem zusammenhängenden Text.

Gehe dabei so vor:
a) **Formuliere** für den Text eine passende Überschrift.
b) **Schreibe** eine Einleitung, in der du kurz **erklärst**, was Mehrsprachigkeit ist.
c) **Stelle** die Vorteile und die Herausforderungen **dar**, wenn man von Geburt an mehrsprachig aufwächst.
d) **Erläutere**, wie sich die Meinungen zu „Mehrsprachigkeit ab Geburt" geändert haben.
e) **Schlussfolgere** anhand der Materialien und eigener Überlegungen, warum Mehrsprachigkeit in der Zukunft noch wichtiger wird.
f) **Notiere** unterhalb des Textes die von dir genutzten Materialien.

M1 Definitionen

a) Mehrsprachigkeit von Geburt an
Hinsichtlich von zweisprachig aufwachsenden Kindern ist damit gemeint, dass zwei Sprachen zur gleichen Zeit erworben werden: Zweisprachig aufwachsende Kinder lernen also die Laute, Wörter und die Grammatik von mindestens zwei unterschiedlichen Sprachen gleichzeitig.

Deutscher Bundesverband für Logopädie e.V.: Mehrsprachigkeit von Geburt an (http://www.dbl-ev.de/service/eu-tag-der-logopaedie/2014/mehrsprachigkeit-was-ist-das.html; Seitenaufruf 18.01.16), verändert

b) Mehrsprachigkeit durch Fremdsprachenunterricht
Mehrsprachigkeit, die durch das gesteuerte Unterrichten einer fremden Sprache im Klassenzimmer entsteht.

Dieter Wolff: Spracherwerb und Sprachbewusstheit: Sind mehrsprachige Menschen bessere Sprachenlerner? Bergische Universität Wuppertal, 2010

c) Unterscheidungsmerkmale bei Mehrsprachigkeit
Es handelt sich um unterschiedliche Arten von Mehrsprachigkeit, je nachdem, ob man mehrere Sprachen von Kind auf gleichzeitig erwirbt oder sie nacheinander lernt. Dann bestehen die Unterschiede darin, ob man die Sprache in einer natürlichen Umgebung erwirbt oder ob man sie in der Schule lernt. Und schließlich muss man noch unterscheiden, ob man die Sprachen als Kind oder als Erwachsener erwirbt.

Claudia Maria Riehl: Mehrsprachigkeit. Eine Einführung. Darmstadt: Wissenschaftliche Buchgesellschaft, 2015. S. 11.

Quelle (Aufgaben): Qualitäts- und UnterstützungsAgentur – Landesinstitut für Schule, Soest 2016

90

D Prüfungsaufgaben zum Themenbereich „Medien und Kultur"

M2 **Wanderer zwischen den Wortwelten** *Bas Kast*

Mit mehr als einer Sprache groß zu werden, ist für Kinder ein Problem – so eine verbreitete Ansicht. Das widerlegen aktuelle Studien: Wer von klein auf nicht nur eine Muttersprache hat, ist im Schnitt sogar schlauer!

Zweisprachigkeit macht blöd! So lautet etwas salopp die These, von der die Psychologen Elizabeth Peal und Wallace Lambert ausgingen, als sie Anfang der 1960er Jahre untersuchten, wie sich zweisprachige Erziehung auf die Kindesentwicklung auswirkt. Die Forscher von der McGill University im kanadischen Montreal vertraten damit nichts anderes als die einstige Lehrmeinung unter Pädagogen. Seit dem 19. Jahrhundert hatten Erziehungsexperten eindringlich vor den vermeintlichen Gefahren des Bilingualismus[1] gewarnt. „Wenn es für ein Kind möglich wäre, in zwei Sprachen gleichzeitig zu leben – umso schlimmer! Sein intellektuelles Wachstum wird dadurch nicht verdoppelt, sondern halbiert", urteilte etwa der Schotte Simon Somerville Laurie (1829 – 1909), erster Professor für Theorie, Geschichte und Kunst der Erziehung an der University of Edinburgh. Die Sache schien also schon ausgemacht, ehe das kanadische Forscherduo knapp ein halbes Dutzend Montrealer Schulen betrat, um die geistige Fitness der zehnjährigen Schüler per IQ-Test auf die Probe zu stellen. Amtssprache in Montreal ist Französisch; nicht wenige Kinder jedoch hatten das „Pech", zusätzlich mit Englisch aufzuwachsen. Sie würden nicht nur bei der Intelligenzprüfung (vor allem in deren sprachlichen Teilen) schlechter abschneiden, sondern auch in den schulischen Leistungen ihren Klassenkameraden hinterherhinken, glaubten Peal und Lambert. Die Überraschung folgte: Keine der Hypothesen ließ sich bestätigen! Die zweisprachigen Kinder hatten im Gegenteil sogar bessere Noten als die einsprachigen, und sie waren in fast jedem IQ-Test, ob verbal oder nichtverbal, ihren Mitschülern teils weit überlegen. Bei keinem Aufgabentyp hatten einsprachige Schüler die Nase vorn. Heute wissen wir: Ja, eine zweisprachige Erziehung hat Nebenwirkungen – allerdings sind diese in den meisten Fällen nicht bedenklich, sondern überaus wünschenswert. Die möglichen negativen Folgen sind schnell erzählt. Sie betreffen das Vokabular. Zweisprachige Kinder kennen in den einzelnen Sprachen im Schnitt etwas weniger Wörter als einsprachige. Zeigt man ihnen einen bestimmten Gegenstand, brauchen Zweisprachige außerdem einen Tick länger, um die entsprechende Bezeichnung aus den Tiefen des Wortgedächtnisses hervorzuholen. Das war's! Die Furcht vor einem verzögerten Spracherwerb oder anderen geistigen Schwächen hat sich in empirischen Studien als unbegründet erwiesen. Zweisprachig aufwachsende Kleinkinder sprechen ihr erstes Wort im Alter von etwa einem Jahr, genau wie einsprachige. Auch im weiteren Entwicklungsverlauf zeigten sich keine nennenswerten Auffälligkeiten – zumindest keine negativen. Vielmehr haben zahlreiche Untersuchungen der vergangenen Jahre immer neue Pluspunkte zu Gunsten der Zweisprachigkeit offenbart. Die Vorteile reichen dabei von den ersten Lebensmonaten bis ins hohe Alter.

---

1 **Bilingualismus:** Mehrsprachigkeitsform, bei der eine Person zwei Sprachen auf muttersprachlichem Niveau beherrscht

Bas Kast, „Wanderer zwischen den Wortwelten". Gehirn&Geist; 06/2013, Nutzung genehmigt durch Spektrum der Wissenschaft Verlagsgesellschaft mbH, Heidelberg 2021

D Prüfungsaufgaben zum Themenbereich „Medien und Kultur"

M3 **Wie hoch ist der Anteil mehrsprachiger Personen in Deutschland?**

Mehrsprachigkeit nimmt weltweit zu. Es wird geschätzt, dass mehr als die Hälfte aller Kinder inzwischen mit zwei oder mehr Sprachen aufwachsen. [...] Auch in Deutschland nimmt der Anteil mehrsprachiger Personen und insbesondere mehrsprachig aufwachsender Kinder stetig zu. Eine genaue Schätzung
5 ist problematisch, weil die Sprachlichkeit in den offiziellen Statistiken nicht direkt ausgewiesen wird. Die [...] übliche Gleichsetzung von Mehrsprachigkeit und Migrationshintergrund ist jedoch sehr ungenau, da nicht alle Kinder aus Familien mit Migrationshintergrund auch mehrsprachig aufwachsen. Und umgekehrt nicht alle mehrsprachig aufwachsenden Kinder aus Familien mit
10 Migrationshintergrund stammen. So können die geschätzten Angaben von aktuell etwa einem Drittel mehrsprachig aufwachsender Vorschulkinder (Studie aus dem Jahr 2010) nur einen ungefähren Anhaltspunkt geben.

Ritterfeld, Ute & Lüke, Carina: Wie hoch ist der Anteil mehrsprachiger Personen in Deutschland? Aus: Ritterfeld, Ute & Lüke, Carina: Mehrsprachen-Kontexte. Erfassung der Inputbedingungen von mehrsprachig aufwachsenden Kindern. Aus: http://www.sk.tu-dortmund.de/media/other/Mehr sprachen-Kontexte.pdf (Seitenaufruf 11.08.15), verändert

M4 **Veraltete Vorurteile**

Es gibt noch immer viele Vorurteile gegen Mehrsprachigkeit und mehrsprachige Menschen. Aus der Forschung wissen wir, dass diese Vorurteile nicht stimmen.
– Für ein Kind ist es nicht verwirrend, zwei oder mehrere Sprachen zu hören und zu sprechen. Der Spracherwerb wird durch Mehrsprachigkeit nicht er-
5 schwert.
– Der gleichzeitige Erwerb von mehreren Sprachen führt nicht zu Problemen in der sprachlichen oder körperlichen Entwicklung.
– Mehrsprachigkeit führt nicht zu Sprachstörungen und verschlimmert nicht bereits vorhandene Störungen.

Berliner Interdisziplinärer Verbund für Mehrsprachigkeit (Herausgeber): Veraltete Vorurteile. Aus: Info-Flyer Nr. 2. So geht Mehrsprachigkeit. Vorurteile überwinden & Vorteile nutzen; Berlin 2014 (http://www.zas.gwz-berlin.de/fileadmin/projekte/bivem/Flyer%20So%20gehts/BIVEM-Flyerreihe2_deutsch.pdf; Seitenaufruf am 22.02.2021)

M5 **Mehrsprachigkeit als Normalfall**

Deutschland	Deutsch
Ghana	Englisch, afrikanische Sprachen
Gibraltar	Englisch (Schule und amtliche Zwecke), Spanisch, Italienisch, Portugiesisch
Grönland	Grönländisch (East Inuit), Dänisch, Englisch

Welt auf einen Blick: Mehrsprachigkeit als Normalfall. SeBaWorld, Berlin. Hrsg.: Sebastian Barzel (http://www.welt-auf-einen-blick.de/bevoelkerung/sprachen.php, Seitenaufruf 18.01.2016)

D Prüfungsaufgaben zum Themenbereich „Medien und Kultur"

M6 **Die Bedeutung von Mehrsprachigkeit für die Gesellschaft**

Mehrsprachigkeit ist gesellschaftlich wichtig:
- Sprachenvielfalt im eigenen Land erleichtert und fördert Wirtschaftsbeziehungen. Für internationale Unternehmen und Organisationen zählt zwei- und mehrsprachiges Personal als wichtiger wirtschaftlicher Vorteil.
- Politisch gesehen haben Mehrsprachige eine Brückenfunktion als Vermittler   5
  zwischen verschiedenen Kulturen. Mit der Sprache lernt man auch Sichtweisen, Gespräche führen und kulturell geprägtes Verhalten. Man lernt daher auch ein Stück weit, andere Kulturen zu verstehen, und damit auch eine gewisse Toleranz.
- Auch die durch Tests bewiesene höhere Kreativität mehrsprachiger Sprecher   10
  und Gruppen kann positiv für die Gesellschaft genutzt werden.

Claudia Maria Riehl: Mehrsprachigkeit. Eine Einführung. Darmstadt: Wissenschaftliche Buchgesellschaft, 2015. S. 18–19.

M7 **Meinungen mehrsprachiger Jugendlicher**

„Ich bin zweisprachig aufgewachsen, weil meine Mutter Deutsche ist und mein Vater Italiener. Obwohl sie auch Italienisch sprechen kann, hat meine Mutter immer Deutsch und mein Vater immer Italienisch mit mir gesprochen. Als ich noch klein war, habe ich meistens nicht auf Italienisch geantwortet, aber mein Vater hat es trotzdem mit mir gesprochen. Verstanden habe ich es auch   5
und dann einfach auf Deutsch geantwortet – ich war einfach zu faul. [...] In Italien selbst habe ich trotzdem keine Probleme, mich zu verständigen, und ich verstehe auch alles. Nur manchmal fehlen mir Vokabeln für besondere Dinge – darin bin ich nicht ganz so gut wie jemand, der dort aufgewachsen ist."

„Ich habe eine deutsche Mutter und einen ägyptischen Vater. In Ägypten, wo ich geboren und aufgewachsen bin, hat meine Mutter mit mir Deutsch geredet, mein Vater mit mir Arabisch. Untereinander haben sie Englisch gesprochen. Deshalb bin ich praktisch mit drei Sprachen aufgewachsen. [...]
Hin und wieder habe ich schon Aussetzer. Dann fange ich einen Satz an   5
und komme zu einem Wort, das ich gerade nur auf Englisch und nicht auf Deutsch weiß. Das ist eben ein Problem, wenn die einzelnen Sprachen nicht so ausgeprägt sind. Mit deutschen Fachbegriffen bin ich zum Beispiel nicht so gut. Da merkt man dann schon einen Unterschied. Ich habe auch versucht, Französisch zu lernen. Aber dadurch, dass ich die anderen drei Sprachen so   10
nebenbei gelernt habe, keine Karteikarten mit Vokabeln auswendig lernen musste, fiel mir das schon schwer."

Karoline Kuhla: Sprachenmix in der Familie. Mehrsprachig aufgewachsen. Meinungen eines mehrsprachig aufgewachsenen Jugendlichen. fluter – Magazin der Bundeszentrale für politische Bildung, 18.06.2011

E Prüfungsaufgaben zum Themenbereich „Eine Frage der Beziehung"

In diesem Kapitel bearbeitest du zu dem Thema „Eine Frage der Beziehung" mehrere Prüfungsbeispiele. Notiere die benötigte Arbeitszeit (siehe Seite 5).

E 1 Leseverstehen: Wie das Minenfeld der Peinlichkeit umgangen wird (angeleitetes Üben)

Teil I

Lies zunächst den Text sorgfältig durch. Bearbeite anschließend die Aufgaben **1** – **16**.

Wie das Minenfeld der Peinlichkeit umgangen wird

(1) Jugendliche drucksen oft herum, wenn es um miese Zensuren, mobbende Mitschüler oder die erste Liebe geht. Mit einer cleveren Strategie wird's nicht ganz so peinlich. Auch Eltern ist manches unangenehm.
Es gibt Themen, die Jugendlichen peinlich sind und nur schwer über die Lippen
5 gehen. Worüber muss man trotzdem mit ihnen reden? „Eltern müssen nicht alles wissen, es ist aber gut, wenn sie einschätzen können, wie es ihrem Kind geht", sagt Ulric Ritzer-Sachs von der Bundeskonferenz für Erziehungsberatung. Ob Jugendliche sich den Eltern gerne anvertrauen, ist von Fall zu Fall unterschiedlich, erklärt der Experte. Gibt es in einer Familie schon immer einen
10 regen Austausch, dann herrscht eine Kultur des Erzählens. In der fällt es leicht, auch peinliche Themen anzusprechen. Doch was, wenn es eine solche Erzählkultur nicht gibt?
(2) Besonders schwierig ist oft das Thema Liebe und Sexualität. Ob Jugendliche mit ihren Eltern über ihren heimlichen Schwarm, die erste Beziehung oder das
15 erste Mal sprechen, sollten sie nach Gefühl entscheiden, rät Psychotherapeut und Buchautor Joachim Braun. Ein Richtig und Falsch gibt es nicht: „Es ist natürlich toll, wenn man das Gefühl hat, mit den Eltern über Liebe und Sexualität sprechen zu können – es ist aber auch völlig in Ordnung, es nicht zu tun." Jugendliche haben ein Recht auf Intimsphäre[1], sagt Braun. Alternativ könne
20 man auch mit den Freunden darüber sprechen. Geht es um die Erlaubnis, bei der Freundin oder dem Freund zu übernachten, muss man die Eltern natürlich fragen. Halten die ihren Nachwuchs noch für zu jung dafür, kann man versuchen, ihnen die Ängste zu nehmen, erklärt Psychotherapeutin Christiane Wempe. Wer sagt: „Macht euch keine Sorgen, ich habe in der Schule gelernt,
25 wie Verhütung funktioniert", kann die Eltern eventuell beruhigen.
(3) Bei schlechten Noten in der Schule oder einer gefährdeten Versetzung gilt: So früh wie möglich erzählen, meint Ritzer-Sachs. Die meisten Eltern finden es besonders schlimm, erst kurz vor einem miesen Zeugnis oder einer gefährdeten Versetzung informiert zu werden. Erfahren sie rechtzeitig von
30 Problemen, können sie noch reagieren. Christiane Wempe rät, schlechte Noten eventuell getrennt zu beichten: Reagiert ein Elternteil absehbar gereizt darauf, sprechen Kinder vielleicht zuerst mit dem anderen.
(4) Andere Schulprobleme sind möglicherweise noch unangenehmer: Vielen Jugendlichen fällt es besonders schwer, darüber zu sprechen, wenn sie ge-
35 mobbt oder ausgegrenzt werden. Trotzdem sollte man sich den Eltern in so

einem Fall unbedingt anvertrauen, rät Joachim Braun. „Nur wenn man sich den Eltern öffnet, haben die auch eine Chance zu helfen." Und das können die Eltern meistens ganz gut: „Bei Mobbing ist es wichtig, dass Jugendliche, Eltern und Lehrer zusammenarbeiten und ein Netzwerk bilden", erklärt der Buchautor. Häufig ist es einfach, Mobbing zu unterbinden, wenn man es öf- 40 fentlich macht, sagt auch Ulric Ritzer-Sachs. Und manchen Jugendlichen hilft es beim Berichten von Hänseleien, den Eltern vorher zu sagen: „Ich möchte erst mal nur erzählen – ohne dass ihr euch direkt einmischt." Danach können Eltern und Kinder gemeinsam und in Ruhe überlegen, wie es weitergeht.

(5) Ein besonders sensibles Thema für Jugendliche ist die Scheidung der Eltern. 45 „Viele Jugendliche belastet es, wenn die Eltern sich trennen", sagt Christiane Wempe. „Das Thema zu Hause anzusprechen ist ihnen aber unangenehm, weil sie den Eltern aber nicht noch mehr Sorgen bereiten wollen." Dazu fürchten sie häufig negative Reaktionen, zum Beispiel die Abwertung des anderen Elternteils, erklärt Wempe. 50 Tatsächlich sind viele Eltern, die gerade in der Hochphase der Scheidung stecken, nicht objektiv. „Manchmal ist es dann sinnvoller, wenn sich Jugendliche Beratung von außen holen – etwa bei Freunden, deren Eltern auch geschieden sind, oder bei einem Therapeuten", sagt Wempe.

(6) Bei manchen Themen haben Jugendliche keine Wahl: Immer wenn es 55 um Vereinbarungen und Erlaubnisse geht, muss man die Zähne auseinander bekommen und mit den Eltern sprechen, sagt Joachim Braun. Ausgehzeiten, das Taschengeld, das erste Mal bei der Freundin oder dem Freund übernachten: „Wer etwas aushandeln will, sollte den Konflikt mit den Eltern wagen – auch wenn das manchmal schwer fällt", rät Braun. 60

(7) Vor so einem Gespräch sollten sich Jugendliche fragen, wie sie die Eltern überzeugen können, empfiehlt Ritzer-Sachs. Außerdem sucht man sich am besten einen ruhigen Moment, in dem die Eltern selbst entspannt sind, vielleicht sogar mit einem fest vereinbarten Termin.

Wer fürchtet, die Eltern könnten die Bitte abschlagen, ohne dass man sein 65 Anliegen überhaupt richtig erklärt hat, kann auch Regeln für das Gespräch festlegen – etwa, dass er erst eine Viertelstunde zum Reden bekommt und die Eltern zuhören müssen. Das ist zwar nicht immer leicht, sagt Ritzer-Sachs. Aber auch bei Verhandlungen mit den Eltern gilt: Übung macht den Meister. 70

1 **die Intimsphäre:** der private Lebensbereich eines Menschen; die intimsten, innersten bzw. persönlichsten Gedanken und Gefühle

Marie Blöcher: Peinliche Themen: Was die Eltern wissen müssen und was nicht. Welt Online 19.12.2015 (http://www.welt.de/gesundheit/psychologie/article150142580/Wie-das-Minenfeld-der-Peinlichkeit-umgangen-wird; Stand: 21.12.2015) © dpa

---

LÖSUNGSHILFEN zu **1** – **16**

1 Bevor du dich den Aufgaben zuwendest, solltest du das Textmaterial sorgfältig erschlossen haben:
- unbekannte Begriffe sind geklärt,
- Schlüsselwörter markiert,
- Sinnabschnitte gebildet und Zwischenüberschriften formuliert.

Oftmals sind die vorgegebenen Texte zu deiner Orientierung schon in Sinnabschnitte gegliedert.

E Prüfungsaufgaben zum Themenbereich „Eine Frage der Beziehung"

2 Lies jede Aufgabe: Markiere dazu Verben und Schlüsselwörter. Achte darauf, ob in der Aufgabe Singular oder Plural verwendet wird. *Kreuze die richtige/n Antwort/en an.* So erhältst du einen Hinweis darauf, wie viele Antworten du ankreuzen musst.

AUFGABEN **1** – **16**

1 Welche der folgenden Aussagen ist richtig?
Beziehe dich dabei auf den Text.
Kreuze die richtige Antwort an.
Laut Text …

a) gibt es Gesprächsthemen, die Eltern und Jugendlichen gleichermaßen peinlich sind. ☐

b) sprechen Eltern mit ihren Kindern gerne offen über alle Probleme aus dem Alltag. ☐

c) sind Jugendliche durchgängig gesprächsbereit, weil sie Tipps zum richtigen Handeln von ihren Eltern haben möchten. ☐

TIPP zu **1** bis **4**

1. Die Aufgaben kannst du mithilfe deiner Vorarbeit (= Texterschließung) bearbeiten. Je genauer du Schlüsselwörter und Zwischenüberschriften formuliert hast, desto leichter kannst du dich zur Rückversicherung im Text orientieren.

2. Wenn deine Anzahl an Sinnabschnitten von der vorgegebenen Anzahl (vgl. Aufgabe **2**) abweicht, fasse Abschnitte zusammen oder teile sie weiter auf.

3. Wenn du Textaussagen umschreiben sollst, formuliere in eigenen Worten und in ganzen Sätzen. Greife dazu den Wortlaut der Aufgabenstellung auf, z. B. Aufgabe **3**: *Mit der Überschrift ist gemeint, dass …*

2 Der Text lässt sich in sieben Sinnabschnitte einteilen. Notiere zu jedem Sinnabschnitt eine passende Überschrift.

Abschnitt	Zeilenangaben	Überschrift
1	Z. 1 – 12	
2	Z. 13 – 25	
3	Z. 26 – 32	
4	Z. 33 – 44	
5	Z. 45 – 54	
6	Z. 55 – 60	
7	Z. 61 – 70	

3 Im Text heißt es in der Überschrift: „Wie das Minenfeld der Peinlichkeit umgangen wird".

a) Kreuze an, welches sprachliche Gestaltungsmittel hier verwendet wird:

☐ Personifikation   ☐ Alliteration   ☐ Euphemismus   ☐ Metapher   ☐ Antithese

b) Erkläre die Überschrift in eigenen Worten.

_____

_____

_____

_____

E Prüfungsaufgaben zum Themenbereich „Eine Frage der Beziehung"

4 Im Text werden verschiedene Themen genannt, die Jugendlichen peinlich sind.
Kreuze die richtigen Antworten an.

a) schlechte Zensuren in der Schule ☐

b) Kriminalität ☐

c) erste Liebe ☐

d) Sexualität ☐

e) mobbende Mitschüler ☐

f) gefährdete Versetzung ☐

g) Diebstahl ☐

h) Streit in der Familie ☐

i) Trennung der Eltern ☐

j) Drogenmissbrauch ☐

TIPP zu **5** bis **14**

1. Wenn du Aufgaben zu einer bestimmten Textstelle bearbeiten sollst, lies noch einmal nach. Beachte auch die Passagen kurz vor und nach dieser Textstelle, z. B. Aufgaben **5** – **14**.
2. Häufig werden dir auch Aufgaben zur formalen oder sprachlichen Gestaltung des Textes sowie zur Textart und ihrer Wirkungsweise gestellt. Schaue dir zur Bearbeitung dieser Aufgaben noch einmal die Quelle des Textes an und beachte die Schreibweise, z. B. Aufgaben **12** – **14**.
3. Ebenso wird überprüft, ob du verstanden hast, warum der Autor den Text verfasst hat. Beachte dazu die Funktion des Textes: *unterhaltend, informativ, appellativ, argumentativ, expressiv ...*, z. B. Aufgabe **14**.

---

5 In Zeile 10 wird von einer „Kultur des Erzählens" gesprochen. Was ist damit gemeint?
Kreuze die richtige Erklärung zu diesem Zitat an.

a) Damit ist gemeint, dass Jugendliche den Eltern lieber von anderen Dingen erzählen,
weil ihnen manches peinlich ist. ☐

b) Jugendliche wollen ihren Eltern nicht alles anvertrauen. Deshalb erzählen sie ihnen
nicht von allen Problemen. ☐

c) Damit ist der rege Austausch zwischen Jugendlichen und Eltern über Probleme gemeint,
die die Jugendlichen im Alltag beschäftigen. ☐

6 Erkläre mit eigenen Worten, welche Folgen eine solche „Erzählkultur" haben kann.

_____

_____

7 In Zeile 19 heißt es: *„Jugendliche haben ein Recht auf Intimsphäre (...)"*. Kreuze an, welchen Vorschlag der Psychotherapeut Joachim Braun macht, um dennoch Gespräche zu ermöglichen.

a) Jugendliche sollen sich ihren Freunden anvertrauen. ☐

b) Jugendliche sollen mit ihren Lehrern reden. ☐

c) Jugendliche sollen diese Dinge lieber für sich behalten. ☐

97

E Prüfungsaufgaben zum Themenbereich „Eine Frage der Beziehung"

8 Welche Tipps gibt der Experte Joachim Braun bei Mobbing oder Ausgrenzung in der Schule? Kreuze an, welche Strategien im vierten Sinnabschnitt (ab Z. 36) empfohlen werden.

a) Jugendliche sollten sich in jedem Fall den Eltern anvertrauen, denn nur dann können Eltern unterstützen. ☐

b) Mobbing sollte man für sich behalten, da Eltern in der Schule nichts ausrichten können. ☐

c) Jugendliche, Eltern und Lehrer sollten zusammenarbeiten und gemeinsam überlegen, wie man vorgehen könnte. ☐

d) Im Fall von Mobbing in der Schule können nur Freunde helfen, denen man alles erzählen sollte. ☐

e) Mobbing muss öffentlich gemacht werden, um es unterbinden zu können. ☐

f) Jugendliche sollten vor dem Gespräch die Eltern darum bitten, in Ruhe erzählen zu können, ohne dass die Eltern sie unterbrechen. ☐

9 Nenne drei Gründe dafür, warum die Trennung oder die Scheidung der Eltern ein besonders sensibles Thema für viele Jugendlichen ist (Z. 45 – 54).

_____

_____

_____

_____

10 Der Text enthält viele Ratschläge dazu, wie Jugendliche sich auf schwierige Gespräche mit ihren Eltern vorbereiten können. Kreuze an, welche Strategien vom Verfasser vorgeschlagen werden.

a) vor dem Gespräch Argumente sammeln ☐

b) einen ruhigen Moment abwarten ☐

c) die Eltern am besten abends ansprechen ☐

d) ggf. einen festen Termin vereinbaren ☐

e) Regeln für das Gespräch vereinbaren, z. B. feste Redezeiten ☐

f) statt ein Gespräch zu führen, lieber einen Brief schreiben ☐

g) Gespräche miteinander mehrmals üben ☐

h) möglichst mit den Großeltern sprechen ☐

i) Beratung von außen holen, wenn Gespräch mit Eltern nicht möglich ☐

11 Erkläre in diesem Zusammenhang die letzte Aussage des Textes in eigenen Worten: „Übung macht den Meister." (Z. 69/70).

_____

_____

_____

_____

E Prüfungsaufgaben zum Themenbereich „Eine Frage der Beziehung"

12 Im Text werden verschiedene Experten zitiert. Kreuze an, aus welchen Bereichen diese stammen.

☐ Erziehungsberatung ☐ Schule ☐ Psychotherapie ☐ Familienberatung

13 Welche Funktion haben die Zitate im Text? Kreuze die richtigen Wirkungsweisen an.

a) Die Zitate werden genutzt, um den Text ausführlicher und komplexer zu gestalten, denn die Probleme kennt jeder Leser schon. ☐

b) Die Tipps und Ratschläge tragen dazu bei, dass die Darstellung im Text glaubwürdiger und fundierter wirkt. ☐

c) Die Zitate der Experten machen den Text anschaulicher und deuten auf eine gute Recherche des Reporters hin. ☐

d) Die Meinungen der Experten sind Hinweise, nach denen sich jeder Jugendliche richten muss, damit er keine Probleme bekommt. ☐

14 Kreuze an, um welche Textart es sich handelt.

☐ Sachtext ☐ Erzählung ☐ Glosse ☐ Leserbrief ☐ Interview

15 Kreuze an, welche Absicht der Verfasser des Textes mit der Veröffentlichung verfolgt.

a) Der Verfasser des Textes möchte vorrangig kritisieren, dass Jugendliche mit ihren Eltern zu wenig über ihre Alltagsprobleme reden, und darauf hinweisen, dass Eltern sich mehr Zeit für ihre Kinder nehmen sollen. ☐

b) Der Autor möchte an die Jugendlichen appellieren, dass sie sich ihren Eltern gegenüber öffnen und häufiger über persönliche Probleme reden. Dabei versucht er davon zu überzeugen, alle Probleme offen zu thematisieren. ☐

c) Im Text soll über die Alltagsprobleme Jugendlicher informiert und darüber aufgeklärt werden, welche Strategien zur Verbesserung der Gesprächskultur zwischen Jugendlichen und Eltern beitragen können. ☐

TIPP zu 16

1. Am Schluss sollst du zumeist zu einem Zitat aus dem Text oder zu einer Aussage eines Schülers Stellung nehmen. Mache dir zunächst klar, ob du diese Ansicht teilen kannst.

2. Notiere nachvollziehbare und stichhaltige Argumente, die deine Position stützen. Beziehe dich dabei auf Textaussagen. Gib dazu die betreffenden Zeilenangaben an, z. B. *„Im Text werden je nach Problem unterschiedliche Strategien empfohlen. Beispielsweise sollte man sich während der Trennung der Eltern lieber Beratung von außen holen (Z. 51 – 53), weil Eltern nicht objektiv sind."*

---

16 Eine Schülerin äußert sich über diesen Zeitungsartikel: *„Das sind mit Sicherheit gute Tipps. Doch enden die Gespräche mit meinen Eltern zumeist im Streit. Hier gibt der Text keine Hinweise dazu, wie ich das vermeiden kann."* Kannst du diese Meinung nachvollziehen? Begründe deine Position nachvollziehbar und beziehe dich dabei auf den Text.

☐ Ja, ich bin auch dieser Meinung.   ☐ Nein, ich bin nicht dieser Meinung.

_____

_____

_____

E Prüfungsaufgaben zum Themenbereich „Eine Frage der Beziehung"

E 2 Original-Prüfung 2021: Leseverstehen: Erfolgreiche Teamarbeit. Diesen Typ braucht jede Gruppe (selbstständiges Üben)

Teil I

Lies zunächst den Text sorgfältig durch und bearbeite anschließend die Aufgaben **1** – **13**.

Erfolgreiche Teamarbeit. Diesen Typ braucht jede Gruppe
Julia Merlot

Die US-Weltraumbehörde NASA untersucht für ihre bemannte Marsmission[1] das Zusammenwirken in Gruppen. Die Erkenntnis: Soll ein Team erfolgreich sein, muss ein bestimmter Charakter[2] auf jeden Fall vertreten sein.

(1) Oft lässt sich der Nutzen der Raumfahrt für den Menschen auf der Erde
5 nicht sofort erkennen. Doch als Forscher am Sonntag auf einer Wissenschaftskonferenz in Washington neue Erkenntnisse zur Marsmission der NASA vorstellten, wurde schnell klar, dass diese den Alltag von uns allen verbessern könnten.
Die NASA will 2033 erstmals Raumfahrer auf die ungefähr 400 Millionen Ki-
10 lometer lange Reise zum Mars schicken. Eine der größten Herausforderungen dabei ist der Faktor Mensch. Denn für die Mission müssen die Astronauten mindestens drei Jahre lang Tag und Nacht auf engstem Raum zusammenleben und -arbeiten. Damit das klappt, erforscht die NASA nicht nur das Weltall, sondern auch die Psyche des Menschen. [...]
15 (2) Über zehn Jahre hat der Anthropologe[3] Jeffrey Johnson von der University of Florida in Gainesville die Dynamik[4] in kleinen Gruppen von 10 bis 28 Personen auf Forschungsstationen in der Antarktis untersucht und alte Dokumente von Südpolexpeditionen ausgewertet. „Was in den Teams passiert, kennt jeder: Die Gruppe schreibt einigen Mitgliedern inoffiziell Rollen zu, einer ist
20 der Anführer, einer Partykönig und einer der Clown", erklärt Johnson. Seine Forschung zeigt: Wie diese inoffiziellen Ämter besetzt werden, entscheidet über den Erfolg der gesamten Gruppe.
(3) Eine besonders große Rolle spielen dabei die Clowns, die Geschichtenerzähler und Komiker, berichtet Johnson. Das sei schon vor hundert Jahren
25 entscheidend gewesen – Roald Amundsen[5], der erste Mann, der es je zum Südpol geschafft hat, wäre wohl nie angekommen, wenn er nicht seinen humorvollen Koch dabei gehabt hätte. „Adolf Lindstrøm war ein robuster Typ, kindisch und unvoreingenommen, er hat viel gelacht und gut gekocht", erklärt Johnson. „Jeder mochte ihn." Wann immer es auf der Expedition
30 ins ewige Eis ein Problem gab, Crewmitglieder stritten oder Amundsen die Geduld verlor, habe Lindstrøm die Spannungen auflösen und die Gruppe zum Weiterziehen bewegen können. „Er hat mehr zur norwegischen Polarexpedition beigetragen als jeder andere", schrieb Amundsen 1911 in sein Tagebuch. [...]
35 (4) Wie wichtig eine Person mit Humor für eine positive Gruppendynamik ist, zeigt sich auch bei heutigen Südpolexpeditionen. Über Jahre hat Johnson auf Forschungsstationen in der Antarktis Daten von 15 verschiedenen Teams

E Prüfungsaufgaben zum Themenbereich „Eine Frage der Beziehung"

unterschiedlicher Nationalitäten gesammelt. Die Gruppe, die die Isolation am besten wegsteckte, hatte gleich vier Leute in für den Zusammenhalt wichtigen inoffiziellen Ämtern. „Drei Frauen kümmerten sich um Veranstaltungen – organisierten gemeinsame Abendessen oder Sportkurse", sagt Johnson. Im Zentrum der Gruppe stand aber auch hier ein „lustiger, sehr kluger Typ, der gern Geschichten erzählt." Diesmal war es ein Handwerker, der die Mannschaft zusammenhielt. „Er wirkte als Bindeglied zwischen den Forschern und dem Rest der Gruppe." [...]

(5) Den Expeditionsteams mit geringem Zusammenhalt fehlte dagegen genau diese Funktion, berichtet Johnson. Das Problem dabei ist, dass Gruppen dazu neigen, sich in möglichst homogene[6] Untergruppen aufzuspalten. Nach dem Motto „gleich und gleich gesellt sich gern" hängen Forscher mit anderen Forschern herum, Russen mit Russen, Amerikaner mit Amerikanern. „Deshalb braucht es die Clowns und Geschichtenerzähler – sie schaffen es mit Humor, die Untergruppen zu einem großen Team zu vereinen."

(6) Unklar war bislang allerdings, ob Clowns auch auf Marsflügen mit vier bis sechs Besatzungsmitgliedern die Stimmung retten können. Im Johnson Space Center in Houston beobachtet die NASA derzeit Gruppen in einem Simulator, der die Bedingungen auf dem Mars nachstellt. Bis zu 45 Tage müssen die Testkandidaten mit Schlafmangel, Gewackel und verzögerter Kommunikation zur Außenwelt klarkommen – und miteinander. Nun bestätigen die ersten Datensätze aus Houston die Beobachtungen vom Südpol, erzählt Johnson. [...]

(7) Ein weiteres Erfolgskriterium, das für alle Gruppengrößen gilt: „Die inoffizielle Rollenverteilung muss zur offiziellen Funktion der Leute passen", so Johnson. „Der offizielle Chef sollte auch inoffiziell von der Gruppe als Anführer anerkannt werden. Gelingt es ihm nicht, die Rolle auszufüllen, führt das zwangsläufig zu Auseinandersetzungen."
Im NASA-Versuch wich die inoffizielle Rollenverteilung bei zwei Gruppen von der offiziellen ab. Am Ende des Versuchs gaben die Mitglieder dann auch an, nicht freiwillig für drei Jahre gemeinsam zum Mars fliegen zu wollen.

1 **Marsmission:** Flug eines Raumschiffs zum Mars zu Forschungszwecken

2 **Charakter:** *hier:* Menschentyp

3 **Anthropologe:** Wissenschaftler, der sich mit dem Menschen und seiner Entwicklung beschäftigt

4 **Dynamik:** *hier:* Kräfte, die in der Gruppe wirken

5 **Roald Amundsen (1872 – 1928):** norwegischer Seemann und Polarforscher

6 **homogen:** gleichartig

DER SPIEGEL (online), Julia Merlot, http://www.spiegel.de/wissenschaft/mensch/marsmission-der-nasa-das-geheimnis-guter-teamarbeit-a-1253717.html, 18.02.2019, Zugriff: 25.02.2021
(Text geringfügig gekürzt und verändert)

101

E Prüfungsaufgaben zum Themenbereich „Eine Frage der Beziehung"

AUFGABEN 1 – 13

1 Kreuze die richtige Antwort an.

Auf der Wissenschaftskonferenz wurde deutlich, dass Erkenntnisse aus der Raumfahrt möglicherweise (Abschnitt 1) ...

a) den Alltag auf der Erde positiv beeinflussen. ☒

b) einige Nachteile für den Alltag auf der Erde haben. ☐

c) nicht auf den Alltag auf der Erde übertragbar sind. ☐

d) geringe Bedeutung für den Alltag auf der Erde haben. ☐

2 Kreuze die richtige Antwort an.

Die Aussage „*Eine der größten Herausforderungen dabei ist der Faktor Mensch.*" (Z. 10/11) bedeutet im Textzusammenhang, dass das Gelingen der Marsmission auch davon abhängt, ob ...

a) die Forscher ihre Arbeit rechtzeitig beenden. ☐

b) es genügend Spezialisten für die Mission gibt. ☐

c) der menschliche Körper die lange Reise verträgt. ☐

d) die Astronauten langfristig die Nähe zueinander ertragen. ☒

3 Kreuze die richtige Antwort an.

Die erfolgreiche Zusammenarbeit in einer Gruppe hängt ab von der (Abschnitt 2) ...

a) Ausstattung der Forschungsstationen. ☐

b) Rollenverteilung innerhalb der Gruppe. ☒

c) Ausbildung der teilnehmenden Personen. ☐

d) Bereitschaft der Teilnehmer zur Mitarbeit. ☐

4 Kreuze die richtige Antwort an.

Rollen wie „Anführer", „Partykönig" oder „Clown" (Abschnitt 2) ...

a) ergeben sich gruppenintern. ☒

b) werden demokratisch gewählt. ☐

c) werden regelmäßig ausgewechselt. ☐

d) ergeben sich durch offizielle Auswahl. ☐

Quelle (Aufgaben): Qualitäts- und UnterstützungsAgentur – Landesinstitut für Schule, Soest 2021

E Prüfungsaufgaben zum Themenbereich „Eine Frage der Beziehung"

5 Kreuze die richtige Antwort an.

Jemand, der in einer Gruppe die Rolle des Clowns, Geschichtenerzählers oder Komikers innehat (Abschnitt 3), ...

a) ist beliebt. ☒

b) wird belächelt. ☐

c) ist bescheiden. ☐

d) wird benachteiligt. ☐

6 Erläutere Amundsens in seinem Tagebuch geäußerte Ansicht *„Er [der Koch Adolf Lindstrøm] hat mehr zur norwegischen Polarexpedition beigetragen als jeder andere"* (Z. 32/33) im Textzusammenhang.

_____

_____

_____

7 Kreuze die richtige Antwort an.

Beobachtungen des Wissenschaftlers Jeffrey Johnson auf heutigen Forschungsstationen in der Antarktis sind (Abschnitt 4) ...

a) der Anfang eines neuen Forschungsvorhabens. ☐

b) von 15 verschiedenen Teams ausgewertet worden. ☐

c) ein weiterer Beleg für seine Ansichten zur Gruppendynamik. ☐

d) von unterschiedlichen Nationalitäten positiv aufgenommen worden. ☐

8 Kreuze die richtige Antwort an.

Im Vergleich zur Rolle der drei Frauen innerhalb der Gruppe wird die Rolle des Handwerkers von der Autorin (Abschnitt 4) ...

a) gering geschätzt. ☐

b) vernachlässigt. ☐

c) hervorgehoben. ☐

d) genauso gewürdigt. ☐

9 Erläutere den Zusammenhang zwischen der Grafik und dem Text (Abschnitt 5).

Illustration: Thies Schwarz, Hannover
(Die Abbildung weicht aus lizenz-rechtlichen Gründen von der
Darstellung in der Original-Prüfung ab.)

103

E Prüfungsaufgaben zum Themenbereich „Eine Frage der Beziehung"

10 Kreuze die richtige Antwort an.

Eine Expedition zum Mars wird erschwert durch fehlenden Schlaf, Erschütterungen beim Flug sowie (Abschnitt 6) …

a) Verständigungsschwierigkeiten untereinander und dauerhafte Beanspruchung. ☐

b) fehlende Verständigungsmöglichkeiten mit der Erde und ständige Beobachtung. ☐

c) Verständigungsschwierigkeiten mit der Erde und mögliche Beziehungskonflikte. ☐

d) fehlende Verständigungsmöglichkeiten untereinander und begrenzte Bezugspersonen. ☐

11 Kreuze die richtige Antwort an.

Die Erkenntnisse über Gruppenprozesse (Abschnitte 6 und 7) …

a) gelten für unterschiedlich große Gruppen. ☐

b) beschränken sich auf die Raumfahrtforschung. ☐

c) verlieren ihre Gültigkeit außerhalb des Simulators. ☐

d) beziehen sich auf Gruppen mit mindestens drei Frauen. ☐

12 Kreuze die richtige Antwort an.

In einer gut funktionierenden Gruppe (Abschnitt 7) …

a) ist eine Führungsperson überflüssig. ☐

b) gibt es eine anerkannte Führungsperson. ☐

c) wechseln offizielle und inoffizielle Rollen. ☐

d) kann es mehrere Führungspersonen geben. ☐

13 Ein Schüler sagt nach dem Lesen des Textes:
„Wenn Gruppenbildung gelingen soll, muss jemand die Rolle des Clowns einnehmen."
Schreibe eine kurze Stellungnahme zu dieser Aussage.

Du kannst der Auffassung zustimmen oder nicht. Wichtig ist, dass du deine Meinung begründest. Beziehe dich dabei auf den Text.

_____

_____

_____

_____

_____

_____

_____

_____

E Prüfungsaufgaben zum Themenbereich „Eine Frage der Beziehung"

E 3 Aufgabentyp 4a: Schneeriese
(angeleitetes Üben)

Teil II

Lies bitte zunächst den Text, bevor du die Aufgaben bearbeitest.
Schreibe einen zusammenhängenden Text.

AUFGABENSTELLUNG

1 **Analysiere** den Textauszug aus dem Roman „Schneeriese" von Susan Kreller. Gehe dabei so vor:

a) **Schreibe** eine Einleitung, in der du Textsorte, Titel, Autorin und Erscheinungsjahr **benennst** sowie das Thema **formulierst**.

b) **Fasse** den Text **zusammen**.

c) **Stelle dar**, welche Erwartungen Adrian an Stella hat und wie er sich ihr gegenüber verhält.

d) **Untersuche**, wie Adrian Stellas Körpersprache bei ihrer Begegnung wahrnimmt.

e) **Erläutere**, auf welche Weise durch sprachliche Mittel deutlich wird, wie enttäuscht Adrian von Stellas Verhalten ist (*mögliche Aspekte: Wortwahl, stilistische Mittel, Satzbau*).

f) **Schreibe** einen kurzen Text aus der Sicht Stellas am Ende der Begegnung.
   – Welche Gedanken hat Stella, als sie noch einmal über ihre Begegnung mit Adrian nachdenkt?
   – Wie bewertet sie ihr eigenes und Adrians Verhalten?
   Schreibe in der Ich-Form und berücksichtige die Informationen, die der Textauszug gibt.

Schneeriese (Textauszug) *Susan Kreller*

Adrian hat sich in Stella verliebt, seine Freundin aus Kindertagen, die ihn wegen seiner Größe „Einsneunzig" nennt; er sagt es ihr aber nicht. Die beiden lernen den neuen Nachbarn Dato kennen, mit dem Stella eine Beziehung beginnt. Daraufhin sehen sich Adrian und Stella eine Zeit lang nicht. Eines Tages nimmt Adrian allen Mut zusammen und geht zu Stella, um mit ihr zu sprechen.

Adrian öffnete die Tür, räusperte sich und sah Stella auf ihrem Bett sitzen, im [...] Schneidersitz [...]. Sie war von sehr vielen Kleidungsstücken umgeben, mehr, als Adrian je in Stellas Zimmer gesehen hatte.
Und da war noch etwas anderes, das neu war.
Stellas Blick war neu.   5
Denn als sie verstanden hatte, wer da in der Tür stand, ließ sie für einen winzigen Moment ihre Mundwinkel sinken, es dauerte wirklich nicht lange, und trotzdem, am Ende entschied sich alles in diesen winzigen Mundwinkelmomenten. Und danach konnte der andere lächeln und lächeln, konnte nette Dinge sagen und sonst wie freundlich sein, aber am Ende, da zählten 10 eben einzig und allein diese läppischen¹ anderthalb Sekunden vom Anfang, und nur die.
Adrian, du bist's, sagte Stella und klang enttäuscht, aber wenigstens nicht unfreundlich. Sie überlegte kurz, dann sprach sie in ihr Handy: Lass uns mal aufhören, ich ruf dich später zurück.   15
Was gibt's?, fragte sie, sah Adrian kurz und lächelnd an und wühlte dann wieder in den Kleidungsstücken.
Mich, sagte Adrian.

105

E Prüfungsaufgaben zum Themenbereich „Eine Frage der Beziehung"

Dich, sagte Stella, ohne auch nur den Kopf zu heben. Sie studierte mit al-
20 lergrößter Sorgfalt einen hellen blauen Pullover, hielt ihn gegen eine Jeans,
schüttelte den Kopf und zog dann ein anderes Oberteil aus dem Klamottenberg, ein grünes T-Shirt. Zu genau diesem T-Shirt sagte sie sehr erwachsen:
Kann ich irgendetwas für dich tun?
Und Adrian dachte, ja, tatsächlich, es gäbe da zwei oder zehn Kleinigkeiten,
25 die dringend mal für mich zu tun wären. Du könntest mich fragen, ob ich
dein Gesicht zeichnen will, ich selber frag ja nicht, du könntest mich anrufen
jeden Tag, du könntest vor meiner Zimmertür stehen und Los, Beeilung! rufen,
du könntest mit mir und der Misses[2] auf der Schaukel sitzen und gar nichts
tun, du könntest laut sagen, Dato, was für ein bescheuerter Name aber auch,
30 wie kann einer bloß Dato heißen, du könntest mich einfach mal ansehen, du
könntest mich Einsneunzig nennen, du könntest sagen, tut mir leid, dass ich
dich aus Versehen vergessen hab, das kommt nie wieder vor in den nächsten
fünf Wochen.
Nein, sagte Adrian. Alles bestens. Ich hatte einfach nie Zeit die letzten Wochen,
35 keine freie Minute, du weißt schon, es war hoffnungslos.
Sein Herz. Es schnappte nach Atem, es schlug.
Schlug.
Doch Adrian machte weiter:
Ich hab gedacht, ich seh mal nach dem Rechten, aber scheint ja alles in Ord-
40 nung zu sein, mit wem hast du telefoniert?
Stella richtete den Blick auf irgendein neues Kleidungsstück, das sie aus dem
Klamottenhaufen gefischt hatte, und lächelte es an:
Ja, du hattest es immer ziemlich eilig!
Das Kleidungsstück blieb stumm und Adrian fragte:
45 Und mit wem hast du telefoniert?
Stella sah ihn verwundert an und machte sich gar nicht erst die Mühe, einen
handelsüblichen[3] Satz zu bilden.
Freundin, Schule, kennst du nicht. […]
Stella sah Adrian freundlich an, fast weich, und sagte: Ich hab aber gar keine
50 Zeit, muss gleich wieder los.
Zu deiner Freundin?
Stella biss sich auf die Lippen, und erst jetzt sah Adrian, wie rot ihre Wangen
waren und wie sehr ihre Augen darüber leuchteten, und da war keiner, der
ihm hätte weismachen können, dass das ein gutes Zeichen war, Adrian spürte
55 nun mal, dass das Leuchten nicht für ihn bestimmt war.
Ich geh rüber, sagte Stelle mit matter Stimme. Ich geh zu Dato. […]
Ich komm mit! […]
Es war erstaunlich, wie schnell ein gerötetes Gesicht seine Farbe verlieren
und bleich werden konnte. Stellas Augen wurden dumpf und sahen ihn un-
60 gläubig an. Aber Adrian wusste, was zu tun war, einatmen, ausatmen, ein,
aus, ein, aus. Er hielt seinen Blick genau in den von Stella hinein und gab sich
nicht geschlagen, obwohl er sich nicht ausstehen konnte in diesen Minuten,
obwohl ihm seine eigene Anwesenheit genauso verhasst war, wie sie es für
Stella sein musste.
65 Einatmen, aus.
Ein, aus.
Ein, aus.

106

E Prüfungsaufgaben zum Themenbereich „Eine Frage der Beziehung"

Und nicht mal dann aufgeben, nicht mal dann.
Doch da veränderte sich Stellas Gesicht schon wieder, ihre Augen sahen jetzt
traurig aus und fremd und ängstlich, alles auf einmal. Sie probierte ein Lä- 70
cheln [...].

1 **läppisch:** einfach, harmlos

2 **Misses:** Gemeint ist Stellas Großmutter, die den beiden Freunden früher immer auf der Schaukel sitzend
Märchen vorgelesen hat.

3 **handelsüblich:** *hier:* vollständig

Aus: Susan Kreller: Schneeriese. Hamburg: Carlsen Verlag 2016, S. 52 – 55, verändert

Quelle (Aufgaben): Qualitäts- und UnterstützungsAgentur – Landesinstitut für Schule, Soest 2016

LÖSUNGSHILFEN zu **1** a)– **1** b)

1 Führe den ersten Bearbeitungsschritt durch (vgl. dazu C 2.6: Erster Schritt: Sich orientieren, S. 42).

2 Erschließe den Text mit der Lesemethode für literarische Texte (vgl. B 2, S. 17) und schreibe deine
Notizen an den Rand, z.B.:

1. Abschnitt (Z. 1–12): Adrian besucht seine alte Freundin Stella zu Hause; er findet sie in

ihrem Zimmer inmitten einem Haufen von Kleidungsstücken; er findet, sie schaue anders, und

meint, sie habe bei seinem Anblick für einen kurzen Moment enttäuscht geguckt …

2. Abschnitt (Z. 13 – 23): als sie ihn erkennt, begrüßt sie ihn enttäuscht, doch …

3 Sammle Stichworte zum Thema.

unbefriedigend verlaufender Besuch von Adrian bei seiner Jugendfreundin Stella; unerwiderte

Liebe Adrians gegenüber Stella; Adrian fühlt sich überflüssig; Stella scheint nicht wahrzuneh-

men, dass Adrian in sie verliebt ist …

4 a) Lege dir einen Schreibplan zur Planung deines
analysierenden Textes an.
Orientiere dich dabei am
dritten Schritt (vgl. C 2.6,
S. 45). Du kannst auch die
Vorlage aus C 2.5 (S. 41)
verwenden.

b) Ergänze deine Stichworte
zu den Aufgaben **1** a) und
1 b) in den ersten beiden
Zeilen.

TIPP zu **4** a)– **4** b)

1. Die Teilaufgaben können auch mehrere Bearbeitungsschritte
enthalten. So wird dir die Gliederung deines Textes im Prinzip
schon durch die Formulierung der Teilaufgaben vorgegeben.
2. Wichtig ist, dass du die einzelnen Arbeitsschritte erkennst und
sie in die linke Spalte deines deines Schreibplans aufnimmst.
Beachte dazu die Anzahl der Operatoren, hier z.B.:
   - Stelle dar … (**1** c)
   - Untersuche … (**1** d)
   - Erläutere … (**1** e)
3. In diesen Teilaufgaben werden explizit keine Textbelege erwartet.
Dennoch kannst du Zeilenangaben machen, um deine Ergebnisse
zu belegen. Dies ist besonders wichtig, wenn du in **1** e) sprachliche Mittel untersuchen sollst.

E Prüfungsaufgaben zum Themenbereich „Eine Frage der Beziehung"

LÖSUNGSHILFEN zu 1 c)

5 a) Unterstreiche im Text zunächst die Gedanken von Adrian in einer Farbe. Berücksichtige dazu auch den Text zur Vorgeschichte des Romans.

b) Wähle eine zweite Farbe und unterstreiche das, was er tatsächlich macht (Verhalten). So kannst du feststellen, inwieweit es hier Unterschiede gibt.

6 Mache dir danach in der dritten Zeile deines Schreibplans Notizen zu seiner Erwartungshaltung. Du kannst auch Textstellen ergänzen, um deine Beobachtungen zu belegen und um diese Stellen beim Schreiben leichter wiederzufinden. Beginne so:

– die Erwartungen Adrians bezüglich seines Besuches bei Stella widersprechen seinem tat-

sächlichen Verhalten ihr gegenüber; auch sie wird seinen Erwartungen nicht gerecht, da sie ihn

als eher störend empfindet (Z. 5 – 12)

– Adrian hat sich in Stella verliebt (vgl. Vortext); sie ist seine Freundin aus Kindertagen

– er hat all seinen Mut zusammengenommen, um sie zu besuchen und mit ihr zu sprechen

(s. Vortext) …

7 Der zweite Schwerpunkt der Aufgabe besteht in der Darstellung von Adrians Verhalten gegenüber Stella. Übertrage deine Ergebnisse dazu ebenfalls in die dritte Zeile deines Schreibplans:

– als Adrian in Stellas Zimmer eintritt, beobachtet er sie zunächst genau (Z. 1–5); er stellt

fest, dass ihr Blick „neu" ist (Z. 5); das ist für ihn ungewohnt

– seine Antwort auf ihre Frage, was es gäbe, ist sehr einsilbig: „Mich" (Z. 18)

– anstatt weiter etwas zu sagen oder sein Anliegen zu erläutern, beobachtet er nur und bleibt

zunächst stumm, weil ihm zu viele Gedanken durch den Kopf gehen (Z. 24 – 33) …

8 Formuliere zur Aufgabe **1** c) ein zusammenfassendes Fazit, in dem du den Wortlaut der Aufgabenstellung aufgreifst. Beginne so:

→ Zusammenfassend ist festzustellen, dass

Adrians Erwartungshaltung und sein tatsäch-

liches Verhalten ihr gegenüber sich deutlich

voneinander unterscheiden, denn …

TIPP zu 8

Um zu verdeutlichen, dass du eine Teilaufgabe abschließt und mit einer neuen beginnst, solltest du deine Schlussfolgerungen in einem Fazit zusammenfassen. Orientiere dich dazu am Wortlaut der Teilaufgabe.

LÖSUNGSHILFEN zu 1 d)

9 a) Lies noch einmal den Textauszug aus dem Roman und unterstreiche in einer dritten Farbe, wie Stella sich insgesamt verhält. Der Leser erhält Informationen dazu nur über die Er-/Sie-Erzählform und das personale Erzählverhalten.

b) Beschreibe ihr Verhalten und notiere die Schlussfolgerungen, die aus der Sicht von Adrian diesbezüglich deutlich werden, in der vierten Zeile deines Schreibplans. Ergänze auch zu dieser Aufgabe Zitate, um deine Schlussfolgerungen zu belegen.

E Prüfungsaufgaben zum Themenbereich „Eine Frage der Beziehung"

– als Adrian Stellas Zimmer betritt, springt sie nicht freudig auf; sie bleibt auf ihrem Bett

sitzen (Z. 1/2); sie lässt sogar kurz ihre „Mundwinkel sinken" (Z. 7), als sie realisiert, dass es

Adrian ist → Enttäuschung, Traurigkeit

- der Klang ihrer Stimme unterstützt diesen Eindruck von Enttäuschung (Z. 13)

- nachdem sie das Telefonat beendet hat, wendet sie sich ihm zwar zu (Z. 16), aber ...

10 Ergänze auch zu dieser Teilaufgabe ein kurzes Fazit, in dem du deine Beobachtungen zusammenfassend darstellst. Beginne so:

Daher ist festzuhalten, dass durch Stellas Körpersprache deutlich wird, dass ...

LÖSUNGSHILFEN zu **1** e)

11 a) Markiere sprachliche und formale Besonderheiten, wie z. B. Wortwahl, stilistische Mittel und
Satzbau. Beachte dabei auch die Erzählform und das Erzählverhalten (vgl. dazu Aufgabe **9** a).
Schreibe dir Notizen zur Benennung dieser Merkmale sowie zu ihrer Wirkung an den Rand.
b) Du sollst in der Teilaufgabe **1** e) erläutern, wie Susan Kreller anhand der verwendeten sprachlichen Mittel verdeutlicht, wie enttäuscht Adrian von Stellas Verhalten ist. Ergänze dazu die von
dir ermittelten Merkmale und auch ihre Wirkung in deinem Schreibplan (fünfte Zeile) und notiere
abschließend ein Fazit.

– Adrians Gefühle werden durch die Er-/Sie-Erzähl-

form und das personale Erzählverhalten deutlich

→ Konzentration auf Adrians Wahrnehmung der

Situation

– Darstellung innerer Monologe Adrians (z. B.

Z. 24–33) → Offenbarung seiner Gedanken:

Widersprüche werden deutlich, denn es zeigen sich

Unterschiede zwischen seinen Gedanken und

Wünschen auf der einen Seiten und seinem tat-

sächlichen Verhalten auf der anderen Seite: er

wünscht sich „zwei oder zehn Kleinigkeiten, die

dringend mal für [ihn] zu tun wären (Z. 24/25),

sagt aber: „Alles bestens." (Z. 34)

– Aufzählung seiner Wünsche durch Anaphern

(„du könntest", z. B. Z. 25/26 etc.) → doch Ver-

wendung des Konjunktiv II zeigt, dass sich all

seine Erwartungen nicht erfüllt haben

– Verwendung von Adjektiven bezüglich Stellas

TIPP zu **11**

1. In den Aufgaben des Hauptteils musst du
auch immer formale und sprachliche Gestaltungsmittel herausarbeiten. Diese werden mit einem inhaltlichen Schwerpunkt
verknüpft, da sie die Wirkung des Textes
auf den Leser und damit auch die Textaussage bedingen.
2. Überfliege dazu den vorgegebenen Text
noch einmal und markiere formale und
sprachliche Besonderheiten, wenn du dies
bei der Texterschließung zu Beginn noch
nicht bedacht hast. Notiere deine Beobachtungen mithilfe von Fachtermini am Rand
und notiere auch Hinweise zur Wirkung.
3. Oftmals findest du Hinweise darauf, worauf du achten musst, in der Teilaufgabe
unter dem Hinweis „mögliche Aspekte". In
dieser Aufgabe musst du also besonders
auf Wortwahl, stilistische Mittel und Satzbau
achten. Du kannst aber auch noch weitere
Merkmale erarbeiten.
4. Ergänze zu jeder Beobachtung Textbelege
in Klammern oder zitiere wörtlich, um deine
Ergebnisse nachvollziehbar und anschaulich zu gestalten.

109

E Prüfungsaufgaben zum Themenbereich „Eine Frage der Beziehung"

Verhalten, zeigt, dass sie sich verändert hat: „enttäuscht" (Z. 13), „nicht unfreundlich" (Z. 13/14)

– besondere Nomen, mit denen Stella beschrieben wird („Mundwinkelmomenten", Z. 8/9);

„Klamottenberg" (Z. 21/22) → Stella ist abgelenkt und fühlt sich von Adrian eher gestört …

LÖSUNGSHILFEN zu **1** f)

12 a) Lies noch einmal die letzte Teilaufgabe: Mache dir klar, welche Sichtweise du übernehmen und welche Schwerpunkte du dabei berücksichtigen sollst.

b) Notiere Stichpunkte dazu in der letzten Spalte deines Schreibplans. Formuliere bereits in deiner Planung in der Ich-Form.

– Adrian geht weg; ich (Stella) bin unsicher

– Hätte ich ihn freundlicher aufnehmen sollen?

– Die Umstände haben sich verändert:

Wir waren gute Freunde und wir haben viel

Zeit miteinander verbracht.

– nun ist Dato mein Freund

…

TIPP zu **12**

Die letzte Aufgabe kann beispielsweise darin bestehen, dass du einen Text aus der Sicht einer der Figuren schreiben musst. Hier soll deutlich werden, ob du die Motivation für ihr Handeln verstanden hast.

Orientiere dich dabei an den in der Aufgabe genannten Fragen und an den Informationen, die dir der Textauszug gibt. Schreibe in der Ich-Form (hier: *aus der Sicht von Stella, damit ihre Gedanken und Gefühle bezogen auf den Besuch von Adrian deutlich werden*).

LÖSUNGSHILFEN zum Schreiben

13 Formuliere deinen Textentwurf nach deinem Schreibplan in ganzen Sätzen. Beginne so:

In dem vorliegenden Auszug aus dem Jugendroman „Schneeriese" von Susan Kreller geht es um einen für den Jugendlichen Adrian unbefriedigend verlaufenden Besuch bei seiner Jugendfreundin Stella, die dessen Liebe nicht wahrnimmt und seine Anwesenheit sogar als …
Adrian, der von seiner Jugendfreundin Stella wegen seiner Größe nur „Einsneunzig" genannt wird, besucht Stella zu Hause, weil er sie eine Zeit lang nicht gesehen hat …

14 Überarbeite deinen Textentwurf mithilfe der CHECKLISTE (siehe C 2.6, S. 49).

TIPP zu **13**

1. Setze nach der Erarbeitung jeder Teilaufgabe einen Absatz. Wenn eine Teilaufgabe mehrere Gliederungspunkte enthält, kannst du auch mehrere Absätze setzen. Das erleichtert das Lesen und zeigt eine durchgängige Struktur.

2. In diesem Fall kannst du auch die letzte Teilaufgabe mit einer eigenen Überschrift versehen, um sie von der Analyse abzugrenzen.

3. Leite die Teilaufgabe jeweils mit einem überleitenden Satz ein und formuliere zu den Aufgaben **1** c) – e) jeweils ein Fazit als abschließenden Satz.

110

E Prüfungsaufgaben zum Themenbereich „Eine Frage der Beziehung"

E 4 Original-Prüfung 2021: Aufgabentyp 4a: Mit anderen Worten: ich (selbstständiges Üben)

Teil II

Lies bitte zunächst den Text, bevor du die Aufgaben bearbeitest.
Schreibe einen zusammenhängenden Text.

AUFGABENSTELLUNG

Analysiere den Textauszug aus dem Roman „Mit anderen Worten: ich" von Tamara Ireland Stone.

Gehe dabei so vor:
- **Schreibe** eine Einleitung, in der du Textsorte, Titel, Autorin und Erscheinungsjahr **benennst** sowie das Thema **formulierst**.
- **Fasse** den Text **zusammen**.
- **Stelle dar**, wie Sam den Ort und das Miteinander der Anwesenden wahrnimmt.
- **Erläutere**, wie durch sprachliche Mittel zum Ausdruck kommt, dass Sam von dem Geschehen in der „Dichterecke" fasziniert ist (Z. 43 – 79) (*mögliche Aspekte: Wortwahl, Satzbau, stilistische Mittel*).
- **Untersuche**, wie sich Caroline an diesem besonderen Abend verhält.
- **Schreibe** einen kurzen Text aus der Sicht Carolines am Ende der Veranstaltung:
  – Welche Gedanken hat Caroline, als sie nach der letzten Vorführung neben Sam sitzt?
  – Wie bewertet sie Sams und ihr eigenes Verhalten?
  Schreibe in der Ich-Form und berücksichtige die Informationen, die der Textauszug gibt.

Mit anderen Worten: ich   *Tamara Ireland Stone*

Sam, die Ich-Erzählerin, wird von der Mitschülerin Caroline zu einer kleinen Veranstaltung in einem Kellerraum der Schule eingeladen.

Dann bemerke ich die Wände. Langsam drehe ich mich einmal um mich selbst und staune. Jede der vier Wände ist kreuz und quer mit Papierfetzen in allen Formen und Farben zutapeziert. Ich sehe linierte, aus Spiralblöcken gerissene Seiten. Schlichtweiße, gelochte Bögen. An den Ecken ausgefranstes Millimeterpapier. Vergilbte Zettel neben Papierservietten und Post-its[1], 5 braunen Butterbrottüten und sogar der einen oder anderen Schokoriegelverpackung.
Caroline beobachtet mich, als ich, um mehr erkennen zu können, ein paar Schritte auf die Wand zugehe. Ich strecke die Hand nach einem der Zettel aus und lasse den Rand zwischen meinen Fingern hindurchgleiten. Erst in dem 10 Moment fällt mir auf, dass all diese Seiten von Hand beschrieben sind, jede Schrift so einzigartig wie das Papier selbst. Fließende, geschwungene Zeilen. Eng stehende, kerzengerade Buchstaben. Große, präzise Druckschrift.
Wow. […]
„Wo sind wir hier?", flüstere ich Caroline zu, doch bevor sie antworten kann, 15 taucht völlig unerwartet ein Mädchen vor mir auf und nimmt mich beim Arm. Sie hat einen dunklen Pixie-Cut[2] und hüpft regelrecht auf der Stelle, als wäre das hier der aufregendste Moment, den sie seit Langem erlebt hat.

Quelle (Aufgaben): Qualitäts- und UnterstützungsAgentur – Landesinstitut für Schule, Soest 2021

E Prüfungsaufgaben zum Themenbereich „Eine Frage der Beziehung"

„Komm, setz dich zu mir. Auf dem Sofa ganz vorne ist noch Platz." Sie lässt
20 sich auf die Couch fallen und klopft einladend auf das Polster neben sich.
„Setz dich." Ich gehorche. „Du hast dir jedenfalls definitiv einen guten Tag
ausgesucht", redet sie weiter. „Als Erste ist heute Sydney dran und nach ihr AJ."
Caroline setzt sich auf meine andere Seite. Ich versuche, in ihrem Gesicht zu
lesen, aber wie schon die ganze Zeit lässt sie rein gar nichts durchblicken.
25 Alle werden ruhig, als ein Mädchen, das Sydney sein muss, das Podest betritt.
Mit der Hüfte schiebt sie den Barhocker ein Stück zur Seite. Moment mal. Die
kenne ich doch. Sie hat mit mir zusammen Geschichte. [...]
Sydney hält den Deckel einer Chicken-Nuggets-Schachtel hoch. „Das hier
hab ich gestern Abend geschrieben, ..." Sie dreht die Pappe herum, wedelt
30 ein bisschen damit durch die Luft und nickt stolz. „Diesmal war der Deckel
nicht ganz so fettig, darum hab ich ein komplettes Gedicht draufbekommen",
erklärt sie, und die anderen lachen. [...]

NUGGETS
Meine Zähne durchstoßen euer zartes Fleisch.
35 *Süßes Fett auf meiner Zunge,*
Warm in meiner Kehle. [...]
Golden. Schimmert ihr unter dem Neonlicht.
Gehäuft. Drängt ihr euch aneinander.
Geduldig. Immer so geduldig. [...]
40 *Golden, weiß.*
Knusprig, salzig.
Woraus zum Teufel besteht ihr eigentlich?

Alle stehen auf und klatschen und johlen, während Sydney ihr Kleid rafft und
sich verbeugt. Dann reißt sie die Arme hoch, wirft den Kopf zurück und ruft:
45 „Yeaaah! Stift her!" [...]
Ein Junge auf einer anderen Couch wirft ihr einen Klebestift zu. Wir sehen zu,
wie sie das, was von der Chicken-Nuggets-Schachtel übrig ist, an eine freie
Stelle zwischen die anderen Zettel drückt. Dann klopft sie sich die Hände ab,
und als sie sich auf das Sofa hinter mir setzt, begegnen sich unsere Blicke. Sie
50 grinst mich an. Ich lächle zurück. Ich glaube nicht, dass ich sie bis heute auch
nur einmal habe sprechen hören.
Als ich mich zurück nach vorn drehe, betritt gerade ein Typ [...] das Podest. An
einem Gurt über seiner Schulter hängt eine Akustikgitarre. Er setzt sich auf
den Barhocker [...] und greift nach seiner Gitarre [...]. Er fängt an zu zupfen
55 und eine Melodie erfüllt den Raum. Es sind nur ein paar Töne, die in ihrer
Folge aber wunderschön klingen, immer wieder. Dann fängt er an zu singen,
und seine Stimme wird lauter, eindringlicher, als er den Refrain erreicht. Nach
einer weiteren Strophe wird er langsamer, und ich weiß, dass der Song seinem
Ende zugeht. [...] Der letzte Ton verklingt in der Stille.
60 Ein, zwei Sekunden lang regt sich niemand, dann aber springen alle auf, klatschen und johlen. [...] Er schüttelt den Kopf, als mache der Applaus ihn verle-
gen, und zieht einen Zettel aus der hinteren Tasche seiner Jeans. Er faltet ihn
auseinander, streicht ihn auf der Sitzfläche des Hockers glatt und schmiert
ihn mit dem Kleber ein, bevor er schließlich von der Bühne steigt. Mit dem
65 Zettel in der Hand geht er auf die andere Seite des Raums und verbeugt sich
kurz. Dann holt er aus und klatscht seine Worte weit oben an die Wand.

112

E Prüfungsaufgaben zum Themenbereich „Eine Frage der Beziehung"

Ich schaue mich um, um herauszufinden, ob die anderen genauso beeindruckt
sind wie ich, aber es kommt mir nicht so vor. Findet außer mir etwa keiner,
dass der Song gerade absolut genial war?
Zwar jubeln immer noch alle, aber keiner von ihnen sieht so überrascht aus, 70
wie ich es bin, außerdem bin ich mir relativ sicher, dass ich die Einzige hier
mit einer Gänsehaut bin. Sie wirken alle völlig normal.
Alle bis auf Caroline.
Sie grinst von einem Ohr zum anderen, als wir uns wieder hinsetzen, dann
hakt sie sich bei mir unter und legt ihr Kinn auf meine Schulter. „Wusste ich's 75
doch", sagt sie. „Dass ich mich nicht in dir getäuscht habe." [...]
„Wo sind wir hier?", frage ich wieder und höre selbst die Ehrfurcht in meiner
Stimme.
Das Pixie-Mädchen antwortet mir. „Wir nennen es die Dichterecke."

1 **Post-its (Singular: Post-it):** kleine, meist farbige Klebezettel für Notizen

2 **Pixie-Cut:** englische Bezeichnung für eine bestimmte Kurzhaarfrisur

Tamara Ireland Stone: Mit anderen Worten: Ich. Aus dem Englischen von Sandra Knuffinke und Jessika
Komina. Magellan Verlag, Bamberg, 2018, S. 42-47 (Text gekürzt und geringfügig verändert)

113

E Prüfungsaufgaben zum Themenbereich „Eine Frage der Beziehung"

E 5 Aufgabentyp 4a: Wenn du gehst
(selbstständiges Üben)

Teil II

Lies bitte zunächst den Text, bevor du die Aufgaben bearbeitest.
Schreibe einen zusammenhängenden Text.

AUFGABENSTELLUNG

Analysiere den Liedtext „Wenn du gehst" des Sängers Johannes Oerding. Gehe dabei so vor:

- **Schreibe** eine Einleitung, in der du Titel, Autor, Textart und Erscheinungsjahr **benennst** und das Thema **formulierst.**
- **Fasse** den Inhalt des Textes mit eigenen Worten kurz **zusammen.**
- **Beschreibe** die Gefühle, die das lyrische Ich empfindet, und ziehe daraus Schlussfolgerungen bezüglich der Beziehung zum Angesprochenen und der Bedeutung derselben. Belege deine Ergebnisse mit Textstellen.
- **Erläutere** anhand der sprachlichen Gestaltung, wodurch während des gesamten Songtextes schon angedeutet wird, dass das lyrische Ich am Ende des Refrains jeweils feststellen wird: „Du fehlst mir" (V. 15 und V. 30) (*mögliche Aspekte: Wortwahl, Satzbau, Vergleich, Wiederholung, Anapher, Anrede*).
- **Stelle dar**, inwieweit sich die Strophen II (V. 7 – 10) und IV (V. 22 – 25) unterscheiden, und **erkläre**, was das lyrische Ich damit verdeutlicht.
- Eine Mitschülerin sagt über den Songtext: *„Eigentlich ist es schön, so etwas über jemanden sagen zu können, der einen aus welchem Grund auch immer verlassen hat – aber diese Erkenntnis kommt nach einem Verlust meist zu spät."*
  - **Nimm Stellung** zu dieser Aussage.
  - **Begründe** deine Meinung.
  - **Belege** deine Ausführungen am Text.

Wenn du gehst   *Johannes Oerding*

So wie'n uralter Mann
Der ohne Stock nicht mehr kann
So wie'n Flugzeug ohne Flügel
So wie'n Strand ohne Sand
5 So wie das Meer ohne Salz
So wie'n Gleis ohne Züge

Der Mensch ist irgendwie komisch
Ja weil, er viel zu oft, das was er hat, vergisst
Erst wenn er plötzlich alleine ist
10 Fällt ihm auf, dass er was vermisst

Wenn du gehst
Dann lass'n bisschen was von dir
Hier bei mir, hier bei mir
Weil ich eigentlich schon weiß
15 Du fehlst mir

Wie ein Ballon ohne Luft
Oder'n trockener Fluss
So wie'n Film ohne Regie
Meine Gitarre ohne Saiten[1]
20 Schwarze Tasten ohne Weiße
So wie'n Lied ohne Melodie

Ja, ich bin irgendwie komisch
Weil ich viel zu oft, das was ich hab', vergess'
Erst wenn ich plötzlich alleine bin
25 Fällt mir auf, dass ich was vermiss'

Wenn du gehst
Dann lass'n bisschen was von dir
Hier bei mir, hier bei mir
Weil ich eigentlich schon weiß
30 Du fehlst mir

1 die Saite: Fäden als Bespannung auf einer Gitarre bspw. aus Naturdarm, Nylon oder Polyamid; ohne Saiten
lassen sich keine Töne erzeugen

Text: Oerding, Johannes
Copyright: Captain Hut Publishing Edition/BMG Rights Management GmbH, Berlin

Informationen zum Song:
Der Song „Wenn du gehst" stammt aus dem Album „Konturen", das Johannes Oerding im November
2019 veröffentlicht hat. Es spiegelt die innere Stimme im Reifeprozess des Menschen und richtet den
Blick über den eigenen Tellerrand hinaus auf die Gesellschaft.

F Prüfungsaufgaben zum Themenbereich „Digitale Welten"

F Prüfungsaufgaben zum Themenbereich „Digitale Welten"

In diesem Kapitel bearbeitest du zu dem Thema „Digitale Welten" mehrere Prüfungsbeispiele. Notiere die benötigte Arbeitszeit (siehe Seite 5).

F 1 Leseverstehen: I6d#&r6achtsi6dall (angeleitetes Üben)

Teil I
Lies zunächst den Text sorgfältig durch und bearbeite anschließend die Aufgaben **1** – **14**.

I6d#&r6achtsi6dall *Varinia Bernau*

(1) [...] Von all den sozialen Netzwerken bis zu nicht minder wenigen Shopping-Seiten, vom Zugang zum Dienstrechner bis zum digitalen Schalter für Fahr-karten: Jeder zweite Deutsche hat Umfragen zufolge bis zu neun Passwörter, jeder dritte sogar noch mal fünf mehr.

5 (2) Die Regeln dazu sind bekannt: Nur kein Begriff aus dem Wörterbuch! Stattdessen auf mindestens acht Stellen Groß- und Kleinbuchstaben mit Zif-fern und Sonderzeichen kombinieren. Aber eine Regel zu kennen, heißt noch lange nicht, sie im Alltag auch anzuwenden. Der Mensch ist nun mal nicht vernünftig, sondern bequem.

10 (3) Und so behalten mehr als 40 Prozent der Deutschen ihr einmal verge-benes Passwort ein Leben lang, obwohl Sicherheitsexperten raten, es so regelmäßig auszutauschen wie die Zahnbürste. Deshalb verwenden viele dasselbe Passwort für alle Dienste, obwohl sie Hackern, die eigentlich nur den Zugang zum Dating-Portal[1] erbeutet haben, so auch den Zutritt zum

15 Postfach erleichtern. Und deshalb ist das Passwort „123456" noch immer das am meisten verwendete im Netz. Gefolgt übrigens von: „Password" sowie „12345" und „12345678". [...]

(4) Für Computer ist es ein Klacks, diese zu knacken. Sie probieren einfach alle Kombinationen aus. Und je besser die Prozessoren[2] werden, desto schneller

20 gelangen sie ans Ziel: Ein Passwort, das sieben Zeichen aus Groß- und Klein-buchstaben sowie Zahlen und Sonderzeichen hat – vor fünf bis zehn Jahren hätte ein durchschnittlicher Computer, wie er in jedem Haushalt steht, etwa 1000 Jahre gebraucht, um es zu bestimmen. Heute knackt er es in einem Monat.

(5) Deshalb haben Sicherheitsexperten, um es den aufgerüsteten Hackern

25 schwerer zu machen, die Zahl der Möglichkeiten erhöht – und verlangen nun, dass man sich auch mal Passwörter mit 30 Zeichen merken soll. Dabei ging es auch andersrum: Die vierstelligen Pins für den Bankautomaten zeigen, dass ein Passwort auch dann sicher sein kann, wenn es kurz ist. Dort nämlich hat man nur drei Versuche. Liegt man daneben, wird die Karte eingezogen. Beim

30 Einloggen ins E-Mail-Fach sind viel mehr Vertipper erlaubt.[...]

(6) Es gibt einen Kniff, mit dem sich das, was schwer zu merken ist, doch merken lässt: Als Grundstock dient dabei ein Sprichwort, der Refrain eines Ohrwurms oder irgendein persönliches Geheimnis, das man allerdings auch Facebook nicht anvertraut haben sollte. Bei diesem tauscht man dann einzel-

35 ne Buchstaben durch Ziffern und Sonderzeichen. Aus „In der Nacht sind alle

F Prüfungsaufgaben zum Themenbereich „Digitale Welten"

Katzen grau" wird dann, wenn man das N durch eine 6 und das E durch die Kombi #& ergänzt, beispielsweise I6d#&r6achtsi6dall#&Katz#&6grau.

(7) Man kann dieses Sprichwort auch wiederverwenden – und nur die Ersatzbausteine im Passwort für jeden weiteren Dienst ändern. Beim E-Mail-Dienst wird das N durch die 7, bei einem Internetversandhändler dann durchs Aus- 40 rufezeichen ersetzt. Wer sich seine eigene Verschleierungsmethode überlegt, macht es nicht nur Hackern schwer – sondern kann sich im besten Falle die nächste Partie Sudoku[3] sparen, weil das Gehirn schon ordentlich im Training ist. Aber natürlich kann man auch diese Mühen einfach an einen Dienstleister auslagern. [...] 45

(8) Etwa an die elfjährige Mira Modi aus New York. Sie würfelt einem Passwörter, schreibt sie dann auf einen Zettel und schickt sie einem per Post. Kostet pro Passwort zwei Dollar. Dafür existiert es nur einmal – und nur auf Papier. Das Mädchen nutzt dabei Diceware. Das sind Listen, die in diversen Sprachen einer fünfstelligen erwürfelten Ziffernfolge ein Wort zuweisen. In 50 der deutschen Liste steht 43142 etwa für das Wort „merken". Und wer mehrmals würfelt, kann auch ganze Sätze aus der Liste basteln. Mitunter bietet einem auch der Browser an, die lästige Erinnerungsarbeit abzunehmen. [...]

1 Dating-Portal: eine Online-Partnervermittlung

2 Prozessor: ein Teil des Computers, der die Daten verarbeitet und weiterleitet

3 Sudoku: japanisches Zahlenrätsel

Süddeutsche Zeitung (SZ), 06.11.2015 (http://www.sueddeutsche.de/digital/passwoerter-idrachtsidall-katzgrau-1.2725239m, Zugriff: 04.05.2017, verändert)

LÖSUNGSHILFEN zu 1 – 14

1 Bevor du dich den Aufgaben zuwendest, solltest du das Textmaterial sorgfältig erschlossen haben (vgl. dazu S. 19). Das heißt, du hast:
- unbekannte Begriffe geklärt,
- Schlüsselwörter markiert,
- Sinnabschnitte gebildet und
- Zwischenüberschriften formuliert.

Zu deiner Orientierung sind die vorgegebenen Texte schon in Sinnabschnitte gegliedert.

2 Lies jede Aufgabe gründlich:
- Markiere darin die Schlüsselwörter, die dir Hinweise darauf geben, was du tun sollst.
- Achte darauf, ob in der Aufgabenstellung der Singular oder der Plural verwendet wird, z. B. Kreuze die richtige/n Antwort/en an. So weißt du, ob du eine oder mehrere Antworten ankreuzen musst.
- Zudem enthalten die Aufgaben häufig Hinweise auf den Abschnitt, den Satz oder die Zeile/n, die du besonders in den Blick nehmen musst. Dieser Hinweis erleichtert dir das Finden der richtigen Lösung.

F Prüfungsaufgaben zum Themenbereich „Digitale Welten"

AUFGABEN 1 – 14

TIPP Richtige Aussagen ankreuzen

1. Suche zu jeder Aussage die passende Stelle im Text und unterstreiche sie. Oftmals wird dir der betreffende Absatz, in dem du nachlesen musst, schon vorgegeben.
2. Häufig sollst du Satzanfänge durch Ankreuzen vervollständigen. Dazu ist es auch wichtig, diese zu erschließen.
3. Überprüfe genau, ob die Textstelle mit der Aussage in der Aufgabe übereinstimmt bzw. worin sie sich unterscheiden. Achte dazu auf die Wortwahl und überprüfe Zahlen, Namen und Fakten.
4. Bei Aufzählungen kann auch nur ein Wort nicht richtig sein. Überprüfe daher immer alle aufgezählten Wörter oder Wortgruppen.

1 Kreuze die richtige Antwort an.

Fünfzig Prozent der Deutschen besitzen laut einer Umfrage (Abschnitt 1) …

a) fünf oder mehr Passwörter. ☐

b) genau drei Passwörter. ☐

c) neun oder weniger Passwörter. ☐

d) mehr als acht Passwörter. ☐

2 Kreuze die richtige Antwort an.

Ein sicheres Passwort besteht aus (Abschnitt 2) …

a) weniger als acht Groß- und acht Kleinbuchstaben. ☐

b) wenigstens acht Buchstaben, Ziffern und Sonderzeichen. ☐

c) höchstens acht Ziffern und acht Sonderzeichen. ☐

d) mindestens acht Groß- und drei Kleinbuchstaben. ☐

3 Kreuze die richtige Antwort an.

Sicherheitsexperten empfehlen (Abschnitt 3), das Passwort …

a) alle zwei Monate sinnvoll auszuwechseln. ☐

b) sicherheitshalber für viele Dienste zu nutzen. ☐

c) in bestimmten Abständen zu erneuern. ☐

d) „1234567" anstatt „12345" zu verwenden. ☐

Quelle (Aufgaben): Qualitäts- und UnterstützungsAgentur – Landesinstitut für Schule, Soest 2017

F Prüfungsaufgaben zum Themenbereich „Digitale Welten"

4 Kreuze die richtige Antwort an.

Der Gebrauch eines einzigen Passworts für alle Dienste erlaubt Hackern unter anderem (Abschnitt 3) …

a) die Übernahme des Dating-Portals. ☐

b) die Einsicht in das Postfach. ☐

c) die Nutzung der Dienste. ☐

d) die Inbesitznahme des Passworts. ☐

5 Kreuze die richtige Antwort an.

Sicherheitsexperten erschweren Hackern ihre Arbeit (Abschnitt 5), indem sie …

a) die Zahl der Möglichkeiten auf 30 erhöhen. ☐

b) die Geräte monatlich technisch aufrüsten. ☐

c) die Menge an möglichen Zeichen vergrößern. ☐

d) die Passwörter andersherum aufschreiben. ☐

6 Kreuze die richtige Antwort an.

Ein Computerprogramm kann ein Passwort herausfinden (Abschnitt 4), weil …

a) die Computer immer besser werden. ☐

b) alle Möglichkeiten ausprobiert werden. ☐

c) siebenstellige Zahlen verwendet werden. ☐

d) die Prozessoren schneller werden. ☐

7 Kreuze die richtige Antwort an.

Pins für die Bankautomaten sind sicher (Abschnitt 5), denn die Möglichkeiten der Eingabe sind …

a) vielfältig. ☐

b) beliebig. ☐

c) begrenzt. ☐

d) abgesichert. ☐

8 Kreuze die richtige Antwort an.

Mit einem Trick kann man sich Passwörter merken (Abschnitt 6), indem man einzelne Elemente eines Merksatzes …

a) mit Zahlen und Ziffern kombiniert. ☐

b) mit Buchstaben und Zahlen ergänzt. ☐

c) durch Buchstaben und Zahlen austauscht. ☐

d) durch Ziffern und Sonderzeichen ersetzt. ☐

F Prüfungsaufgaben zum Themenbereich „Digitale Welten"

TIPP zu **9** und **12**: Begriffe/Textaussagen erläutern

1. „Erläutern" heißt, Begriffe oder Textaussagen auf der Basis von Kenntnissen darstellen und durch Informationen und Beispiele veranschaulichen. Hier verdeutlichst du, dass du den Textzusammenhang verstanden hast.
2. Suche die angegebene Textstelle und markiere sie. Zumeist wird dir die betreffende Textstelle schon vorgegeben.
3. Lies auch noch einmal die Textaussagen, die vor und hinter der angegebenen Textstelle stehen. Darin findest du häufig bereits Erklärungen oder Beispiele.
4. a) Formuliere deine Erläuterung mit eigenen Worten und in ganzen Sätzen, z. B. bei Aufgabe **9**: *Mit dem Ausdruck/Begriff … ist gemeint, dass …*
   b) Du kannst auch die Aufgabenstellung paraphrasieren, z. B. bei Aufgabe **12**: *Im Fall der Dice Ware-Methode gelingt eine sichere Übermittlung der Passwörter, indem …*

---

9 Erläutere im Textzusammenhang, was mit einer „Verschleierungsmethode" gemeint ist (Abschnitte 6 und 7).

_____

_____

_____

_____

_____

_____

10 Kreuze die richtige Antwort an.

„Diese Mühen an einen Dienstleister auslagern" bedeutet im Textzusammenhang (Abschnitte 7 und 8), dass jemand …

a) sichere Passwörter erstellt. ☐

b) das Denken übernimmt. ☐

c) erfahrene Hacker abwehrt. ☐

d) das Training organisiert. ☐

11 Kreuze die richtige Antwort an.

Es werden Passwörter nach der Diceware-Methode erstellt (Abschnitt 8), indem man eine fünfstellige Zahl …

a) mehrmals würfelt und danach aufschreibt. ☐

b) aus verschiedensprachigen Listen aussucht. ☐

c) mithilfe des eigenen Browsers erstellt. ☐

d) einem bestimmten Wort in einer Liste zuordnet. ☐

120

F Prüfungsaufgaben zum Themenbereich „Digitale Welten"

12 Erläutere im Textzusammenhang (Abschnitt 8), wie im Fall der Diceware-Methode eine sichere Übermittlung der Passwörter gelingt.

_____

_____

_____

_____

_____

13 Kreuze die richtige Antwort an.

Die Position der Autorin ist kritisch gegenüber Menschen, die im Umgang mit ihrem Passwort …

a) unselbstständig sind.   ☐

b) umständlich vorgehen.   ☐

c) unvorsichtig handeln.   ☐

d) umsichtig auftreten.   ☐

TIPP zu **14**: Zu einer Aussage Stellung nehmen

1. „Stellung nehmen" heißt, eine Aussage oder Meinung kritisch prüfen und danach eine eigene begründete Einschätzung formulieren.
2. Bestimme deinen Standpunkt zu der Aussage: _Ich stimme zu/nicht zu._
3. Überfliege den Text noch einmal und markiere Textaussagen, die deine Auffassung unterstützen oder/ und auf die du dich in deiner Stellungnahme beziehen willst.
4. Formuliere deinen Text:
    a) Greife zu Beginn die Aussage, zu der du Stellung nehmen willst, noch einmal auf und erläutere sie, wenn nötig: _Eine Schülerin sagt nach dem Lesen des Textes, man solle … Damit meint sie, …_
    b) Nenne deinen Standpunkt und begründe ihn stichhaltig. Beziehe dich bei deiner Begründung auch auf die markierten Textaussagen: _Ich kann der Aussage nur/nicht zustimmen, denn auch im Text wird deutlich, dass …/Daraus kann man ableiten, …/Hinzu kommt noch, …_

---

14 Eine Schülerin sagt nach dem Lesen des Textes:

„Passwörter sollte man nur selbst erstellen."

Schreibe eine kurze Stellungnahme zu dieser Aussage.
Du kannst dieser Auffassung zustimmen oder nicht.
Wichtig ist, dass du deine Meinung begründest. Beziehe dich dabei auf den Text.

_____

_____

_____

_____

_____

121

F Prüfungsaufgaben zum Themenbereich „Digitale Welten"

F 2 Leseverstehen: Die neue Lust aufs Lesen (selbstständiges Üben)

Teil I
Lies zunächst den Text sorgfältig durch und bearbeite anschließend die Aufgaben **1** – **14**.

Die neue Lust aufs Lesen   *Julia Fahl*

(1) Wenn Sara über Bücher spricht, redet sie ohne Punkt und Komma. Den Klassiker „1984"[1] von George Orwell „feiert sie sehr", ihr gefällt „dieses Buch wahnsinnig gut, es ist genau nach meinem Geschmack". Dabei hält sie es plakativ[2] in die Kamera. 2.200 Aufrufe hat dieses Video auf ihrem Youtube-
5   Kanal „Sara Bow Books" bereits. Bis zu 15.000 können es noch werden. Damit beweist die 23-Jährige wie viele andere auch, dass das gedruckte Buch im digitalen Zeitalter noch eine Chance hat zu überleben.

(2) Im Internet werden das Lesen, die Bücher und alles, was dazugehört, derzeit regelrecht gefeiert. Buchblogger schreiben emotionale Rezensionen[3] auch über
10   längst vergriffene[4] Bücher, Booktuber zeigen ihre Bücherregale bei Youtube und Bookstagramer setzen Buch und Co. bei Instagram stilvoll in Szene. Ein neues Zeitalter der Lesekultur hat begonnen: Perfekt für alle Leseratten, die nicht genug bekommen können und immer auf der Suche nach neuen Buch-tipps sind.

15   **(3)** Lesen und über das Gelesene schreiben: Literaturblogger teilen Buchfavo-riten mit ihren Followern. Die Blogger beschreiben subjektiv und euphorisch[5], welches Buch ihnen ans Herz geht, welches mitreißend geschrieben ist oder welches erst gar nicht in die Hand genommen werden sollte. Ein persönliches Urteil, eine klare Einordnung in einer Vielfalt, die die klassische Literaturkritik
20   nicht bietet. Blogs werden von Menschen gelesen, „die sich vom klassischen Kulturteil einer Zeitung nicht abgeholt fühlen", sagt die Bloggerin Mara Giese. Denn Literaturblogs bieten noch mehr als Rezensionen: Interviews mit Autoren, themenbezogene Empfehlungen und Lesungsberichte.

(4) Anderes Medium, gleiches Prinzip: Auch bei Youtube geht es zunehmend
25   um Bücher. Der „Booktuber"-Trend kommt aus den USA und aus Großbritan-nien. Doch mittlerweile halten auch 80 Deutsche mehrmals im Monat ihren Lesestoff in die Videokamera. Sie stellen Neuerscheinungen vor, zeigen ihre Regale und ihre neuesten Einkäufe. Dazu ein Begeisterungsschwall – fertig sind die Videos. Nicht nur der Inhalt zählt, sondern auch die Verpackung.
30   Das Cover? Ist gerne „ganz toll" oder „super schön". Und die Glitzerschrift des Titels erst! Die Videos sind nicht immer kritisch, oft schwärmerisch. Ein Youtube-Urteil das meistens auf Geschmack basiert und nur selten auf Analyse. Echtes Fan-Verhalten eben. Die Begeisterung kann anstrengend sein, aber sie ist direkt und authentisch[6]. Die User lieben es. Das zeigen die Zahlen: Sara
35   Bow betreibt ihren Youtube-Kanal seit Oktober 2012, 23.400 Abonnenten er-reicht sie, wenn sie gestylt über ihre neun gelesenen Bücher im Juni spricht.

(5) Die Leidenschaft für Bücher hat längst auch die sozialen Netzwerke er-reicht. Facebook: Gepostet werden Links von Rezensionen oder Artikeln über Buchsammler. Twitter: kurze Alltagsschnipsel wie der erste Satz eines Buches.

Instagram: Hier kommt's eben auf das Foto an. Ein Buch, daneben eine deko- 40
rative Blumenvase und ein Stück Kuchen mit Sahne. Oder: ein aufgeschlagenes
Buch auf dem Lesesessel, daneben der Hund und ein Cappuccino. So sehen
typische Postings der Bookstagramer aus. Vor allem junge Frauen präsentieren
mit sorgfältig arrangierten Fotos ihre Lieblingsbücher – und erreichen damit
erstaunlich viele Menschen. 45

(6) Auch Mara Giese nutzt Instagram gerne. „Es ist relativ unkompliziert zu
bedienen und lebt vom Augenblick." Spontan ein Foto von ihrem Lesemoment
geknipst und hochgeladen, schon erreicht die 31-Jährige 4.000 Abonnenten.
Aber Giese ist auch auf Facebook und Twitter präsent. Das Bespielen der
unterschiedlichen Kanäle kostet Zeit. Aber der Aufwand lohnt sich: 70 Pro- 50
zent ihrer Blogleser kommen über Facebook, Twitter und Instagram. „Einen
Buchblog zu führen, ohne in den sozialen Netzwerken vertreten zu sein, ist
möglich, aber deutlich schwieriger als früher", sagt Giese. „Es ist eine tolle
Möglichkeit, um Werbung für den Blog zu machen.

(7) Bücher bei Instagram zu zeigen – okay. Aber darüber zu sprechen? Das geht 55
mittlerweile auch im Internet: auf Leseplattformen wie „Goodreads", „Litera-
turschock" und „Lovelybooks". Wie auf einer Buchmesse tauschen sich Leser
rund um die Uhr untereinander und mit Autoren aus, nehmen an virtuellen
Literatursalons[7] oder Leserunden teil und bewerten Gelesenes. Sinnlich[8] ist das
nicht, der Bücherplausch mit Freunden entfällt. Dafür ist der Lieblingsautor 60
nur einen Klick entfernt.

(8) Je mehr ein Buch im Gespräch ist, desto besser. Das wissen auch die Verlage.
„Für uns sind Buchblogger als Multiplikatoren[9] wichtig für die Verarbeitung
unserer Bücher", sagt Julia Schmilgun, Vertreterin eines Verlages. Über die Buchblogger erreiche der Verlag ein neues Publikum, „sie sind für uns unverzichtbar 65
geworden". Ein anderer Verlag arbeitet mit etwa 200 Bloggern zusammen, sie
haben einen hohen Stellenwert: „Blogger sind echte Buchhelden, die Tag für
Tag im Netz für ihre Lieblingsbücher kämpfen", heißt es auf der Internetseite,
„und schlicht wahre Wunder bewirken, wenn es darum geht, Menschen für
Bücher zu begeistern." Und ein weiterer Verlag pflegt die Beziehungen zu den 70
Bloggern mit einem eigenen Bloggerportal. „Die Wahrnehmung der Blogs im
Verlag hat sich schon sehr stark verändert", sagt Mara Giese. Sie erinnert sich
an ihre Anfänge als Bloggerin: „Da war die Zusammenarbeit mit den Verlagen
echt schwer." Das hat sich geändert.

1 **„1984"** ist ein berühmter Roman des Autors George Orwell aus dem Jahr 1949.

2 **plakativ:** *hier:* gut sichtbar

3 **Rezension:** Buchbesprechung

4 **vergriffen:** nicht mehr lieferbar

5 **euphorisch:** begeistert

6 **authentisch:** echt

7 **virtuelle Literatursalons:** *hier:* Treffen im Internet, bei denen man über Literatur spricht

8 **sinnlich:** mit den Sinnen zu erfahren, z.B. spürbar und fühlbar

9 **Multiplikator:** jemand, der Informationen weitergibt und verbreitet

Neue Westfälische, Gütersloh, 05.07.2017, verändert

F Prüfungsaufgaben zum Themenbereich „Digitale Welten"

AUFGABEN 1 – 14

1 Kreuze die richtige Antwort an.
In Internetblogs werden (Abschnitte 1 und 2) …

a) meist klassische Romane besprochen. ☐

b) häufig moderne Romane besprochen. ☐

c) Verfilmungen von Büchern gezeigt. ☐

d) Bücher in gedruckter Form präsentiert. ☐

2 Kreuze die richtige Antwort an.
Das „gedruckte Buch [hat] im digitalen Zeitalter noch eine Chance […] zu überleben" (Z. 6/7), weil …

a) Bücher von großer kultureller Bedeutung sind. ☐

b) man im Internet vergriffene Bücher bekommt. ☐

c) Bücher in digitalen Medien sehr gelobt werden. ☐

d) Blogger gezielt unbekannte Literatur vorstellen. ☐

3 Die Autorin behauptet: „Ein neues Zeitalter der Lesekultur hat begonnen" (Z. 11/12).
Erläutere diese Aussage im Textzusammenhang.

_____

_____

_____

_____

4 Kreuze die richtige Antwort an.
Laut Bloggerin Mara Giese lesen viele Menschen Buchblogs (Abschnitt 3), …

a) wenn sie der Kulturteil einer Zeitung besonders anspricht. ☐

b) weil sie der Kulturteil einer Zeitung weniger anspricht. ☐

c) bevor sie den Kulturteil einer Zeitung genau lesen. ☐

d) obwohl sie den Kulturteil einer Zeitung gerne lesen. ☐

5 Kreuze die richtige Antwort an.
„Booktuber" (Z. 25) …

a) besprechen wöchentlich neue Bücher. ☐

b) zeigen nur die Verpackung der Bücher. ☐

c) inszenieren ihre Buchvorstellung. ☐

d) stammen überwiegend aus den USA. ☐

Quelle (Aufgaben): Qualitäts- und UnterstützungsAgentur – Landesinstitut für Schule, Soest 2019

F Prüfungsaufgaben zum Themenbereich „Digitale Welten"

6 Kreuze die richtige Antwort an.
Durch die Formulierung *„Echtes Fan-Verhalten eben"* (Z. 33) wird im Textzusammenhang (Abschnitt 4) deutlich, dass die Autorin des Artikels die …

a) Präsentationen kritisch sieht, aber nicht ablehnt. ☐

b) emotionalen Darstellungen in Blogs sehr mag. ☐

c) emotionalen Buchvorstellungen gänzlich ablehnt. ☐

d) Präsentationen mag, aber die Bücher nicht kauft. ☐

7 Kreuze die richtige Antwort an.
„Booktuber" (Abschnitt 4) …

a) haben zunehmend mehr Fans. ☐

b) haben normalerweise kaum ältere Anhänger. ☐

c) müssen sich in außergewöhnlicher Weise stylen. ☐

d) stellen meist britische und amerikanische Werke vor. ☐

8 Kreuze die richtige Antwort an.
Besonders häufig werden Buchvorstellungen (Abschnitt 5) …

a) im eigenen Wohnzimmer präsentiert. ☐

b) von weiblichen Bloggern gezeigt. ☐

c) von Buchsammlern geliked. ☐

d) bei Twitter gepostet. ☐

9 Kreuze die richtige Antwort an.
Mara Giese nutzt soziale Medien (Abschnitt 6), …

a) um Zeit zu sparen. ☐

b) weil sie gerne Fotos von sich postet. ☐

c) obwohl sie schwer zu bedienen sind. ☐

d) um mehr Leser für ihren Blog zu gewinnen. ☐

10 Kreuze die richtige Antwort an.
Nach Meinung der Autorin ähnelt die Nutzung von Buchblogs (Abschnitt 7) …

a) einem Chat bei Instagram. ☐

b) einem Treffen bei Freunden. ☐

c) dem Besuch einer Buchmesse. ☐

d) der Lesung auf einer Buchmesse. ☐

125

F Prüfungsaufgaben zum Themenbereich „Digitale Welten"

11 Erläutere im Textzusammenhang, welche Bedeutung die Buchblogger für die Verlage haben.

_____

_____

_____

_____

_____

_____

12 Ordne die folgenden Überschriften den richtigen Abschnitten 5 – 8 zu.

Überschrift	Textabschnitt (5, 6, 7, 8)
a) Austausch über Bücher im Internet	
b) Art der Bildgestaltung durch Nutzer von Instagram	
c) Einfluss von Buchbloggern auf den Buchmarkt	
d) Bedeutung der sozialen Medien für Buchblogger	

13 Kreuze die richtige Antwort an.
In ihrem Text legt die Autorin nah, dass Buchblogger …

a) besonders gebildete Menschen sind. ☐

b) kein Interesse an schwierigen Büchern haben. ☐

c) Lesen mit der Freude am Präsentieren verbinden. ☐

d) mit ihren Präsentationen nur Geld verdienen wollen. ☐

14 Ein Schüler sagt nach dem Lesen des Textes:

„Buchblogs sind überflüssig!"

Schreibe eine kurze Stellungnahme zu dieser Aussage.
Du kannst der Auffassung zustimmen oder nicht. Wichtig ist, dass du deine Meinung begründest.
Beziehe dich dabei auf den Text.

_____

_____

_____

_____

_____

_____

_____

_____

_____

126

F Prüfungsaufgaben zum Themenbereich „Digitale Welten"

F 3 Aufgabentyp 4b: Self-Tracking (angeleitetes Üben)

Teil II

Lies bitte zunächst die Aufgabe und dann die Materialien aufmerksam durch, bevor du mit dem Schreiben beginnst. Schreibe einen zusammenhängenden Text.

AUFGABENSTELLUNG

Untersuche die Materialien M1, M2 und M3.

Gehe dabei so vor:

- **Benenne** das gemeinsame Thema von M1, M2 und M3.
- **Fasse** die Informationen aus M1a und M1b **zusammen**.
- **Stelle** die Aussagen aus M2 und M3 mit eigenen Worten **dar**. **Vergleiche** die Positionen im Hinblick auf die Auswirkungen, die „Self-Tracking" auf das Leben der Menschen haben kann. Belege deine Ausführungen am Text.
- **Setze dich** kritisch mit der folgenden Aussage eines Mitschülers **auseinander**:
  „Jeder sollte danach streben, das Beste aus sich herauszuholen, und dafür auch digitale Hilfsmittel nutzen."
  – **Nimm Stellung** zu der Aussage.
  – **Begründe** deine Meinung.
  – Beziehe dich dabei auch auf die Materialien M1 bis M3.

M1a   Führt Selbstvermessung zu Selbsterkennung?
Christoph Koch

Immer mehr Menschen versuchen, mit „Quantified Self", auch bekannt als „Self-Tacking"[1], Neues über sich selbst herauszufinden. Die Idee: Menschen vermessen ihren Alltag mit digitalen Hilfsmitteln und versuchen so, zu tieferen Erkenntnissen über ihr Leben zu gelangen. „Selbsterkenntnis durch Zahlen", so das klare Motto der Bewegung.   5

Die Anwendungen sind ganz unterschiedlich: Manche erfassen, wie viele Schritte sie den Tag über zurückgelegt haben, wie viele Stockwerke sie hochgestiegen sind oder welche Nahrungsmittel sie zu sich genommen haben. Andere vermessen ihren Schlaf oder „tracken" Gesundheitswerte wie Puls, Blutdruck, Blutzuckerspiegel oder den Sauerstoffgehalt in ihrem Blut.[...]   10

Die Gründe, das zu tun, sind individuell sehr unterschiedlich: Bei manchen ist es einfach nur Neugier und der Wunsch, dem diffusen[2] Bauchgefühl einmal knallharte Zahlen gegenüberzustellen. Andere setzen auf eine Verhaltensänderung. Nicht ohne Grund – Studien haben gezeigt, dass Menschen, die einen Schrittzähler benutzen, sich deutlich mehr bewegen als vorher. Nicht 15 umsonst lautet ein altes Sprichwort: „Selbsterkenntnis ist der erste Schritt zur Besserung." [...]

1 **Quantified Self (gemessenes Selbst):** von zwei Technik-Journalisten in den USA geprägter Leitbegriff der Anhänger des „Self-Tracking" (Selbstvermessung mit digitalen Hilfsmitteln)

2 **diffus:** unklar, verschwommen

Quantified Self: Selbstvermessung führt zu Selbsterkennung? IDG Tech Media GmbH/PC-WELT, München, 17.07.2017 (https://www.pcwelt.de/ratgeber/Quantified-Self-Erkenne-dich-selbst-durch-Zahlen-10026378.html, 17.07.2017, Zugriff: 12.02.2018), verändert

Quelle (Aufgaben): Qualitäts- und UnterstützungsAgentur – Landesinstitut für Schule, Soest 2018

F Prüfungsaufgaben zum Themenbereich „Digitale Welten"

M1b Bereitschaft zur Erhebung und Weitergabe von personenbezogenen Daten

21 %

der Deutschen **tracken** ihre eigenen Daten in mindestens einem Lebensbereich

In welchen Bereichen wird das Verhalten getrackt?

Quantified Wealth Monitor 2016, SPLENDID RESEARCH GmbH

M2 Immer schneller, besser, effizienter: der Trend zur Selbstoptimierung [unbekannter Verfasser]

Die Selbstvermessung und -optimierung hat mithilfe kleiner digitaler Helfer Einzug in unseren Alltag erhalten. Kalorien oder Schritte zählen, Schlafphasen messen, Produktivität protokollieren [...] – alles ist möglich. Das Ziel, das Maximum aus dem eigenen Leben herauszuholen, erscheint verlockend und
5 erstrebenswert.
Erfolge machen glücklich! Und durch die Hilfe einer stukturierten Selbstoptimierung[1] erreichen wir unsere Ziele schrittweise und nehmen die Erfolge wahr, was uns motiviert und aktiviert.
Durch die systematische Optimierung gewinnen wir Erkenntnisse über unsere
10 persönlichen, gesundheitlichen und sportlichen Gewohnheiten. Dies ermöglicht uns, mehr über uns selbst zu lernen und bewusster zu leben. Alleine das Interesse für das eigene Wohlbefinden ist ein wichtiger Schritt hin zu einem gesünderen Leben. Durch die Masse an Teilnehmern wird über das Tracking eine unvorstellbar hohe Datenmenge generiert[2], deren Erkenntnisse für die
15 Medizin und Wissenschaft genutzt werden können.
Selbstdisziplin gilt als wichtige Grundeigenschaft, die uns dabei hilft, ungeahnte Fähigkeiten zu entwickeln. Durch die Nutzung technischer Geräte werden verlässliche Daten generiert, mithilfe derer die Effizienz[3] erfolgreich gesteigert werden kann. Auch eine vermehrte Produktivität kann glücklicher machen!
20 In unserer heutigen Zeit voller Verlockungen und Möglichkeiten gibt uns die Selbstoptimierung ein wenig Steuerung und Kontrolle über unser tägliches Handeln zurück, was uns Sicherheit und Hilfestellung in der Strukturierung unseres Alltags gibt. [...]

1 **strukturierte Selbstoptimierung:** Verbesserung der eigenen Fähigkeiten nach einem bestimmten Plan

2 **generieren:** erzeugen, hervorbringen

3 **Effizienz:** Wirksamkeit

Schäffer-Poeschel, Verlag für Wirtschaft · Steuern · Recht GmbH, Haufe Gruppe, Stuttgart, 17.10.2017 (http://ecampus.haufe.de/karriere/immer-schneller-besser-effizienter-der-trend-zur-selbstoptimierung/, Zugriff: 12.02.2018), verändert

Hinweis zur Quelle: Der Text wurde ohne namentliche Nennung eines Verfassers veröffentlicht.

F Prüfungsaufgaben zum Themenbereich „Digitale Welten"

M3 **Unsere Selbstoptimierung macht uns kaputt!**
Steffi Burkhart

[...] Bei so manchen Freunden von mir ist das perfekte Leben tabellarisch in
Messeinheiten erfasst. Und all die Super-Blogger und -Bloggerinnen demonst-
rieren uns auf ihren Social-Media-Kanälen, wie easy es ist, den fittesten Body
zu erdiäten[1], mit nur fünf Stunden Schlaf die Nacht trotzdem Höchstleistung
zu erbringen und zehn Bücher in einer Woche zu lesen. [...]   5
Die Folge: Wir fühlen uns einsam, obwohl wir nicht alleine sind, wir fühlen
uns gereizt und gestresst, obwohl wir doch täglich unsere Gesundheit tracken, wir machen Überstunden, intensivieren die Arbeitszeit und schlucken
stattdessen aufputschende Substanzen. Und als wäre das alles noch nicht
schlimm und alarmierend genug, werden zukünftig Zahnbürsten, Spiegel,   10
Kühlschränke auch noch anfangen, nur das Beste für uns zu wollen und aus
uns rauszuholen (Internet of Things)[2].
Bei all dem Optimierungswahnsinn bleibt ein wesentliches Gefühl auf der
Strecke: Happiness. Dabei versprechen doch all die Selbstoptimierungs-
Tools, Tipps und Tricks in Büchern, Videos und Hörbüchern mehr Happiness. 15
Fehlalarm. Bei all der Taktung und Disziplin scheint sie auf der Strecke zu
bleiben. In der Wissenschaft wird sogar das Gegenteilige beobachtet: Bei immer
mehr jungen Menschen werden Depressionen oder andere psychosomatische
Störungen[3] wie beispielsweise Angststörungen diagnostiziert.
Es ist eine Sehnsucht danach, zu beobachten, einfach mal faul zu sein, nach 20
Fehlerhaftem, nach Ungezwungenheit, nach Nichtstun. Danach, drei Filme
in Folge zu schauen, dabei im Bett zu liegen und Schleckeis zu schlemmen –
ohne schlechtes Gewissen und Gedanken um Arbeit, Kalorien oder Wäsche,
die noch gewaschen werden will. [...]

1 **erdiäten:** durch eine Diät herbeiführen

2 **Internet of Things (Internet der Dinge):** Vernetzung und Steuerung von Alltagsgeräten mit dem Internet
durch bestimmte Programme oder Apps

3 **psychosomatische Störungen:** Krankheitssymptome, die auf seelische Vorgänge zurückzuführen sind

Blog von Dr. Steffi Burkhart, Köln (http://steffiburkhart.com/wir-selbstoptimieren-uns-kaputt/)
Zugriff: 12.02.2018, verändert

LÖSUNGSHILFEN zu **1** a)

1 Bearbeite M1a, M1b, M2 und M3,
indem du den ersten und zweiten
Arbeitsschritt durchführst (siehe
C 3.5, S. 61).
Nutze die Ergebnisse dieser
Vorarbeit, um die Teilaufgabe **1** a)
zu bearbeiten.

2 a) Lege dir einen Schreibplan an und
ergänze ihn. Orientiere dich dabei am dritten Schritt (siehe C 3.5,
S. 64). Du kannst auch die Vorlage
aus C 3.4 verwenden (S. 60).

TIPP zu **1** und **2**

1. In der ersten Teilaufgabe wirst du normalerweise dazu
aufgefordert, die vorliegenden Materialien kurz vorzustellen (TATTE-Satz). In dieser Aufgabe sollst du direkt
das gemeinsame Thema benennen. Es ist dennoch hilfreich, die Materialien kurz vorzustellen, um den Überblick zu behalten und die Textarten in den Blick zu nehmen, denn du hast sie vollständig erschlossen.

2. Wenn du dir den Schreibplan anlegst, plane in der ersten
Zeile mehr Platz ein, damit du die Angaben (TATTE-Satz)
zur Vorstellung geordnet eintragen kannst. Daraus lei-
test du dann das gemeinsame Thema ab.

F Prüfungsaufgaben zum Themenbereich „Digitale Welten"

b) Ergänze deine Ergebnisse zu Aufgabe **1** a) im Schreibplan. Beginne so:

Vorliegende Materialien:

– M1a: Sachtext „Führt Selbstvermessung zu Selbsterkennung?" von Christoph Koch (2017)

– M1b: Infografik „Bereitschaft zur Erhebung und Weitergabe von personenbezogenen Daten",

Quelle: Quantified Wealth Monitor (2016)

– M2: …

– M3: …

Gemeinsames Thema:

Auseinandersetzung mit der persönlichen Selbstoptimierung durch die Vermessung des

eigenen Körpers mit digitalen Hilfsmitteln (Self-Tracking); Vor- und Nachteile sowie Aus-

wirkungen werden …

LÖSUNGSHILFEN zu 1 b)

3 In Aufgabe **1** b) sollst du die wesentlichen Informationen aus M1a und M1b zusammenfassen. Trage diese in die zweite Zeile deines Schreibplans ein. Formuliere so:

– der Sachtext (M1a) stellt die Grundidee

der „Quantified Self"-Bewegung dar: Nutzung

digitaler Medien als Mittel zur Vermessung des

eigenen Körpers im Alltag

– Ziel ist es, zu genauen Erkenntnissen über das

eigene Leben, den eigenen Gesundheitszustand

zu gelangen

– dies ist durch unterschiedliche

Anwendungen möglich: Schrittzähler, Festhal-

ten der gegessenen Nahrungsmittel, Erfassen der Schlafzeiten oder anderer Gesundheitswerte

(Puls, Blutzucker, Sauerstoffgehalt)

– …

– in der Infografik (M1b) wird die Verteilung der Nutzungsmöglichkeiten durch Prozent-

angaben visualisiert

– deutlich wird, dass 21 % der Deutschen bereits ihre eigenen Daten tracken (Stand: 2016)

– der Bereich Fitness wurde mit 18 % am häufigsten genannt

– …

TIPP zu 3

1. Diese Teilaufgabe bezieht sich auf zwei Materialien (M1a und M1b), weil sie inhaltlich zusammenhängen, denn aus der Infografik kannst du prozentuale Belege für die Angaben in M1a entnehmen. Durch deine Zusammenfassung zeigst du gleichzeitig, dass du diese Zusammenhänge verstanden hast.
2. Nutze deine Stichworte, die du bei der Texterschließung des Sachtextes und der Infografik notiert hast (vgl. zweiter Schritt).
3. Formuliere Fakten aus dem Text in eigenen Worten. Zahlen und Namen kannst du übernehmen.
4. Formuliere im Präsens.

F Prüfungsaufgaben zum Themenbereich „Digitale Welten"

LÖSUNGSHILFEN zu **1** c)

4 Fasse als Nächstes die Aussagen aus den Materialien M2 und M3 zusammen. Schreibe deine Stichworte aus der Erschließung der Materialien in die dritte Spalte deines Schreibplans:

Zusammenfassung Sachtext (M2):

– Angaben zur Nutzung werden bestätigt,

Ziele der Menschen werden konkretisiert

– für Nutzer/-innen dieser Möglichkeiten

erscheint es erstrebenswert, durch Self-

Tracking und die daraus resultierende Möglich-

keit der Selbstoptimierung möglichst viel aus

sich und somit ihrem Leben zu machen

– für viele Menschen bedeute das Erfassen

der Erfolge eine Motivation und aktiviere sie

zusätzlich

– eigene Gewohnheiten in persönlicher,

gesundheitlicher und sportlicher Hinsicht

könnten erfasst und …

TIPP zu **4** und **5**

1. Die dritte Teilaufgabe ist komplexer, denn sie enthält zwei verschiedene Operatoren und bezieht sich zudem auf zwei verschiedene Materialien (M2 und M3):
   - Stelle … dar
   - Vergleiche …

   Dies ist möglich, da die weiteren Materialien M2 und M3 gegensätzliche Standpunkte (hier: *bezüglich des Self-Trackings*) darstellen.
2. Zusätzlich sollst du deine Schlussfolgerungen hinsichtlich des Vergleichs am Text belegen. Du musst also Zitate und Zeilenangaben heranziehen.
3. Es ist sinnvoll, die drei Teile der Aufgabe nacheinander zu bearbeiten, um nicht den Überblick zu verlieren. So stellst du die Materialien inhaltlich gegenüber und kannst zum Abschluss den Vergleich formulieren.
4. Lass nach jedem Teil einen Absatz. Somit ist dein Text besser lesbar und du gehst sicher, dass du alle Teile bearbeitet hast.
5. Formuliere in der indirekten Rede (Konjunktiv), denn du gibst die Aussagen der Autoren wieder.

Zusammenfassung Blogeintrag (M3):

– die Autorin Steffi Burkhart stellt zum Teil eher ironisch Entwicklungen und negative

Auswirkungen des Self-Trackings dar

– zu Beginn übt sie auf spöttische Weise Kritik an der öffentlichen Selbstdarstellung der

Tracking-Ergebnisse in den sozialen Netzwerken

– die Folge dieser Zur-Schau-Stellung sei, dass sich Menschen einsam und gestresst fühlten,

da sie immer weitere Verbesserungen auch im Vergleich mit anderen erzielen wollten …

TIPP zu **5**

1. Im Vergleich formulierst du Schlussfolgerungen bezüglich der Unterschiede und Gemeinsamkeiten der Aussagen in beiden Texten. Zumeist wird dir der Schwerpunkt des Vergleichs in der Aufgabe vorgegeben (hier: *verschiedene Positionen hinsichtlich der Auswirkungen von Self-Tracking*). Paraphrasiere am Anfang zu deiner Orientierung den Wortlaut dieses Schwerpunktes.
2. Lies dazu noch einmal deine Stichworte aus Aufgabe 4 und markiere in M2 und M3 die Textstellen, die du als Belege verwenden willst.
3. Formuliere abschließend ein Fazit zu den Ergebnissen des Vergleichs.

F Prüfungsaufgaben zum Themenbereich „Digitale Welten"

5 Setze nach der Darstellung der Aussagen die Materialien zueinander in Beziehung, d. h. du vergleichst die Positionen miteinander. Beginne mit dem Schwerpunkt (= Vergleichsaspekt) der Aufgabenstellung. Notiere deine Ergebnisse ebenfalls in der dritten Spalte deines Schreibplans und ergänze die Belege, die du in den Texten markiert hast.

—vergleicht man die beiden in M2 und M3 dargestellten Positionen im Hinblick auf die Aus-

wirkungen des Self-Trackings miteinander, ergibt sich ein sehr konträres Bild hinsichtlich des

Nutzens und der Auswirkungen der Selbstvermessung mit digitalen Hilfsmitteln

— einerseits wird Self-Tracking als Weg zur Verbesserung der körperlichen und seelischen

Gesundheit gesehen (M2), andererseits entsteht durch das dauerhafte Erfassen der eigenen

Werte und den direkten Zwang, dies nachhaltig zu tun und die Werte zu vergleichen, eine

Gefahr der Beeinträchtigung der eigenen Gesundheit (M3)

— auf der einen Seite ..., auf der anderen ... / während in M2 ..., wird im Blogeintrag gezeigt, ...

— Insgesamt wird durch den Vergleich beider Positionen deutlich, dass die Chancen des ...

LÖSUNGSHILFEN zu **1** d)

6 a) Lies die letzte Teilaufgabe (**1** d), in der du Stellung zu einer Aussage nehmen sollst.
b) Kannst diese Aussage teilen?
Formuliere deinen Standpunkt dazu.
c) Suche in den Materialien nach Aussagen, die deine Position stützen, und notiere diese in der letzten Zeile des Schreibplans.

Ein Schüler meint, dass jeder danach streben

sollte, ...

Damit meint er, dass ...

Damit will er darauf hinweisen, dass ...

Ich teile diesen Standpunkt ... / ... nur

bedingt ... / ... nicht, denn ...

Jeder muss persönlich abwägen, ob das Self-

Tracking für ihn von Nutzen ist, da ...

TIPP zu **6**

In der letzten Aufgabe musst du zu einem Zitat aus dem Text oder zu einer Aussage zum Text Stellung nehmen. Gehe dazu so vor:
1. Gib die Aussage, zu der du Stellung nehmen sollst, wieder. Erläutere sie oder beziehe dich auf die schon erarbeitete Darstellung.
2. Stelle deine eigene Position dazu dar und begründe, warum du ebenfalls dieser Meinung bist oder warum du die Meinung nicht teilen kannst. Du kannst auch einen Kompromiss erarbeiten.
3. Beziehe dich in deiner Argumentation auf den Text. Ziehe dazu Textbelege heran.
4. Formuliere ein eindeutiges Fazit.

---

7 Formuliere deinen Text nach dem Schreibplan. Nutze nachfolgende Formulierungshilfen:

1 *a) Bei den mir vorliegenden Materialien handelt es sich zunächst um den Sachtext ...*
1 *b) Im Sachtext von Christoph Koch „Führt Selbstvermessung zu Selbsterkennung)" (M1a) ...*
1 *c) In dem Sachtext „Immer schneller, besser, effizienter: der Trend zur Selbstoptimierung" ...*
1 *d) Ein Mitschüler hat zum Self-Tracking geäußert, dass jeder danach streben sollte, das ...*

8 Überarbeite deinen Textentwurf mithilfe der CHECKLISTE auf Seite 67.

132

F Prüfungsaufgaben zum Themenbereich „Digitale Welten"

F 4 Aufgabentyp 4b: Erklärvideos (selbstständiges Üben)

Teil II

Lies bitte zunächst die Aufgabe und dann die Materialien aufmerksam durch, bevor du mit dem Schreiben beginnst. Schreibe einen zusammenhängenden Text.

AUFGABENSTELLUNG

Untersuche die Materialien M1, M2 und M3.

Gehe dabei so vor:

- **Benenne** das gemeinsame Thema von M1, M2 und M3.
- **Fasse** die Informationen aus M1a und M1b **zusammen**.
- **Stelle** die Aussagen aus M2 und M3 mit eigenen Worten **dar**. **Vergleiche** die Positionen im Hinblick auf die Frage, welche Möglichkeiten und Grenzen Erklärvideos für den Unterricht haben können. **Belege** deine Ausführungen am Text.
- **Setze dich** kritisch mit der folgenden Aussage einer Mitschülerin **auseinander**:
  „Erklärvideos steigern den individuellen Lernerfolg."
  - **Nimm Stellung** zu der Aussage.
  - **Begründe** deine Meinung.
  - Beziehe dich dabei auch auf die Materialien M1 bis M3.

M1a **Was sind Erklärvideos?** *Jana Brehmer und Sebastian Becker*

[...] Erklärvideos sind kurze Filme, meist selbst produziert, in denen Inhalte und Sachverhalte leicht verständlich erklärt werden. Beispielsweise kann erklärt werden, wie etwas funktioniert oder wie abstrakte[1] Konzepte und Zusammenhänge dargestellt werden können. Zu Erklärvideos gehören beispielsweise auch Videotutorials[2], wie sie auf Youtube zu finden sind. In diesen wird dazu [5] aufgefordert, eine gezeigte Tätigkeit oder Fähigkeit nachzumachen. [...] Es gibt eine breite Vielfalt bei der Gestaltung von Erklärvideos. Obwohl das Produktionsbudget[3] meist fehlt oder sehr gering ist, gibt es einfach gehaltene, aber auch nahezu professionell gestaltete Erklärvideos. [...] Die Videos orientieren sich meist an einem informellen[4] Kommunikationsstil, sprechen [10] die Zuhörer auf Augenhöhe an und duzen sie. Die Erklärungen werden der Zielgruppe entsprechend angepasst und teilweise humorvoll vermittelt. [...] Die Produzierenden von Erklärvideos reichen von Laien bis hin zu Experten, die ganze Erklärreihen publizieren[5]. Zu einem Thema gibt es nicht nur inhaltlich unterschiedliche Erklärungen, sondern auch gestalterisch und kommunikativ [15] eine breite Vielfalt.

1 abstrakt: theoretisch, nur gedacht

2 Videotutorials: Videos, die den gewünschten oder vorgesehenen Ablauf eines bestimmten Vorgangs erklären

3 Produktionsbudget: *hier:* das für eine Produktion zur Verfügung stehende Geld

4 informell: *hier:* durch den Gebrauch von Umgangssprache geprägt

5 publizieren: veröffentlichen

„Erklärvideos" ... als eine andere und/oder unterstützende Form der Lehre. Georg-August-Universiät Göttingen, Mai 2017 (https://www.uni-goettingen.de/de/document/download/... pdf/03_Erklärvideos.pdf, Zugriff: 20.02.2019) verändert

Quelle (Aufgaben): Qualitäts- und UnterstützungsAgentur – Landesinstitut für Schule, Soest 2019

F Prüfungsaufgaben zum Themenbereich „Digitale Welten"

M1b Empirische Studie[1] über den Gebrauch von Erklärvideos in Deutschland (2016) *Johanna Czerny*

[...] Im Jahr 2016 untersuchten die beiden Wissenschaftler Andreas Krämer und Sandra Böhrs in einer empirischen Studie[1] den Gebrauch von Erklärvideos und deren Wirkung. Dazu wurden unter anderem rund 1.000 Versuchspersonen aus Deutschland in einer Online-Studie befragt. [...] Der erste Teil der Studie
5 beschäftigte sich mit den Vorerfahrungen der Teilnehmenden mit E-Learning[2] im Allgemeinen und mit Erkärvideos im Besonderen.

	„Haben Sie schon einmal ein Erklärvideo geschaut?"		
	16 – 29 Jahre	30 – 59 Jahre	über 60 Jahre
Ja	81,2 %	73 %	62,4 %
Nein	18,8 %	27 %	37,6 %

[...] Die Befragten, die zuvor noch keine Erklärvideos benutzt hatten, verneinten zu 60 % einen zukünftigen Gebrauch, während die Teilnehmenden mit Vorerfahrung mit großer Mehrheit (85 %) angaben, Erklärvideos auch in
10 Zukunft nutzen zu wollen.

1 **empirische Studie:** auf der Grundlage von Daten, die die Erfahrungswirklichkeit widerspiegeln, durchgeführte Untersuchung

2 **E-Learning:** Form des Lernens, in welcher elektronische oder digitale Medien zum Einsatz kommen

Wissenschaftliche Studie: Was gute Erklärvideos auszeichnet. Pink University GmbH, München, 30.11.2017 (https://www.pinkuniversity.de/video-learning-blog/was-gute-erklaervideos-auszeichnet/) Zugriff: 20.02.2019, verändert

M2 Ist das Lernen mit Videos effektiv?

Nun hat sich die Erziehungswissenschaft mit dem Trend „Lernen mit Videos" beschäftigt. Laut einer Umfrage ermutigen immer mehr Lehrerinnen und Lehrer ihre Schülerinnen und Schüler dazu, mit Onlinevideos zu lernen. Aber warum eigentlich? Was kann ein Video, das ein Buch nicht kann? [...]
5 In Videos sieht man direkt, was jemand tut, und kann es nachmachen – und auf diese Weise besser verstehen. Einige Wissenschaftler sind der Meinung, dass es deshalb möglich sei, mit Videos Theorie und Praxis zu verbinden und damit Dinge leichter zu erklären (z. B. mit Beispielen aus dem Alltag). Experten nennen dies „Lernen am Modell" oder „Lernen durch Nachahmen". Und das
10 beeinflusst das Lernen positiv. [...]
Durch Töne, Bilder und Bewegungen kann man sich schneller orientieren und erhält so schneller einen Überblick über ein Thema als z. B. durch einen Text. Das kann den Lernenden Sicherheit vermitteln. Die Ansprache der verschiedenen Sinne (Sehen und Hören) ruft bei den Lernenden die Aufmerksamkeit
15 in einer besonderen Weise hervor, was zu einer gesteigerten Lernleistung führen kann.
Erziehungswissenschaftlerin Anja Fey schreibt: „Videosequenzen haben aber nicht nur kognitive[1], sondern darüber hinaus auch motivationale[2] und emotionale Aufgaben." Das heißt, dass Lernende durch Mimik[3] des Gegenübers im
20 Video und auch durch die Stimme, die zu hören ist, emotional angesprochen werden. Das führt dazu, dass sie „näher am Geschehen" sind und mehr in

das Lernen eingebunden werden. Außerdem ist es ihnen möglich, mit dem Video durch das Stoppen, das Zurückspulen, das Noch-einmal-Ansehen ihr Lerntempo selbst zu bestimmen. So kann jeder so schnell oder langsam lernen, wie es nötig ist, und das steigert die Motivation. [...] 25

1 **kognitiv:** das Wahrnehmen, Denken, Erkennen betreffend

2 **motivational:** *hier:* auf die Steigerung der Motivation bezogen

3 **Mimik:** Gesamtheit der möglichen Gesichtsausdrücke

Ist das Lernen mit Videos effektiv? – Ja, sagen Wissenschaftler. Sofatutor Magazin Schüler, sofatutor GmbH, Berlin, 29.01.2014 (https://magazin.sofatutor.com/schueler/2014/01/29/ist-lernen-mit-videos-effektiv-ja-sagen-wissenschaftler/ (Zugriff: 20.02.2019, verändert)

Hinweis zur Quelle: Der Text wurde ohne namentliche Nennung eines Verfassers veröffentlicht.

M3 Können YouTube-Lernvideos den Schulunterricht ersetzen? *Nina Bräutigam*

So positiv das Bild auch scheint und so sehr die Nachfrage nach Lernvideos steigt: Sie bringen auch Gefahren mit sich. Die Hersteller sind meist keine ausgebildeten Lehrer oder Wissenschaftler. Daniel Jung, ein bekannter YouTube-Nachhilfelehrer für Mathematik, räumt ein, dass es keine Qualitätskontrollen gibt. Erste Plattformen werten immerhin die Anzahl der positiven 5 und negativen Bewertungen eines Kanals aus. Zudem besteht nach Jung die Möglichkeit, dass User[1] durch Kommentare auf Fehler aufmerksam machen. Bestimmt bietet diese Funktion bei oft tausenden Nutzern eine relativ hohe Wahrscheinlichkeit, einen Fehler zu erkennen. Doch zuvor haben schon einige unwissende Zuschauer Falsches gelernt. 10
Hersteller von Lernvideos haben häufig kein Studium des Faches hinter sich, und die Gefahr, dass Inhalte wissenschaftlich nicht korrekt sind, muss dem Zuschauer immer bewusst sein. Mirko Drotschmann ist YouTube-Nachhilfelehrer für Geschichte und geht auf diese Problematik ein. Die zahlreichen, schnell abrufbaren Informationen im Internet sind eine hervorragende Möglichkeit, 15 sich zeitnah das benötigte Wissen anzueignen. Da es jedoch keine offiziellen Überprüfungen der Inhalte gibt, kann dies zur Aneignung falschen Wissens führen. Drotschmann spricht sich dafür aus, dass es eine Vernetzung von Anbietern mit einem gemeinsamen Siegel geben müsste, um die Qualität von Videos kenntlich zu machen. 20
Laut Stefan Aufenanger, Professor für Erziehungswissenschaften und Medienpädagogik an der Universität Mainz, ist ein weiterer Schwachpunkt, dass mithilfe von YouTube eine reine Stoffvermittlung, jedoch keine Vermittlung von sozialen Kompetenzen stattfindet. Dieser Kritikpunkt ist hervorzuheben, denn die Schulzeit dient wesentlich dazu, ein Kind bzw. einen Jugendlichen 25 auf das spätere Leben vorzubereiten. Dafür genügt das Lernen von reinem Faktenwissen nicht. Auch wenn ein Schüler in Form von Kommentaren die Möglichkeit zum Austausch hat, ist dies kein Ersatz für den persönlichen Kontakt zu anderen Menschen und die Arbeit in Gruppen. Zudem besteht laut Aufenanger im Gegensatz zur Schule keine Möglichkeit, direkt Fragen 30 zu stellen oder persönliche Diskussionen zu führen.

1 **User:** Nutzer

https://gibro.de/blogs/medienprojekt1718/2018/04/15/koennen-youtube-lernvideos-den-schulunterricht-ersetzen/ (Zugriff: 25.09.2018, verändert)

F Prüfungsaufgaben zum Themenbereich „Digitale Welten"

F 5 Aufgabentyp 4b: E-Book oder gedrucktes Buch? (selbstständiges Üben)

Teil II

Lies bitte zunächst die Aufgabe und dann die Materialien aufmerksam durch, bevor du mit dem Schreiben beginnst. Schreibe einen zusammenhängenden Text.

AUFGABENSTELLUNG

Untersuche die Materialien M1, M2 und M3.
Gehe dabei so vor:
- **Stelle** die Materialien kurz **vor** und **benenne** das gemeinsame Thema von M1, M2 und M3.
- **Gib** die wesentlichen Aussagen aus M1 **wieder**. Berücksichtige dazu die Verteilung von gedruckten Büchern und E-Books in den jeweiligen Altersgruppen.
- **Fasse** die Informationen aus M2 **zusammen**.
- **Stelle** die in M3 genannten Vorteile von E-Books ihrer Relevanz nach **dar**.
- **Vergleiche** die Aussagen zu gedruckten Büchern und E-Books aus M1, M2 und M3 miteinander, und **erläutere** begründet, inwieweit beide Medien unterschiedliche Gruppen von Lesern anziehen. **Belege** deine Ausführungen anhand der Materialien.
- Eine Schülerin sagt über gedruckte Bücher: „Ich gehe gerne in einen Buchladen oder in eine Bücherei. Dort kann ich blättern, stöbern und Klappentexte lesen. So ist die Auswahl eines für mich passenden Lesestoffes viel leichter."
  Setze dich kritisch mit dieser Aussage **auseinander**:
  – **Nimm Stellung** zu der Aussage.
  – **Begründe** deine Meinung.
  – Beziehe dich dabei auch auf die Materialien M1 bis M3.

M1 Verteilung auf dem Büchermarkt

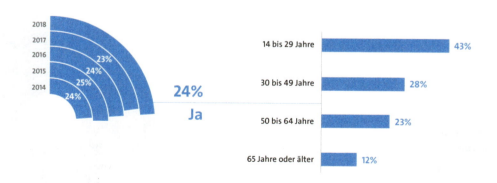

Basis: Alle Befragten (n = 1.005)
Quelle: Bitkom Research

Bitkom Research GmbH, 2018

F Prüfungsaufgaben zum Themenbereich „Digitale Welten"

M2 **E-Reader oder Buch aus Papier – was ist nachhaltiger?**
Matthias Matting

Lesen findet immer häufiger digital statt, E-Book-Reader sind inzwischen
Mainstream. Doch wie sieht's mit der Umweltbilanz aus? Wie öko sind E-
Book-Reader? [...]

Digital vs. gedruckt – welche Buchform ist nachhaltiger?

Der Stromverbrauch ist beim E-Book-Reader kaum der Rede wert: Für einen 5
Cent kannst du den Akku eines typischen E-Book-Readers etwa sechs Mal
komplett laden. Damit lassen sich dann ungefähr 40.000 Seiten lesen, also
mindestens 80 Bücher [...] Das Lesematerial fließt bei E-Book-Readern durch
Datenleitungen direkt auf das Gerät, das E-Book ist mindestens 20 Prozent
günstiger in der Anschaffung als ein herkömmliches Buch und braucht nach 10
dem Konsum nicht recycelt zu werden. Die Technik, „E-Ink" genannt, eignet
sich perfekt zur Anzeige von Text. Das Schriftbild ist ebenso kontrastreich wie
bedrucktes Papier, es lässt sich auch am Strand noch hervorragend entziffern,
und dank einer zusätzlichen Beleuchtung fühlt sich der Partner im gemeinsamen Schlafzimmer durch einen nächtlichen Lese-Marathon nicht gestört. 15
Das gute alte Buch mutet dagegen altmodisch an. Es raschelt beim Umblät-
tern. Es leuchtet nicht von selbst, man braucht eine Nachttischlampe. Ein
Lkw muss es von der Druckerei in den Buchladen transportieren (oder gleich
zu dir nach Hause, wenn du zu den Onlineshopper:innen gehörst). Für das
Papier von 80 Prozent aller Bücher müssen Bäume sterben, nur 20 Prozent 20
entstehen durch Recycling.

Knifflig: Die Ökobilanz von E-Book-Readern

Doch wie so oft täuscht der erste Blick. Die Frage, ob E-Book oder das traditio-
nelle Buch umweltfreundlicher sind, lässt sich nicht in einem Satz beantworten.
[...] Grundsätzlich haben Buch und Elektronik etwas gemeinsam: Die größten 25
Auswirkungen für die Umwelt entstehen bei der Produktion. Während die
Papierherstellung Abholzung fördert und organische Kohlenstoffe ins Abwasser entlässt, müssen für E-Book-Reader und Tablets zunächst Mineralien
gefördert werden – mit den bekannten Folgen wie Schwermetall-Freisetzung
im Boden und Freisetzung von Giften bei der Herstellung. 30
Ulrike Wilke[1] weist aber auch auf die ethischen und moralischen Probleme
hin: die schwindende Biodiversität[2] durch Wald-Monokulturen etwa oder
Kahlschlag und Urwaldvernichtung auf der einen Seite – Kinderarbeit, Umweltverschmutzung, vorindustrielle Arbeitsbedingungen auf der anderen.
Zusammen mit Energiebedarf, Wasserverbrauch sowie Treibhausgas- und 35
Schadstoff-Emissionen führen diese Faktoren zu einem Ranking, in dem zunächst das Buch klar vor Tablet und E-Book-Reader abschneidet.

Wann E-Reader besser sind als das Buch

[...] Vielleicht findest du dich ja unter den Gelegenheitsleser:innen wieder, die
etwa zehn Bücher pro Jahr schaffen: In diesem Fall wäre das Tablet das zu 40
bevorzugende Gerät. Das gilt allerdings nur, wenn du dich nicht aufs Lesen
beschränkst, sondern damit auch andere Medien konsumierst. Ist das nicht
der Fall, bleib lieber beim Buch, das hier nur wenig schlechter abschneidet.
Ganz anders sieht es bei Vielleser:innen aus. Bei 50 Büchern pro Jahr liegt
der E-Book-Reader eindeutig an der Spitze. Die Herstellung von 50 Druck- 45
werken verbraucht über zehn Mal mehr Ressourcen als die Produktion eines

F Prüfungsaufgaben zum Themenbereich „Digitale Welten"

M2

E-Book-Lesegeräts. Auch das Tablet kann hier nicht mehr mithalten, da seine Nutzung durch den höheren Energieverbrauch ökologisch teurer ist. [...] Die geschilderten Szenarien sind allerdings aus Umweltsicht rückwärts gedacht –
50 sie gehen vom Durchschnitt aus. Deine private Ökobilanz kannst du selbst am besten gestalten: Wer auf einem alten Drahtesel in die Stadtbibliothek strampelt, dort vorhandene Bücher ausleiht und nur bei natürlichem Licht schmökert, hinterlässt bei der Lektüre einen minimalen ökologischen Fußabdruck.
Tipps: So verbesserst du deine Lese-Ökobilanz
55 Buch aus Papier – so wird die Ökobilanz besser: mit dem Rad einkaufen, öffentliche Leihbibliotheken nutzen, bei Tageslicht lesen, auf Ökostrom umstellen, Bücher in der Stadt gebraucht kaufen, halte im Buchladen Ausschau nach „Green Publishing" – diese Bücher tragen das Umweltzeichen „Blauer Engel", gelesene Bücher tauschen oder verschenken.
60 **E-Reader für E-Books: So wird die Ökobilanz besser:**
Gerät innerhalb der Familie teilen, E-Reader im Laden kaufen, möglichst selten einen neuen E-Reader oder gleich einen gebrauchten kaufen, Gerät mit austauschbarem Akku kaufen, defekte Geräte möglichst reparieren (Anleitungen auf iFixit), E-Ink-E-Reader statt Tablet-PC verwenden, auf Ökostrom
65 umstellen, altes Gerät ordnungsgemäß entsorgen, mehr lesen ;)

1 **Ulrike Wilke** befasste sich im Studiengang Medienmanagement an der HTWK Leipzig mit dieser Frage
2 **Biodiversität:** biologische Vielfalt

Utopia GmbH, München, 03.11.2020, https://utopia.de/ratgeber/ebook-reader-oeko/ (Zugriff: 08.02.2022, Text gekürzt)

M3 Vorteile von E-Books

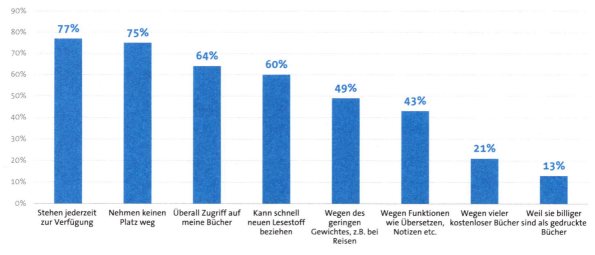

Bitkom Research GmbH, 2015

Glossar

Alliteration: → *Sprachliche Mittel*

Anapher: → *Sprachliche Mittel*

Anekdote: Eine Anekdote ist eine kurze, humorvolle Erzählung über eine Begebenheit, die für eine historische Persönlichkeit oder einen bestimmten Zeitraum bezeichnend ist.

Auktorialer Erzähler: → *Merkmale erzählender Texte*

Bericht: → *Journalistische Textsorten*

Diagramm: → *Grafik*

Direkte Rede: → *Merkmale erzählender Texte*

Ellipse: → *Sprachliche Mittel*

Epik: Unter diesem Begriff fasst man alle Arten der erzählenden Dichtung zusammen. Es gibt viele epische Kleinformen (→ *Erzählung*, → *Fabel*, → *Kurzgeschichte, Märchen, Sage, Schwank*). Zu den umfangreicheren epischen Texten gehört der → *Roman*.

Erlebte Rede: → *Merkmale erzählender Texte*

Er-/Sie-Erzählform: → *Merkmale erzählender Texte*

Erzählperspektive: → *Merkmale erzählender Texte*

Erzählung: In der Literatur versteht man unter einer Erzählung alle kurzen erzählenden Texte, die nicht eindeutig einer anderen Kurzform (→ *Fabel, Märchen, Sage, Schwank*) zugeordnet werden können.

Essay: → *Journalistische Textsorten*

Euphemismus: → *Sprachliche Mittel*

Fabel: Dies ist eine zumeist kurze Erzählung, in der Tiere oder Pflanzen sich wie Menschen verhalten. Häufig stehen sich zwei Tiere mit gegensätzlichen Eigenschaften gegenüber. Meistens wird nach einer kurzen Einführung die Handlung durch Rede und Gegenrede fortgeführt und endet mit einem überraschenden Schluss. Am Beispiel des erzählten Geschehens wird eine Lehre gezogen oder Kritik an bestimmten Verhaltensweisen geäußert.

Gedicht: → *Lyrik*

Glosse: → *Journalistische Textsorten*

Grafik: Grafiken stellen statistische Größen und Größenverhältnisse mithilfe von Diagrammen bildlich dar. Man unterscheidet folgende Typen von Diagrammen:
1. **Balkendiagramme** oder **Säulendiagramme,** die absolute Zahlen anzeigen. Die Höhe der Säule oder die Länge des Balkens gibt eine Anzahl an.

2. **Tortendiagramme** bzw. **Kreisdiagramme**, die eine prozentuale Zusammensetzung einer Gesamtmenge verdeutlichen. Der Kreis ist in mehrere Teile unterteilt, die jeweils den Anteil an der Gesamtmenge wiedergeben.
3. **Kurvendiagramme** oder **Liniendiagramme**, die eine Entwicklung anzeigen. Die Daten von verschiedenen Zeitpunkten können mithilfe eines solchen Diagramms miteinander verglichen werden.
4. **Flussdiagramme** oder **Ablaufpläne** stellen den Verlauf eines (Handlungs-)prozesses inklusive möglicher Variationen logisch dar. Sie eignen sich insbesondere, um Handlungs- bzw. Ablaufprozesse zu planen bzw. zu erklären.

Hyperbel: → *Sprachliche Mittel*

Ich-Erzählung: → *Merkmale erzählender Texte*

Indirekte Rede: → *Merkmale erzählender Texte*

Innerer Monolog: → *Merkmale erzählender Texte*

Interview: → *Journalistische Textsorten*

Ironie: → *Sprachliche Mittel*

Journalistische Textsorten:

Informierende Texte
Die **Meldung** ist die Kurzform der Nachricht. Sie enthält nur die wichtigsten Informationen (Wer? Wo? Was? Wann?). Sie steht häufig auf der ersten Seite und weist meist auf einen ausführlichen Bericht im Innenteil der Zeitung hin.

Der **Bericht** ist die ausführliche Form der Nachricht.
Er liefert eine detaillierte und sachliche Darstellung eines Sachverhalts.
Merkmale:
1. Die Überschrift (häufig mit Unterüberschrift) informiert sachlich.
2. Ein halbfett gedruckter Vorspann fasst die wichtigsten Informationen (W-Fragen) zusammen.
3. Im Hauptteil erfolgt eine ausführliche Darstellung der Nachricht mit Erklärung der Zusammenhänge und Hintergründe.
4. Die Darstellung ist sachlich, wertende Äußerungen durch den Berichterstatter fehlen.
5. Aussagen von Personen werden in direkter und indirekter Rede wiedergegeben.
6. Häufig ergänzt den Text ein erklärendes Bild.

Die **Reportage** ist das Ergebnis vielfältiger Nachforschungen (= Recherchen). Die Reportage will nicht nur informieren, sondern die Leser auch durch die lebendige Art der Darstellung in besonderem Maße ansprechen.
Merkmale:
1. Die Überschrift ist so formuliert, dass sie die Neugier der Leser weckt.

Glossar

2. Häufig informiert ein halbfett gedruckter Vorspann über den Inhalt der Reportage.
3. Der Anfang lässt die Leser oft ein Geschehen miterleben.
4. Sachlich-informierende Textstellen wechseln mit persönlich-schildernden Darstellungen.
5. Dadurch ergibt sich oft ein Wechsel von Zeitstufen (z. B. Präteritum für Rückblick).
6. Häufig werden Aussagen von Personen in wörtlicher Rede wiedergegeben.
7. Oft findet man wertende Meinungsäußerungen der Autorin/des Autors.
8. Illustrierende oder erklärende Bilder unterstützen die Aussagen des Textes.
9. Der Name der Autorin/des Autors wird angegeben.

Das **Interview** ist das Ergebnis eines Gesprächs, in dem ein Journalist/eine Journalistin gezielte Fragen an eine Person stellt, die von ihr beantwortet werden. Das Ziel kann darin bestehen, aktuelle Informationen über bestimmte Sachverhalte zu erhalten oder die persönliche Meinung zu einem bestimmten Problem zu erfahren.

Kommentierende Texte
Der **Kommentar** liefert eine Meinung zu einem Sachverhalt. Diese kann zustimmend oder ablehnend sein.
Merkmale:
1. Häufig wird er in Verbindung mit einem Bericht oder einer Meldung geschrieben.
2. In vielen Zeitungen erscheinen die Kommentare an einer bestimmten Stelle (z. B. Kommentare zu politischen Ereignissen).
3. Kürzere Kommentare beziehen sich oft auf einen Artikel auf der gleichen Seite.
4. Die Autorin/der Autor wird genannt.
5. In der Regel verwenden Kommentare keine Bilder.
Oft haben Kommentare einen typischen Aufbau:
1. Zunächst werden die wichtigsten Informationen dargestellt, die zum Verständnis der Stellungnahme nötig sind.
2. Die Autorin/der Autor legt seine Meinung begründet dar.
3. Als Abschluss wird meist ein Wunsch oder ein Ausblick formuliert.

Die **Glosse** ist ein locker geschriebener, häufig kritisch gehaltener Kommentar zu einem aktuellen Ereignis. Glossen stehen in vielen Zeitungen und Zeitschriften an einem festen Platz, haben das gleiche Layout und sind eine Form der persönlichen Meinungsäußerung.
Merkmale:
1. Sie sind oft zugespitzt formuliert und humorvoll geschrieben.
2. Aktuelle Themen oder neue gesellschaftliche Erscheinungen werden kritisiert oder verspottet.
3. Die Kenntnis des Sachverhalts wird vorausgesetzt.
4. Sie enden oft mit einer überraschenden Wende am Schluss (Pointe).
5. In Glossen tauchen immer wieder ironische Formulierungen, sprachliche Bilder, Wortspiele, Doppeldeutigkeiten und Anspielungen auf.
Der (oder das) **Essay** ist eine kürzere, sprachlich lebendige Abhandlung, in der ein Problem von verschiedenen Seiten

betrachtet und in der die persönliche Meinung der Autorin/ des Autors zum Ausdruck gebracht wird.

Karikatur: Durch Über- oder Untertreibungen werden in Zeichnungen menschliche Schwächen oder Missstände kritisiert und lächerlich gemacht.

Klimax: → *Sprachliche Mittel*

Kommentar: → *Journalistische Textsorten*

Konjunktiv: Die Verbform, die wir normalerweise verwenden, nennt man **Indikativ (Wirklichkeitsform)**:
Er sagt: „Ich komme morgen.“
In der indirekten Rede (→ *Merkmale erzählender Texte*) verwendet man meistens den **Konjunktiv (Möglichkeitsform)**: Er sagt, er komme morgen.
Der Konjunktiv gibt an, was ein anderer gesagt haben soll.

Kurzgeschichte: Es handelt sich um einen kürzeren erzählenden Text. Die folgenden Merkmale sind zwar typisch für Kurzgeschichten, aber nicht immer treffen alle Kriterien in gleicher Weise zu.
Merkmale:
1. Die Handlung setzt unvermittelt ein.
   Es fehlen einleitende Angaben zu Ort, Zeit und Personen der Erzählung.
2. Gegenstand der Kurzgeschichte sind Alltagspersonen in Alltagssituationen.
3. Die Hauptperson ist einem Problem oder einer kritischen Situation ausgesetzt.
4. Oft nimmt die Handlung eine unerwartete Wendung.
5. Der Schluss ist offen. Der Leser soll über den Fortgang der Handlung selbst nachdenken.
6. Die Darstellung der Handlung ist kurz gefasst und auf das Wesentliche beschränkt.
7. Typische Merkmale der Sprache in Kurzgeschichten:
   – Wiederholungen, Aufzählungen,
   – Umgangssprache, Jugendsprache,
   – mehrere kurze Sätze, die aufeinanderfolgen,
   – unvollständige Sätze (Ellipsen).

Lyrik: Lyrik bezeichnet Dichtung in Versform (Gedichte). Früher wurden die Verse zur Lyra, einem alten Saiteninstrument, gesungen. Deshalb sagt man auch heute noch einfach: Lyrik ist liedartige Dichtung. Viele Gedichte sind vertont worden.
Im Gedicht drückt das → *lyrische Ich* seine Gefühle, seine Stimmungen, aber auch seine Erlebnisse, Einstellungen und Gedanken aus.
Viele Gedichte sind in **Strophen** gegliedert. Mindestens zwei Verszeilen werden in einer Strophe zusammengefasst. Oft beginnt mit einer Strophe ein neuer Gedanke. Es gibt Gedichte, die zwar einem bestimmten Rhythmus folgen, aber nicht am Wort- und Versende gereimt sind.
Durch **Reime** erhalten Gedichte eine bestimmte Klangwirkung. Durch den Gleichklang der Reimwörter (z. B. *küssen – müssen; Fassaden – baden*) werden oft zwei oder mehr Verszeilen miteinander verbunden.
Drei Reimformen werden besonders oft verwendet (siehe S. 141):

Paarreim

a Sonne
a Wonne
b Eis
b heiß

umarmender Reim

a Sonne
b Eis
b heiß
a Wonne

Kreuzreim

a Sonne
b Eis
a Wonne
b heiß

Unter dem **Metrum** eines Gedichts versteht man die Folge von betonten und unbetonten Silben in den Wörtern eines Verses:

x x́ x x́ x x́ x (= Jambus)
Es war, als hätt der Himmel ...
x́ x x́ x x́ x x́ x (= Trochäus)
Als ich schläfrig heut erwachte ...

Eine besondere Gedichtform stellt das **Sonett** dar. Diese Gedichtform wurde im 14.–16. Jahrhundert häufig verwendet. Sie besteht aus zwei Strophen zu vier Zeilen und zwei Strophen zu drei Zeilen. Häufig wird in den beiden Vierzeilern das Thema vorgestellt, während die abschließenden Dreizeiler eine Auswertung oder Schlussfolgerung beinhalten.

Lyrisches Ich: Das lyrische Ich kann die oder der Sprechende im Gedicht sein. Das lyrische Ich kann, muss aber nicht die Einstellung oder Stimmung der Dichterin/des Dichters wiedergeben.

Märchen: Märchen erzählen Geschichten, die sich in Wirklichkeit nicht ereignen könnten. Oft handeln sie von Zauberern, Hexen, Feen und sprechenden Tieren. In einer räumlich und zeitlich nicht festgelegten Welt steht die Hauptfigur vor großen Gefahren und kaum lösbaren Aufgaben. Die Zahlen 3, 6, 7, 12 spielen eine besondere Rolle. Auch formelhafte Sprüche sind typisch für Märchen. Am Ende siegt meist das Gute.

Merkmale erzählender Texte: Wenn man eine Erzählung analysieren will, ist die genaue Untersuchung von folgenden Merkmalen wichtig:

1. **Erzählform:** Ein Autor kann in unterschiedlicher Weise erzählen. Daher unterscheidet man:
   Ich-Form: Das Geschehen, aber auch Gedanken und Gefühle werden aus der Sicht einer bestimmten Figur in der 1. Person erzählt: *Meine Eltern schlafen sicher schon. Mir aber dreht sich der Kopf, und ich komm nicht zur Ruhe. Was soll ich nur tun? Könnte ich doch nur die Zeit um einen halben Tag zurückdrehen!*
   Er-/Sie-Form: Der Erzähler stellt seine Personen in der dritten Person vor. Er kann dabei **als auktorialer Erzähler (auktoriales Erzählverhalten/auktoriales Erzählen)** auftreten. Der Autor ist der Allwissende, der das Geschehen von außen erzählt und auch mehr weiß

als die Figuren des Geschehens und daher Ereignisse voraussehen oder auf sie zurückblicken und sie kommentieren kann.
Jan vermutete, dass seine Eltern schon schliefen, während er sich im Bett wälzte und sich heftige Vorwürfe machte. Ein bisschen tat er sich auch selbst leid. Seine Eltern schliefen jedoch keineswegs, sondern fassten einen Entschluss.
Der Erzähler kann aber auch in der 3. Person aus der Sicht einer Person die Geschichte erzählen und kommentieren. Man spricht dann von einem **personalen Erzähler (personales Erzählverhalten/personales Erzählen):**
Jan wälzte sich im Bett und fand keine Ruh. Sicher würden seine Eltern schon schlafen. Warum nur konnte er die Zeit nicht zurückdrehen, nur einen halben Tag?
Der Erzähler kann die Ereignisse aber auch von außen schildern und sich dabei auf die reine Wiedergabe der Handlung beschränken. Er gibt keine Kommentare oder Erklärungen ab. Man spricht dann von einem **neutralen Erzähler (neutrales Erzählverhalten/neutrales Erzählen):**
Jan fuhr mit dem Fahrrad zum Training. Auf dem Sportplatz war niemand. „Wo seid ihr?", rief Jan. Er stellte sein Fahrrad ab und setzte sich auf eine Bank.

2. **Zeitverhältnisse:** Wenn ein Erzähler ein Geschehen, das in der Realität sehr kurz ist, sehr ausführlich darstellt und kommentiert, spricht man von **Zeitdehnung:**
In diesem Augenblick des Fallens liefen die Ereignisse der letzten Tage in seinem Kopf wie in einem Film ab: die Begegnung mit seinem Vater, sein unbeherrschtes Verhalten Marion gegenüber und das Treffen mit dem großen Unbekannten, der ihn in diese ausweglose Situation gebracht hatte.
Von **Zeitraffung** hingegen spricht man, wenn der Autor ein Geschehen, das in der Realität länger dauert, zusammenfasst, nur andeutet oder überspringt:
Als Jan Stunden später im Krankenhaus aufwachte, hatte er Mühe, sich zurechtzufinden.
Stimmen die erzählte Zeit und die Erzählzeit überein, laufen also die Handlung im Text und in der Realität ungefähr gleich schnell ab, spricht man von **Zeitdeckung.**

3. **Redeformen:** Der Erzähler kann unterschiedliche Redeformen verwenden.
   Direkte Rede: In wörtlicher Rede werden Äußerungen und Gedanken wiedergegeben: *Jan war aufgebracht: „Was wissen Sie schon, was geschehen ist!"*
   Indirekte Rede: Äußerungen werden vom Erzähler wiedergegeben, zumeist unter Verwendung des → Konjunktivs: *Vollkommen unbeherrscht machte er allen um ihn Stehenden Vorwürfe, dass schließlich niemand gekommen sei, ihm zu helfen, und er daher ganz allein auf sich selbst gestellt gewesen sei.*
   Erlebte Rede: Der Erzähler gibt die Gedanken und Gefühle in der 3. Person und meistens im Präteritum wieder: *Als alle den Raum verlassen hatten, war Jan sehr niedergeschlagen. War es nicht auch sein Fehler, dass es so weit gekommen war? War er nicht einfach zu stolz gewesen?*

Glossar

Innerer Monolog: Die Gedanken und Gefühle werden in der Ich-Form dargestellt, häufig im Präsens: *Jan nahm sein Handy und suchte die Nummer von Marion. Ich werde ihr alles erklären. Ich werde sie nicht um Verzeihung bitten, denn mein Verhalten kann man nicht entschuldigen.*

4. **Satzbau:** Man unterscheidet folgende Möglichkeiten des Satzbaus:
   - **Satzreihe (Parataxe):** Es werden nur Hauptsätze aneinandergereiht. Häufig sind sie kurz: *Jan schwieg. Sein Puls raste. Blut schoss ihm in den Kopf. Dann sprang er auf.*
   - **Satzgefüge (Hypotaxe):** Darunter versteht man den Verbund von Haupt- und Nebensätzen: *Als er die Tür öffnete* (Nebensatz)*, blies ihm ein kalter Wind entgegen* (Hauptsatz)*, der schon vor geraumer Zeit begonnen hatte zu wehen und sich nun zu einem Sturm entwickelte* (Relativsatz)*.*
   - **Unvollständige Sätze (Ellipse):** → *Sprachliche Mittel* Die Wirkung dieser Satzformen kann sehr unterschiedlich sein und kann nur aus dem Zusammenhang des Textes erschlossen werden.

5. **Sprachliche Mittel:** → *Sprachliche Mittel*

Metapher: → *Sprachliche Mittel*

Metrum: → *Lyrik*

Neologismus: → *Sprachliche Mittel*

Operatoren: In jeder Aufgabenstellung werden Anweisungen gegeben. Diese Anweisungen bezeichnet man als Operatoren. Wichtige Operatoren sind:
zusammenfassen (Inhalte, Aussagen und Zusammenhänge komprimiert und strukturiert wiedergeben),
beschreiben (Textaussagen in eigenen Worten strukturiert wiedergeben),
(be)nennen (Informationen zusammentragen),
darstellen (Inhalte, Aussagen oder Zusammenhänge sachlich und strukturiert formulieren),
erläutern (Textaussagen oder Sachverhalte auf der Basis von Kenntnissen/Einsichten darstellen und durch Informationen/Beispiele veranschaulichen),
erklären (Textaussagen oder Sachverhalte auf der Basis von Kenntnissen und Einsichten darstellen),
bewerten (zu einer Textaussage, einem Sachverhalt ein selbstständiges Urteil abgeben und dabei die eigenen Wertmaßstäbe offenlegen),
begründen (eigene Aussagen erklären, z. B. durch Konjunktionen (*weil, denn, ...*) einleiten),
schlussfolgern (auf der Grundlage gegebener Informationen zu eigenen Erkenntnissen gelangen),
Stellung nehmen (eine Problemstellung oder einen Sachverhalt auf der Grundlage von Kenntnissen, Einsichten und Erfahrungen kritisch prüfen und die Einschätzung sorgfältig abwägend formulieren),
verfassen (einen Text unter Beachtung der Vorgaben für eine bestimmte Textsorte formulieren).

Parabel: Eine lehrhafte Erzählung über eine allgemeine Erkenntnis oder Wahrheit, in der anders als im Gleichnis der direkte Vergleich mit dem Vergleichswort „wie" fehlt. Die Parabel enthält eine Sachebene (Sachteil) und eine Bildebene (Bildteil). Die Leser müssen selbstständig von der Bildebene auf die Sachebene schließen.

Paradoxon: → *Sprachliche Mittel*

Parallelismus: → *Sprachliche Mittel*

Personaler Erzähler: → *Merkmale erzählender Texte*

Personifikation: → *Sprachliche Mittel*

Redeformen: → *Merkmale erzählender Texte*

Reim: → *Lyrik*

Reportage: → *Journalistische Textsorten*

Rhetorische Frage: → *Sprachliche Mittel*

Roman: Der Roman ist eine lange Erzählung, die zwischen hundert und mehreren tausend Seiten umfassen kann. Im Zentrum eines Romans steht oft die ausführliche Schilderung der problematischen Situation eines Einzelnen. Beschrieben wird, wie er in seiner Umgebung und mit seinen Mitmenschen lebt, sich verändert und entwickelt.

Rückblick: Vor allem in der → *Epik* (Erzählung, Roman) gibt es solche Einschübe, die vor der Zeit der eigentlichen Handlung spielen. Sie dienen dazu, die jetzige Situation oder das Handeln einer Figur zu erklären.

Sachtext: Ein Sachtext informiert über Tatsachen, Vorgänge und Sachverhalte. Er kann z. B. über die Tier- oder Pflanzenwelt informieren oder über bedeutsame Ereignisse. Sachtexte findet man in Zeitungen, Zeitschriften (→ *Journalistische Textsorten*) oder in Sach- oder Schulbüchern.

Satire: Eine satirische Darstellung zeigt menschliche Schwächen oder Fehler in stark übertriebener Darstellungsweise auf. Sie will diese lächerlich machen, zum Nachdenken anregen, kritisieren und häufig auch eine Änderung von Verhaltensweisen bewirken. Satire kann in den verschiedensten Textsorten auftreten.

Merkmale:
1. Ironie → *Sprachliche Mittel*
2. Übertreibungen und überzogene Vergleiche
3. Verspottungen durch ins Lächerliche gezogene Situationen
4. Wortspiele

Satzgefüge: → *Merkmale erzählender Texte*

Satzreihe: → *Merkmale erzählender Texte*

Sprachliche Mittel: Nahezu in allen Texten werden gezielt sprachliche Mittel eingesetzt, um bestimmte Wirkungen zu erzielen (siehe Übersicht nächste Seite).

Glossar

Sonett: → *Lyrik*

Strophe: → *Lyrik*

Umarmender Reim: → *Lyrik*

Vergleich: → *Sprachliche Mittel*

Vers: → *Lyrik*

Vorausdeutung: Vor allem in der → *Epik* (Erzählung, Roman) gibt es solche Hinweise auf das, was nach der Zeit der eigentlichen Handlung passiert. Vorausdeutungen dienen einerseits dazu, das Interesse an der weiteren Entwicklung zu wecken, ordnen das Geschehen aber auch in einen Gesamtzusammenhang ein.

Zeitdeckung: → *Merkmale erzählender Texte*

Zeitdehnung: → *Merkmale erzählender Texte*

Zeitraffung: → *Merkmale erzählender Texte*

Zeitverhältnisse: → *Merkmale erzählender Texte*

Sprachliche Mittel	Erläuterung	Beispiel	mögliche Wirkung
Alliteration, die	Wiederholung von Anfangslauten bei aufeinanderfolgenden Wörtern	Milch macht müde Männer munter.	emotionale Verstärkung des gewünschten Eindrucks
Anapher, die	Wiederholung derselben Wortgruppe an Satz-/Versanfängen	Worte sind verletzend. Worte sind unersetzlich.	Eindringlichkeit; Rhythmisierung erreichen
Ellipse, die	unvollständiger Satz, der aber sinngemäß leicht zu ergänzen ist	Feuer! / Je früher der Abschied, desto kürzer die Qual.	der wichtigste Aspekt soll hervorgehoben werden
Euphemismus, der	Beschönigung	vollschlank statt dick / eingeschlafen statt gestorben	abgemilderte Negativbotschaft, taktisches Verhalten
Hyperbel, die	starke Unter- oder Übertreibung	Es ist zum Haareraufen! / ein Meer von Tränen	Dramatisierung; starke Veranschaulichung
Ironie, die	Äußerung, die durchblicken lässt, dass das Gegenteil gemeint ist	Das hast du ja ganz toll hinbekommen! / Vier Wochen Regen. Super!	Herabsetzung; kritische Anmerkung; Stellungnahme
Klimax, die	Steigerung; meist dreigliedrig	Er kam, sah und siegte.	Dramatisierung
Metapher, die	verkürzter Vergleich, Verwendung eines Wortes in übertragener Bedeutung	Geldwäsche / Er war ein Löwe in der Schlacht. / Du bist meine Sonne.	Veranschaulichung
Neologismus, der	Wortneuschöpfung	Mobbing / Gammelfleisch / unkaputtbar (Werbesprache)	Hervorhebung
Oxymoron, das	Verbindung von sich ausschließenden Begriffen	Weniger ist mehr / Eile mit Weile / unblutiger Krieg	Verdeutlichung; Ausdruck von Widersprüchlichkeit
Paradoxon, das	Zusammenstellung von Wörtern, die sich eigentlich widersprechen	bittersüß / Vor lauter Individualismus tragen sie eine Uniform.	starker Anreiz zum Nachdenken
Parallelismus, der	Wiederholung gleicher Satzstrukturen	Ein Blitz leuchtete, der Donner folgte, ein Gewitter setzte ein.	Dramatisierung, Intensivierung
Personifikation, die	Vermenschlichung; Gegenstände oder Tiere erhalten die Eigenschaften oder Fähigkeiten von Menschen	Die Sonne lacht. / Die Smileys haben uns fest im Griff. / Mutter Natur	lebendige und anschauliche Darstellung
Rhetorische Frage, die	scheinbare Frage, deren Antwort jeder kennt; Leser und Zuhörer müssen zustimmen, da ihr Einverständnis vorausgesetzt wird	Gibt es den idealen Menschen? / Wer ist schon perfekt? / Wer glaubt denn das noch?	Mobilisierung einer bestätigenden Reaktion der Leser
Vergleich, der	Verknüpfung zweier Begriffe mit *wie*	Der Kämpfer ist stark wie ein Löwe.	anschauliche Darstellung

Glossar

Übersicht zu den Textarten

Die bisher prüfungsrelevanten Textarten für das Leseverständnis oder die Schreibaufgaben sind in der folgenden Übersicht unterschlängelt.

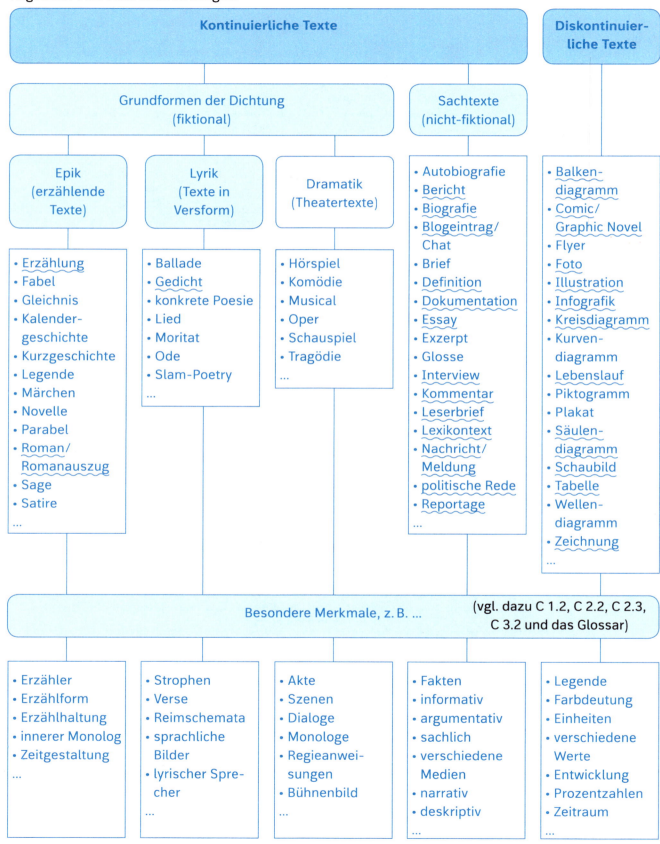

Nicht immer ist in der Prüfungsvorlage angegeben, um welche Textart es sich bei den Materialien handelt. Daher ist es wichtig, dass du die richtigen Bezeichnungen lernst, um durch bestimmte Textmerkmale die Textart und ihre Wirkung/Funktion ermitteln und benennen zu können.

westermann

FiNALE Präfungstraining

Nordrhein-Westfalen

Mittlerer Schulabschluss 2023
Deutsch

Lösungen

Andrea Heinrichs
Martina Wolff

A Vorbereitung auf die Abschlussprüfung

Bei allen Lösungen zu Original-Prüfungsaufgaben, die in diesem Lösungsheft zu finden sind, handelt es sich um nicht amtliche Lösungen.

A 1 Vorgaben für die Prüfung

Seite 5

1 30 Minuten: Leseverstehen
10 Minuten: Auswahl der Schreibaufgabe
120 Minuten: Bearbeitung der Schreibaufgabe
10 Minuten (Bonuszeit): wird einem der beiden Prüfungsteile zugerechnet oder auf Wunsch auf aufgeteilt

A 2.1 Das Leseverstehen: ein Beispiel

Seite 7

1 Der Schüler/die Schülerin hat richtig geantwortet.

2 a) trifft zu.

Seite 8

3 Der Schüler/die Schülerin hat richtig geantwortet.

4 Der Schüler/die Schülerin hat richtig geantwortet.

5 c) trifft zu.

6 Richtig wäre diese Antwort: Werbebotschaften auf Bildschirmen werden auf die Kunden an der Kasse persönlich abgestimmt.

7 c) trifft zu.

8 Der Schüler/die Schülerin hat richtig geantwortet.

Seite 9

9 Der Schüler/die Schülerin hat richtig geantwortet.

10 d) trifft zu.

11 d) trifft zu.

12 Der Schüler/die Schülerin hat richtig geantwortet.

A 2.2 Die Schreibaufgabe: ein Beispiel (Aufgabentyp 4a)

Seite 12

3 a) Gliederung und Unterthemen der Schreibaufgabe:
- Einleitung (Z. 1 – 3):
  Benennung von Titel, Autor, Textart (Kurzgeschichte, Erzählung), Thema
- Hauptteil (Z. 4 – 62):
  Z. 4 – 11: inhaltliche Zusammenfassung der Erzählung
  Z. 12 – 28: Darstellung dazu, welche Personen sich gegenüberstehen und welche Absichten sie verfolgen
  Z. 29 – 39: Beschreibung der Beziehung zwischen

Mutter und Tochter; Einbezug von Textbelegen
Z. 40 – 62: Untersuchung dazu, wie der innere Zwiespalt von Elsa durch sprachliche und formale Mittel deutlich gemacht wird (Wortwahl, Satzbau, Erzählform und Erzählverhalten); Erläuterung des Textendes
- Schluss (Z. 63 – 80):
  Text aus der Sicht von Elsa, aus dem deutlich wird, warum Elsa fluchtartig die Wohnung der Mutter verlässt, in dem die Gedanken deutlich werden, die Elsa hat, als sie durch die Stadt läuft, und der angibt, welche Sorgen sie sich macht.

b) Untersuchung des Schülertextes:
- Aspekte der Aufgabenstellung:
  - Aufgabe **1** a): Z. 1 – 3
  - Aufgabe **1** b): Z. 4 – 11
  - Aufgabe **1** c): Z. 12 – 28
  - Aufgabe **1** d): Z. 29 – 39
  - Aufgabe **1** e): Z. 40 – 62
  - Aufgabe **1** f): Z. 63 – 80
- Überprüfung, ob Absätze sinnvoll gesetzt sind:
  Der Schüler hat durchgängig passende Absätze gesetzt. Sie erleichtern den Lesefluss und die Bewertung, da er nach Beendigung eines jeden Aufgabenaspektes mit einem neuen Absatz beginnt.
- Genannte Textart und ihre Merkmale:
  Der Schüler hat die Textart „Kurzgeschichte" richtig zugeordnet und in seiner Einleitung benannt. Da die Aufgaben dies nicht erfordern, muss er in seiner Aufgabe nicht weiter darauf eingehen. Er hätte ebenso schreiben können, dass es sich bei dem Text um eine kurze Erzählung, also einen epischen Text, handelt.
- Aussagen mit Textbelegen:
  Z. 13 – 14: wörtliches Zitat zur Verdeutlichung von Elsas Situation
  Z. 16 – 19: wörtliches Zitat als Beleg für Elsas Flucht
  Z. 18 – 19: Textbelege zur Verdeutlichung von Elsas Zielen
  Z. 19 – 21: Textbelege zum Verhalten Elsas in der Stadt
  Z. 22 – 23: Textbelege zum Verhalten nach ihrer Rückkehr
  Z. 22 – 28: Textbelege zu den Gefühlen Elsas sowie zum Verhalten und zum Zustand der Mutter
  Z. 29 – 31: wörtliches Zitat zur Erläuterung der Gründe für das Verhalten der Mutter
  Z. 33 – 35: Textbelege und wörtliches Zitat zum Verhalten von Elsa
  Z. 43 – 46 und Z. 55 – 58: Textbelege und wörtliche Zitate zu den sprachlichen und formalen Mitteln
  Z. 46 – 48, Z. 51 – 54 und Z. 62: Textbelege und wörtliches Zitat zur Darstellung von Elsas Gedanken und Zielen und Erläuterung ihres Verhaltens
- Ergänzungen oder Streichungen:
  - Der Schüler hat die Absätze bereits sinnvoll gesetzt, um die Erarbeitungen zu den einzel-

A Vorbereitung auf die Abschlussprüfung

nen Aufgabenaspekten voneinander abzugrenzen. Er hätte weitere Absätze dort setzen können, wo die Aufgaben durch zwei Operatoren noch einmal geteilt sind und zwei Arbeitsschritte erfordern, das heißt in Z. 23 (Trennung der Darstellung zu den beiden Personen), Z. 54 (innerer Zwiespalt, Ende der Kurzgeschichte).

– In der Einleitung wird zwar das Thema der Kurzgeschichte dargestellt, doch die Absicht des Verfassers könnte als Vermutung ebenfalls einbezogen werden, um das erste Verständnis des Textes zu verdeutlichen, z. B.: *„Der Autor Walter Helmut Fritz möchte den Beziehungskonflikt zwischen einer Mutter und ihrer heranwachsenden Tochter verdeutlichen, der entsteht, weil die Tochter erwachsener wird und auf eigenen Beinen stehen will, die Mutter dies aber nicht realisiert."*

– Insgesamt finden sich an einigen Stellen aufgrund der Ausführlichkeit Wiederholungen, so dass sich die Ausarbeitungen zu den einzelnen Aspekten überschneiden. Diese Stellen sowie auch die Anzahl der Textbelege und wörtlichen Zitate könnten bei Zeitmangel gekürzt werden.

• Text aus der Sicht von Elsa nachvollziehbar: Der abschließende Text aus der Sicht von Elsa ist recht ausführlich. Hier könnte bei Zeitmangel gekürzt werden (s. o.). Wichtig ist, dass der Text in der Ich-Form verfasst ist, die Fragen aus der Aufgabenstellung entsprechend beantwortet werden und der Text zum Inhalt der Erzählung passt.

• Ausdrücke und Wendungen, die ich mir merken sollte:
In der Kurzgeschichte … von … aus dem Jahr … geht es um … / Also … / Deswegen … / Einerseits … / Andererseits … / Deshalb … / Dadurch wird … / Dieser wird durch die Er-/Sie-Erzählform und das personale Erzählverhalten für den Leser deutlich, denn der Erzähler übernimmt den Blickwinkel … / … deutet an, dass …/ Die Darstellung der Gedanken legt offen, dass … / Hier wird durch eine Personifikation der innere Konflikt betont, denn … / Damit wird ein Kontrast zwischen … klar. Es zeigt sich, dass … / …

Seite 15

1 Bewertung:
Die Lösung zur Analyse scheint insgesamt sinnvoll hergeleitet und verständlich. Sie enthält Erarbeitungen zu allen Aufgabenaspekten, ist sachlich richtig und stellenweise sehr genau und ausführlich. Ebenso werden im gesamten Text Textbelege oder wörtliche Zitate zur Veranschaulichung herangezogen. Stellenweise ließe sich der Text etwas straffen. So kann man aber erkennen, dass der Schüler sich sehr genau mit der Kurzgeschichte und den Teilaufgaben dazu beschäftigt hat. Diese Art der Darstellung entspricht in allen Teilen dem Bewertungsraster und ist daher sehr gut gelungen.

B Arbeitstechniken

B 1   Im Wörterbuch nachschlagen

Seite16

1 – **exzessive** Nutzung: übertrieben, übermäßig, maßlos
– **Risiken** (Mehrzahl von Risiko): Gefahren, Gefährdung
– die **Probanden** (Mehrzahl von Proband): Testpersonen oder Versuchspersonen
– **permanentem** Kommunikationsdruck: ununterbrochen, dauernd, ständig

2 diskutieren, einzigen, Menge, überflüssige (ein Wort), Mitteilungen, gestresst

B 2   Texte erschließen und Inhalte zusammenfassen – literarische Texte

Seite 17
1 / **2** individuelle Lösung

B 3   Texte erschließen und Inhalte zusammenfassen – Sachtexte

Seite 19
1 / **2** individuelle Lösung

B 4   Schaubilder auswerten

Seite 21/22
Schaubild A:
a) Thema: Medienbeschäftigung von Jugendlichen in der Freizeit (2021); Zahlenangaben: in Prozent; hellgrüne Balken: tägliche Nutzung; dunkelgrüne Balken: wöchentliche Nutzung; Vergleich zwischen täglicher und wöchentlicher Nutzung verschiedener Medien

b) Bei der täglichen Mediennutzung der Zwölf- bis 19-Jährigen sind Internetnutzung (88 Prozent), Musik hören (70 Prozent) und Fernsehen (48 Prozent) an erster Stelle zu finden. Beliebt sind außerdem Online-Videos. Fast die Hälfte der der Jugendlichen (47 Prozent) sehen täglich Online-Videos. Immerhin noch gut ein Drittel hört täglich Radio (30 Prozent). Der Verbreitungsweg spielt dabei keine Rolle.

c) Bei der regelmäßigen Mediennutzung (also mehrmals pro Woche) sind Video-Streaming-Dienste, digitale Spiele und Online-Videos an erster Stelle zu finden. Das Fernsehen wird von etwa einem Drittel der befragten Jugendlichen mehrmals pro Woche genutzt, ebenso das Radio.

Schaubild B:
a) Thema: Unterschiedliche Lebensweisen (Familie, Paare ohne Kinder, Alleinstehende); Zahlenangaben: in Prozent; Kreisausschnitte: unterschiedliche Farben zur Kennzeichnung der verschiedenen Lebensweisen; Vergleiche zwischen: 1996 und 2012

b) In je einem Kreisdiagramm für das Jahr 1996 und 2012 wird der Anteil von Familien, Paaren ohne Kinder und Alleinstehenden an Gesamtbevölkerung wiedergegeben. Auffällig ist, dass sich die Anzahl der Paare ohne Kinder so gut wie gar nicht verändert hat. Die Anzahl der Familien hingegen hat um sieben Prozent abgenommen, während die Anzahl der Alleinstehenden um sechs Prozent zugenommen hat.

c) Am meisten zugenommen hat die Lebensweise der Alleinstehenden. Die Anzahl der Paare ohne Kinder hat sich nicht wesentlich verändert. Auffällig ist, dass die Anzahl der Familien um sieben Prozent abgenommen hat, während die Anzahl der Alleinstehenden um sechs Prozent zugenommen hat.

Schaubild C:
a) Thema: Preisentwicklung für Telekommunikation, Zahlenangaben: ausgehend vom Verbraucherpreisindex für 2010 = 100; dunkelgraue Kurve: Festnetz und Internet, hellgraue Kurve: Mobilfunk, blaue Kurve: Gesamt; Vergleiche zwischen: Festnetz und Internet, Mobilfunk sowie Telekommunikation insgesamt im Zeitraum von 2000 bis 2013

b) Die Preise für Telekommunikation stiegen zwischen 2001 und 2003 besonders stark für den Mobilfunk an. Nachdem die Preise bis 2001 für Mobilfunk, Festnetz und Internet gefallen sind, stiegen die Kosten für Mobilfunk bis 2003 stark an, während Festnetz und Internet nur etwas teurer wurden. Bis 2006 glichen sich die Kosten in allen Bereichen an und fallen seitdem jedes Jahr. Telekommunikation wird immer günstiger.

c) In einem Kurvendiagramm wird die Preisentwicklung für Telekommunikation im Zeitraum von 2000 bis 2013 dargestellt. Verglichen wird dabei die Preisentwicklung für Mobilfunk mit der für Festnetz und Internet. Außerdem wird die Preisentwicklung für den gesamten Bereich dargestellt. Nachdem die Preise bis 2001 für Mobilfunk, Festnetz und Internet gefallen sind, stiegen die Kosten für Mobilfunk bis 2003 stark an, während Festnetz und Internet nur etwas teurer wurden. Bis 2006 glichen sich die Kosten in allen Bereichen an und fallen seitdem jedes Jahr. Telekommunikation wird immer günstiger.

Seite 23
Schaubild A:
Das vorliegende **Balkendiagramm** stellt die „Medienbeschäftigung von Jugendlichen in der Freizeit" dar. Es wurde durch den **Medienpädagogischen Forschungsverbund** im Jahre 2021 veröffentlicht. Dazu wurden **1200** Jugendliche befragt. Auf der x-Achse kann man die **Prozentangaben** zu den Nennungen ablesen. Dabei stellen die hellgrünen Balken die **tägliche Nutzung** dar, während die dunkelgrünen Balken die **wöchentliche Nutzung** verdeutlichen. Das heißt, die Studie ermöglicht einen Vergleich zwischen täglicher und wöchentlicher Nutzung. Auf der y-Achse sind die **Medien** aufgelistet, die Jugendliche nutzen. Die Auflistung beginnt mit dem am häufigsten genannten Medium und endet mit dem am wenigsten genannten. Bezüglich der täglichen Mediennutzung werden **Internet** (88 Prozent), Musik hören (**70 Prozent**) und Fernsehen (48 Prozent) besonders häufig

4

B Arbeitstechniken

genannt. Beliebt sind außerdem **Online-Videos** (47 Prozent). Mindestens mehrmals pro Woche nutzen die Jugendlichen insbesondere **Video-Streaming-Dienste** (41 Prozent), gefolgt von **digitalen Spielen** (**35 Prozent**) und **Online-Videos** (33 Prozent). Zusammenfassend ist festzustellen, dass für viele Jugendliche das **Internet** im Alltag mittlerweile eine große Bedeutung hat

Schaubild B:

Das **Kreisdiagramm** mit dem Titel „Familien, Paare ohne Kinder, Alleinstehende", veröffentlicht im Jahre **2012**, befasst sich mit den unterschiedlichen **Arten zu leben**. Diese Aufschlüsselung wurde vom **Statistischen Bundesamt** in Wiesbaden veröffentlicht. Das Schaubild besteht aus zwei **Kreisen**, die durch die Anordnung einander gegenübergestellt werden können. Der äußere Kreis enthält **Prozent**-Angaben zum Jahr **2012**, während der **innere Kreis** Angaben zum Jahr **1996** darstellt. Durch den Vergleich beider Angaben lässt sich ermitteln, dass sich im angegebenen Zeitraum, also von **1996** bis **2012**, die Anzahl der Familien um 7 % auf **28 %** verringert hat. Demgegenüber hat der Anteil der Alleinstehenden um **6 %** zugenommen, denn er ist von 38 % auf 44 % gestiegen. Nahezu gleich geblieben ist der Anteil der **Paare ohne Kinder** (1996: 28 %, 2012: **29 %**). Insgesamt

verdeutlicht das Kreisdiagramm die Tendenz, dass Menschen eher allein leben. Allerdings enthält das Schaubild keine Angaben über das Alter der Befragten.

Schaubild C:

Das **Verlaufsdiagramm**, das den Titel Preisentwicklung **Telekommunikation** trägt, stellt die Preisentwicklung für Telekommunikation im Jahr **2010** dar. Diese wurde erhoben durch das Statistische Bundesamt in **Wiesbaden**. Auf der **x-Achse** sind die Jahreszahlen ablesbar, während auf der **y-Achse** Angaben zum Verbraucherpreisindex gemacht werden. Ausgehend vom Verbraucherpreisindex (2010 = 100) sind die **Preisentwicklungen** als Kurven für „Mobilfunk" (hellgraue Kurve), „Festnetz und Internet" (**schwarze Kurve**) kombiniert und „insgesamt" (**blaue Kurve**) über den Zeitraum von **2000** bis **2013** abzulesen. Dabei fällt auf, dass, nachdem die Preise bis **2001** für Mobilfunk, Festnetz und Internet **stark gefallen sind**, die Kosten für den **Mobilfunk** zwischen 2001 und **2003** besonders stark anstiegen. Festnetz und **Internet** wurden nur etwas teurer. Bis **2006** glichen sich die Kosten in allen Bereichen an und **fallen** seitdem jedes Jahr. Das heißt zusammenfassend betrachtet, Telekommunikation wird tendenziell **günstiger**.

C Strategien zur Bearbeitung von Schreibaufgaben

C 1.1 Was bedeutet die Aufgabenstellung „Informiere ..."?

Seite 24

1 Adressat: Schülerinnen und Schüler, Lehrkräfte, Eltern
Situation/Thema: Info-Text zum Problem der „Fake News" für Schülerzeitung verfassen
Schreibziel: Adressaten in einem Artikel in der Schülerzeitung über das Problem der „Fake News" informieren

2 • Erkläre einleitend, was Fake News sind.
• Stelle dar, wie Fake News entstehen und wie sie sich verbreiten und verfestigen.
• Erläutere die negativen Auswirkungen, die Fake News für den Einzelnen und für die Gesellschaft haben können.
• Beurteile anhand der Materialien und eigener Überlegungen, welche Maßnahmen zur Bekämpfung von Fake News wirksam sein können.

C 1.5 Schreibaufgabe in sechs Schritten bearbeiten: Die Autorin Cornelia Funke

Seite 28

2 Adressat: Schülerinnen/Schüler, Lehrkräfte, Eltern
Situation/Thema: Lesung von Werken der Autorin Cornelia Funke anlässlich der Preisverleihung
Schreibziel: informierender Text über Cornelia Funke zur Vorbereitung der Lesung

3 / **4** individuelle Lösung

Seite 34/35

5 – **10** siehe Seite 30 im Lösungsheft

Seite 36

11 *Mögliche Lösung:*

Sonderpreis des Deutschen Jugendliteraturpreises geht 2020 an die Autorin Cornelia Funke!
Die Auswahl ist getroffen: Die wohl erfolgreichste Jugendbuchautorin Deutschlands, Cornelia Funke, erhält den Sonderpreis des Deutschen Jugendliteraturpreises für ihr Gesamtwerk. Dies allein ist schon Grund genug dafür, sie und ihre Bücher an unserer Schule einmal vorzustellen. Darüber hinaus setzt sich die am 10. Dezember 1958 in Dorsten (Nordrhein-Westfalen) geborene Schriftstellerin, die eigentlich als Diplompädagogin ausgebildet, aber auch international sehr erfolgreich ist, auch noch für das Gemeinwohl ein. So ist sie seit 2010 beispielsweise offizielle Patin des Kinderhospizes Bethel und seit 2012 Botschafterin der UN-Dekade Biologische Vielfalt. Heute beschäftigt sie der Klimawandel sehr. Gerne illustriert sie auch die eigenen Kinder- und Jugendbücher, deren Gesamtauflage mehr als 31 Millionen weltweit beträgt und die mittlerweile in 50 Sprachen übersetzt wurden. Ebenso dienen sie als Hörbuchvorlagen oder als Muster zahlreicher digitaler Spiele sowie Apps. Der Durchbruch ist der bekannten Autorin mit dem Roman „Herr der Diebe" gelungen (2000). Aber auch zum Bei-

spiel die „Tintenherz"-Reihe (ab 2003), für die sie 2004 den „Preis der Jury der jungen Leser" und 2008 den „Deutschen Phantastik Preis für den besten Roman" erhalten hat, oder die Romane „Reckless: Steinernes Fleisch" (2010) und „Die Feder eines Greifs" (2016) zählen zu ihren erfolgreicheren Veröffentlichungen und werden von jugendlichen und erwachsenen Lesern nahezu verschlungen. Aus diesem Grund und da unsere Schule eine Lesung ihrer bekannten Werke veranstalten möchte, möchte ich die Autorin zunächst einmal vorstellen.
Cornelia Funke lässt ihre Leser/-innen in die Welt der Drachen und Ritter eintauchen und schreibt von Zauberei und Träumen, entführt als erfolgreichste Jugendbuchautorin Deutschlands Jugendliche und Erwachsene zugleich in magische Welten und schafft Märchenhaftes, das seinen Ursprung aber in der Realität hat, denn von dieser lässt sie sich stets inspirieren. Sicher kennen viele von euch bzw. Ihnen schon einige ihrer Romane und Geschichten. Sie verarbeitet in ihren Büchern Themen, die ihr vertraut sind – wie in der Romanreihe „Die wilden Hühner" (1993), in der es um pubertierende Mädchen mit all ihren Alltagsproblemen geht. Für sie sei es „eigentlich realistischer, fantastisch zu schreiben", sagt Funke in einem Interview mit Katrin Heise. Und so thematisiert sie Gefahren und lässt ihre Trolle, Zwergen- und Feenfiguren Abenteuer bestehen, deren Anregungen sie aus dem Alltag entlehnt, weil sie meint, dass Kinder sehr oft wüssten, wie gefährlich die Welt sei. Beim Lesen probierten sie dann aus, wie gefährliche Situationen gemeistert werden könnten, denn ein Buch vermittle ihnen diesbezüglich Sicherheit. Gleichermaßen beschäftigt Funke sich mit alten Mythen und Märchen – nicht nur den europäischen, sondern auch Amerikas, Persiens und Indiens. Um beispielsweise das neue Buch der Reihe „Reckless" zu schreiben, hat sie sehr viele Sachbücher über die Kultur Japans gelesen und fundiert recherchiert.
Wenn Funke arbeitet, schafft sie märchenhafte Realitäten, zu denen sie die Inspiration aus dem Alltag bezieht. Sie scheint vor solchen Ideen nur so zu sprudeln, denn ansonsten hätte sie in ihrem Schriftstellerleben nicht schon so viele Kinder- und Jugendbücher verfasst. So sagt sie selbst in einem Interview mit Kerstin Zilm: „[...] viele Figuren sind inspiriert von Kindern, die ich auf dem Bauspielplatz getroffen hatte." Damit spielt sie auf ihre Zeit als Erzieherin in Hamburg an. Da zu ihren weiteren Talenten auch das Zeichnen gehört, entwirft sie ihre Phantasiewelten und -gestalten zunächst als bunte, aussagekräftige Bilder sowie als Skizzen und ergänzt Recherchen, Fotos, Notizen – einige dieser 90 Notizbücher sind auch auf ihrer Homepage einsehbar. Dort sollten Interessierte unbedingt mal stöbern. Dabei arbeitet sie immer an mehreren Projekten gleichzeitig: Sie entwirft den Handlungsverlauf und überarbeitet ihn immer wieder, um Charaktere und Sprache auszufeilen. Parallel arbeitet sie dann auch schon weiter, beispielsweise an einem Kräuter- oder Alphabetbuch. Dabei entwickeln sich ihre Geschichten beim Schreiben. Seit einigen Jahren lebt und arbeitet Funke im kalifornischen Malibu (USA) auf einer Farm. Dort lässt sie sich von der Umgebung

C Strategien zur Bearbeitung von Schreibaufgaben

sowie dem kulturellen Hintergrund inspirieren. Wenn sie arbeitet, kennt sie keine Schreibblockaden. Sie glaubt eher, dass sich die Geschichten vor ihren Augen „versteckten". Damit meint sie, dass Geschichten sich erst nach einer gewissen Zeit entwickelten – dazu müsse man als Autor auch in Kauf nehmen, dass man hin und wieder auf Irrwege gerate: „[...] und du merkst eben manchmal auch, wenn du in die Hecke läufst [...]". Sie erklärt ihre Vorgehensweise in einem solchen Fall so, dass man die Handlung dann noch einmal überdenken müsse – sie empfindet solche Irrwege als aufregend und versucht, der Geschichte auf einem anderen Weg näherzukommen.

Bücher sind für Funke Lebensmittelpunkt – und das spürt man schon, wenn sie sich über ihre Arbeitsweise äußert. Auch dass sie Michelangelo, der über die Gestaltung seines Davids gesagt hat: „Der war doch da drin, ich musste den nur finden.", beispielhaft zitiert, zeigt ihre Leidenschaft hinsichtlich ihres Berufes. Bereits als Kind war sie selbst ein „Bücherwurm". Lesen und Eintauchen in andere Welten bezeichnet sie seit dieser Zeit als „Fenster und Türen" hinaus aus dem engen Kleinstadtleben ihrer Geburtsstadt Dorsten im Münsterland. Schon mit 14 engagiert sie sich bei Amnesty International; sie setzt sich ein für Gerechtigkeit und hat ein Herz für andere Menschen. Ihr unermüdliches Streben nach neuen Geschichten und auch ihre Arbeitsweise beweisen, dass sie nicht müde wird, Geschichten zu entwickeln und zu präzisieren, was sicher auch die Grundlage ihres Erfolgs ist. Und auch in der Gegenwart möchte sie andere an ihrem Erfolg teilhaben lassen, denn Funke vergibt Stipendien an junge Künstler, will ihre Mentorin sein und somit ihr Wissen weitergeben. Alles in allem wirkt Cornelia Funke leidenschaftlich, engagiert, gerecht, sensibel und offen – eine Grundhaltung, die letztlich auch in ihren Büchern zum Ausdruck kommt und sicher auch dafür sorgt, dass die Leserschaft diese ebenfalls mit Leidenschaft verschlingt. Wir können also auf die Lesung sehr gespannt sein!

Ich habe für meinen Text Informationen aus den Materialien M1 bis M6 genutzt.

C 2.1 Was wird bei der Aufgabenstellung „Analysiere ..." erwartet?

Seite 37

2 • Stelle dar, welche Erwartungen Adrian an Stella hat und wie er sich ihr gegenüber verhält.
  • Untersuche, wie Adrian Stellas Körpersprache bei ihrer Begegnung wahrnimmt.
  • Erläutere, auf welche Weise durch sprachliche Mittel deutlich wird, wie enttäuscht Adrian von Stellas Verhalten ist (mögliche Aspekte: Wortwahl, stilistische Mittel, Satzbau).
  • Schreibe einen kurzen Text aus der Sicht Stellas am Ende der Begegnung.
    – Welche Gedanken hat Stella, als sie noch einmal über ihre Begegnung mit Adrian nachdenkt?

– Wie bewertet sie ihr eigenes und Adrians Verhalten?
Schreibe in der Ich-Form und berücksichtige die Informationen, die der Textauszug gibt.

3 b) Es wird unter anderem gefordert, die Informationen zu nutzen, die der Textauszug gibt. Außerdem wird nach konkreten sprachlichen und formalen Besonderheiten gefragt.

C 2.6 Schreibaufgabe (erzählender Text) in sechs Schritten bearbeiten: Marathon

Seite 42

2 – eine Einleitung schreiben (Titel, Autor, Textart, Erscheinungsjahr, Thema)
  – den Inhalt zusammenfassen
  – die Entwicklung der Sportlerkarriere des Sohnes darstellen und erklären, warum er die Ziele jeweils erreicht oder nicht
  – Beziehung zwischen Vater und Sohn erläutern und Textbelege anführen
  – untersuchen, wie verdeutlicht wird, dass der Druck des Vaters auf den Sohn diesen sein Leben lang begleitet und dies durch sprachliche und formale Mittel belegen (Satzbau, sprachliche Gestaltungsmittel, Erzählform und -haltung)
  – Auseinandersetzung mit der Äußerung, eigene Meinung darstellen, Begründung und Textbezüge

3 / **4** individuelle Lösung

5 Druck, den ein Vater auf seinen Sohn ausübt; Erziehung des Vaters begleitet den Sohn, bis er sich auf seine Weise an seinem Vater rächen kann; Befreiung des Sohnes von den Zwängen seines Vaters

Seite 45 – 48
6 – **12** siehe Seite 31/32 im Lösungsheft

Seite 49
13 *Mögliche Lösung:*
In der kurzen Erzählung „Marathon" von Reinhold Ziegler, die dieser im Jahre 2001 verfasst hat, geht es um das schwierige Verhältnis eines Sohnes zu seinem Vater. Die Beziehung zwischen den beiden ist gestört, da der Vater den Sohn aufgrund seines übermäßigen Ehrgeizes so lange beeinflusst, bis dieser sich endlich von dem Druck befreien kann.
Bereits als der Sohn noch ganz klein ist, hat sein Vater große Erwartungen an ihn, denn dieser ist ebenfalls Sportler. Wenn der Sohn zurückdenkt, erinnert er sich an seine Kindheit, in der der Vater bereits ungeduldig auf den Laufstil seines Sohnes geachtet hat, denn er ist stolz auf ihn und glaubt an sein Talent und seine Karriere. Mit 13 Jahren nimmt er an einem Laufwettbewerb teil und tritt gegen Ältere an. Sein Vater feuert ihn hemmungslos an und er beißt sich durch, sodass der Vater ihn lobt, weil der Ausgang des Rennens so knapp gewesen ist. Im Folgejahr gewinnt der Sohn das Rennen tatsächlich und wird als deutsches Talent und Olympiahoffnung gefeiert. Er vergisst, dass er

7

C Strategien zur Bearbeitung von Schreibaufgaben

seinen Vater aufgrund des ständigen Drucks eigentlich hasst. Der Sohn beginnt, Sport zu studieren, und trainiert weiter, verpasst aber die olympische Qualifikation. Er fängt nun an, für den Marathonlauf zu trainieren, ist aber nicht gut genug. Während des Besuchs zu Hause bei seinen Eltern fühlt er sich als Versager. Er geht mit seinem Vater einen Marathon laufen, obwohl dieser noch nie so lange gerannt ist. Doch der Sohn möchte sich insgeheim für den ständigen Druck in der Jugend rächen. Der Vater ist völlig erschöpft und muss aufgeben. Nach einer Weile realisiert er aber die eigentlichen Gefühle seines Sohnes und ist entsetzt. Der Sohn bemerkt, dass er seinen Vater nun nicht mehr hasst.

Der Sohn „muss" schon als Kind lernen, wie er richtig zu laufen hat (Z. 4). Der Vater trainiert ständig mit ihm und feuert ihn an (Z. 4 – 33). Er ist stolz auf ihn und gibt mit ihm an (Z. 34 – 36). Mit 13 läuft er zum ersten Mal einen 5000-Meter-Lauf (Z. 39 – 45). Doch er tritt gegen 18-Jährige an. Die Vereinsmitglieder und der Vater feuern ihn an. Sein Vater läuft sogar neben ihm her. Der Sohn gewinnt zwar nicht, doch der Vater scheint dennoch zufrieden zu sein (Z. 60– 65), sodass der Sohn dieses Lob in sich aufsaugt. Der Vater setzt das Ziel, den Lauf im folgenden Jahr zu gewinnen. Und so kommt es: im nächsten Jahr gewinnt der Sohn dasselbe Rennen (Z. 78 – 80). Der Druck auf ihn verstärkt sich durch die Medien: „das große deutsche Talent" (Z. 82/83), „unsere Olympiahoffnung" (Z. 83/84). Durch diesen Erfolg wird aber der Hass auf den Vater geringer. Während des Sportstudiums wird das Training professioneller (Z. 88 – 95), doch der Sohn verpasst die Olympianorm. Das führt zu einer Ernüchterung und zur Umstellung des Trainings mit Ziel des Marathonlaufes (Z. 97/98). Doch auch dafür ist er nicht gut genug, sodass die Trainingsmethoden des Vaters nicht den gewünschten Erfolg bringen.

Vater und Sohn haben ein schwieriges Verhältnis, da der Vater seinen Sohn von klein auf durch das Training und seine Erwartungshaltung unter Druck gesetzt hat (Z. 1 – 38). Der Ich-Erzähler meint sogar, seinen Vater später zu hassen, während er dies als Kind noch nicht tat (Z. 1 – 3). Somit handelt es sich nicht um ein normales Vater-Sohn-Verhältnis, sondern der Vater erscheint durch seinen übermäßigen Ehrgeiz wie ein Antreiber. Solange das Training und der Sport Erfolge bringen, scheint das Verhältnis für den Sohn in Ordnung zu sein und er wächst innerlich durch das Lob des Vaters (Z. 60 – 65, Z. 81 – 87). Als Kind jedoch und als die gewünschten Erfolge ausbleiben, hasst der Junge seinen Vater für den ständigen Erfolgsdruck und – wie sich später herausstellt – er kann der Erwartungshaltung des Vaters nicht gerecht werden (Z. 103 – 106).

Durch die verwendete Form und Sprache wird deutlich, dass der Druck des Vaters den Sohn bis zu dem Ereignis bei seinem Besuch begleitet hat, denn der Sohn denkt immer wieder an die Anweisungen seines Vaters – auch als er schon studiert. Dies wird zum Beispiel durch die Wiederholungen erkennbar: „Auf, auf!" (Z. 24, 37/38, 53, 92) oder „Schritt, Schritt, ein – Schritt, Schritt, aus" (Z. 27/28, 55/56 …). Die Äußerungen verfolgen ihn, weil der Vater sie immer wieder

beim Training gerufen hat. Der Ich-Erzähler nutzt viele Vergleiche, wie z. B. „[…] der eben ging, wie ein Kind geht […]" (Z. 14/15). Hier wird deutlich, dass er eigentlich ein ganz normales Kind war. Auch die Beschreibungen seines Bemühens während der Wettkämpfe („[…] lief wie bewusstlos […]", Z. 55) verdeutlichen, dass er zwar sein Bestes gegeben hat, aber doch nie der Erwartungshaltung des Vaters gerecht werden konnte, da diese im Grund viel zu hoch war. Zudem wird sie später im Studium durch die Medien noch gesteigert (Z. 82– 84). Der Sohn klammert sich an das Lob des Vaters: „Gut gemacht, Läuferlein" (Z. 59), weil er selber nach Bestätigung sucht. Durch einen metaphorischen Vergleich wird deutlich, wie sehr der Sohn sich nach der Anerkennung des Vaters sehnt: „Und ich nahm diese Worte und schloss sie ein wie einen Edelstein, den man immer wieder ganz allein hervorholt, um ihn zu betrachten." (Z. 60 – 65). Später im Studium wird deutlich, dass das ganze Training in der Jugend nicht zu dem gewünschten Erfolg geführt hat: „[…] für die Welt, die ganze, große Welt, war ich auch hier nicht gut genug." (Z. 103 – 106).

Durch die Ich-Erzählform und die teilweise eher distanzierte Erzählhaltung wirkt die Darstellung zuweilen wie ein Bericht, in dem der Sohn den Verlauf von Kindheit und Jugend zusammenfasst. Damit leitet er auf das Ende hin. Und so behandelt der Sohn den Vater bei seinem Besuch zu Hause ebenso, wie dieser ihn in all den Jahren seiner Jugend behandelt hat: Sie laufen gemeinsam einen Marathon und der Sohn treibt den Vater an, obwohl er weiß, dass dieser seine Grenzen überschreiten muss, denn er ist mittlerweile alt. Außerdem ist er noch nie Marathon gelaufen (Z. 122 – 124), kann es also gar nicht schaffen. Dazu nutzt er dieselbe Wortwahl wie sein Vater damals: „Auf, auf!" (Z. 150). Fast schadenfroh wünscht er sich, ihn umzubringen (Z. 138), will ihn „winseln" (Z. 139) hören. Der Ausdruck „das letzte Rennen meines Lebens" (Z. 159 – 160) zeigt, dass der Sohn in dieser Situation mit dem Vater abrechnet, und er geht als Sieger hervor: „[…] und niemand konnte mich daran hindern, es für immer zu gewinnen." (Z. 160 – 163). Als der Vater hilflos zusammenbricht, merkt der Sohn, dass ihm diese Reaktion als Rache reicht. Der Text endet mit den parataktischen Sätzen (Z. 189 – 190): „Ganz ruhig, fast gelassen. Nebeneinander.", die einen Abschluss des Konflikts signalisieren.

Ein Mitschüler sagt über den Text, er finde, der Sohn sei zu seinem Vater zu gemein gewesen, obwohl dieser doch nur sein Bestes wollte. Er meint damit, dass er den Vater zu einem Marathonlauf gezwungen habe, obwohl er genau weiß, dass der Vater noch keinen gelaufen (Z. 122 – 124) und zudem auch schon alt ist. Meiner Ansicht nach ist die Reaktion des Sohnes aber nachvollziehbar, da der Vater durch seine übermäßige Erwartungshaltung den Alltag des Sohnes von Kind an bestimmt hat. So hat er Druck aufgebaut und im Prinzip verursacht, dass der Sohn keine richtige Kindheit hatte (Z. 19 – 38), weil er immer nur trainieren und an Wettkämpfen teilnehmen musste. Der Sohn musste sich ständig mit anderen messen (Z. 39 – 45) und durfte nicht selber über sein Leben entscheiden. Ein offenes Gespräch mit dem Vater wäre vermutlich nicht

C Strategien zur Bearbeitung von Schreibaufgaben

möglich gewesen. Der Sohn will den Vater am eigenen Leib spüren lassen, wie es ist, ständig angetrieben zu werden, aber letztlich doch zu versagen. Und so merkt der Vater abschließend doch, dass er sich nicht richtig verhalten hat. Daher denke ich, dass der Test des Sohnes am Ende nicht gemein war, sondern eher sinnvoll für die Beziehung der beiden gewesen ist.

C 2.7 Schreibaufgabe (Gedicht) in sechs Schritten bearbeiten: Sachliche Romanze

Seite 50

2 – Einleitung formulieren (Titel, Autor, Textart, Thema, Erscheinungsjahr)
 – Inhalt zusammenfassen
 – dargestellte Beziehung beschreiben + Textbelege
 – untersuchen, wie durch Sprache und Form verdeutlicht wird, dass Liebe verloren gegangen ist (Strophen, Reimschema, Wortwahl, sprachliche Gestaltungsmittel)
 – Erklärung des Titels „Sachliche Romanze" + Textbelege
 – Text aus der Sicht einer Figur in der Ich-Form verfassen

3 / **4** individuelle Lösung

5 Beziehung zwischen zwei Partnern nach acht Jahren; Alltagstrott, Gewohnheit, verlorene Liebe, ggf. gescheiterte Ehe; Kommunikationsprobleme zwischen zwei Partner (Mann und Frau), die mit ihren Problemen nicht umgehen können

Seite 52 – 55

6 – **12** siehe Seite 33/34 im Lösungsheft

Seite 55

13 *Mögliche Lösung:*
In dem Gedicht „Sachliche Romanze" von Erich Kästner, das dieser im Jahre 1928 verfasst hat, geht es um eine Beziehung zwischen zwei Partnern, die nach acht Jahren der Gewohnheit zum Opfer fällt und daher lieblos erscheint. Beide Partner – Frau und Mann – können nichts dagegen unternehmen.
Ein Paar stellt nach acht Jahren Beziehung fest, dass die Liebe plötzlich nicht mehr da ist. Obwohl sie versuchen, die Beziehung durch den Austausch von Zärtlichkeiten aufrecht zu erhalten, sind sie traurig und ratlos, denn ihre Bemühungen haben keinen Erfolg. Am Nachmittag besuchen sie wie immer ein Café im Ort und vertreiben sich die Zeit, indem sie aus dem Fenster schauen und den Geräuschen rundherum lauschen. Sie bleiben dort sprachlos bis zum Abend sitzen.
Die Beziehung der beiden ist dem Alltagstrott und der Gewohnheit verfallen (V. 2), denn Frau und Mann stellen fest, dass ihre Liebe „abhanden" (V. 3) gekommen ist. Das belastet die beiden Partner, doch sie wollen diese Tatsache nicht wahrhaben (V. 5), denn sie verhalten sich anders als sie eigentlich fühlen (V. 5) und verharren eher passiv in ihren Rollen. Frau und Mann gehen mit dieser Feststellung unterschiedlich um,

denn die Frau weint und er steht nur hilflos daneben (V. 8), doch beide wissen sich im Grunde nicht zu helfen (V. 7). Daher scheint die Beziehung eigentlich am Ende zu sein, obwohl am Schluss deutlich wird, dass sie diese Tatsache nicht begreifen können (V. 17). Die Partner müssen nach acht Jahren feststellen, dass die Liebe ein Gefühl ist, das vergehen kann (V. 3). Dieser Vorgang wird durch einen Vergleich (V. 4) als gewöhnlich dargestellt. Er wirkt ein wenig alltäglich, da die Liebe hier mit einem „Hut" oder „Stock" verglichen wird. Unterstützt wird dieser Eindruck durch die verwendeten Kreuzreime sowie durch den gleichmäßig klingenden Rhythmus, der zum Teil fast ironisch klingt. Die Beschreibung „[sie] versuchten Küsse" (V. 6) zeigt, dass Frau und Mann sich durchaus bemühen, die Beziehung aufrecht zu erhalten, doch der folgende Vergleich („[...] als ob nichts sei", V. 6) zeigt, dass sie sich nicht mit den wahren Gründen auseinandersetzen, sondern einfach in ihrem Alltagstrott weitermachen. Verstärkt wird dieser Eindruck durch die Verknüpfung der Sätze mit der Konjunktion „und" (V. 7), wodurch der Alltagstrott deutlich wird. Ihre Hilflosigkeit zeigt sich besonders in den aufeinanderfolgenden Hauptsätzen („Da weinte sie schließlich. Und er stand dabei.", V. 8). Die Frau reagiert emotional, der Mann sollte sie eigentlich trösten, doch er weiß nicht, was er machen soll. In der dritten Strophe wird das unpersönliche Fürwort „man" (V. 9) verwendet, wodurch die Situation versachlicht und allgemein übertragbar gestaltet wird. Auch Nebensächliches wird erwähnt: „Nebenan übte ein Mensch Klavier." (V. 12). In der vierten Strophe werden Parallelismen als Aufzählung der Handlungen verwendet (V. 13 – V. 17): Die Partner sitzen wortlos bis zum Abend nebeneinander. Obwohl sie die schwierige Situation und ihr Beziehungsproblem erfasst haben, unternehmen sie nichts, sondern können „[...] es einfach nicht fassen." (V. 17).
Der Titel „Sachliche Romanze" ist ein Oxymoron, d. h. eine Verknüpfung von sich eigentlich ausschließenden Begriffen. Damit verdeutlicht Kästner die verlorene Liebe, denn die Beziehung ist keinesfalls romantisch oder als liebevoll zu bezeichnen, sondern wirkt nach außen hin gefühlskalt und ist durch Untätigkeit geprägt. Zwar befinden sich beide Partner in einer Beziehung (V. 1, V. 3, V. 17), doch das Verhältnis ist mit Unterstützung durch die formale und sprachliche Darstellung als eher „sachlich" zu beschreiben, was z. B. durch den parataktischen Satzbau und die Parallelismen deutlich wird. Die Partner haben sich nichts mehr zu sagen und auch der Austausch von Zärtlichkeiten wirkt gewöhnlich. Der Sprecher im Gedicht ist gestaltlos und beschreibt die Situation als Beobachtender, was den sachlichen Charakter ebenfalls verstärkt. Insofern beschreibt der Titel genau den Inhalt des Gedichts.

Text aus Sicht der Frau:
Was ist nur passiert? Wir kennen uns seit 8 Jahren und auf einmal ist alles so gleichgültig geworden. Keiner will sich eingestehen, dass unsere Beziehung dem Alltag zum Opfer gefallen ist und wir uns nichts mehr zu sagen haben. Manchmal bin ich deswegen so traurig, dass ich nicht mehr weiterweiß, aber er tröstet mich

C Strategien zur Bearbeitung von Schreibaufgaben

nicht einmal. Stattdessen steht er einfach nur sprachlos neben mir. Dass von ihm so gar keine Reaktion kommt, finde ich am allerschlimmsten. Als ich neulich weinen musste, hat er mich nicht einmal in den Arm genommen. Momentan weiß ich deshalb nicht, was ich noch für ihn fühlen soll, bin irgendwie nur noch aus Gewohnheit mit ihm zusammen. Aber irgendetwas in mir, und vielleicht auch in ihm, will die Beziehung doch aufrecht erhalten, sonst hätten wir doch neulich nicht noch den ganzen Nachmittag gemeinsam in dem Café gesessen, sondern wären da schon getrennte Wege gegangen. Ich kann einfach nicht fassen, dass das gerade uns passiert ist. Schließlich waren wir so verliebt und haben uns fest vorgenommen, gut auf unsere Beziehung Acht zu geben. Trotzdem sind wir jetzt in dieser schrecklichen Situation.

C 3.1 Was bedeutet die Aufgabenstellung „Untersuche und vergleiche ...“?

Seite 57

2 • <u>Fasse</u> die Informationen aus M1a und M1b <u>zusammen</u>.
  • <u>Stelle</u> die Aussagen aus M2 und M3 mit eigenen Worten <u>dar</u>. <u>Vergleiche</u> die Positionen im Hinblick auf die Auswirkungen, die „Self-Tracking" auf das Leben der Menschen haben kann.
    <u>Belege</u> deine Ausführungen am Text.
  • <u>Setze dich</u> kritisch mit der folgenden Aussage eines Mitschülers <u>auseinander</u>:
    „Jeder sollte danach streben, das Beste aus sich herauszuholen, und dafür auch digitale Hilfsmittel nutzen."
    – <u>Nimm Stellung</u> zu der Aussage.
    – <u>Begründe</u> deine Meinung.
    – <u>Beziehe dich</u> dabei auch auf die Materialien M1 bis M3.

3 – Kernaussagen aus M2 und M3 in Beziehung setzen
  – Textstellen angeben, die Auswirkungen nennen, die „Self-Tracking" auf das Leben der Menschen haben kann
  – Textbelege angeben

C 3.5 Schreibaufgabe in sechs Schritten bearbeiten: Fitnesstracker – Chance oder Risiko?

Seite 61

2 Ich soll die Materialien M1 und M2 in einem zusammenhängenden Text untersuchen und miteinander vergleichen, indem ich verschiedene Teilaufgaben bearbeite. Ich soll außerdem Stellung zu einer Aussage nehmen.

3 / **4** individuelle Lösung

Seite 61 – 66

5 – **15** siehe Lösungsheft, Seite 35/36

Seite 67

16 *Mögliche Lösung:*

Es liegen zwei Materialien vor. Bei M1 handelt es sich um einen Sachtext von Sonja Álvarez. Der Text trägt den Titel „Der vermessene Mensch" und ist am 09.02.2016 auf der Internetseite tagesspiegel.de erschienen.

M2 bildet die Ergebnisse einer Umfrage von Bitkom Research zur Frage „Welche Gesundheits- oder Fitnessdaten erfassen Sie?" ab. Beide Materialien beschäftigen sich mit dem Thema „Erfassung von Gesundheitsdaten" und der Rolle, die Fitnesstracker dabei spielen.

Sonja Álvarez beschreibt, welche Bedeutung Fitnesstracker für die Erfassung von Gesundheitsdaten haben. Am Beispiel des Politikers Heiko Maas verdeutlicht sie, welche Daten damit bei sportlicher Aktivität gemessen werden können und wie die Menschen hoffen, so ihre sportlichen Leistungen verbessern zu können. Mittlerweile zeichnet nämlich fast jeder Dritte in Deutschland seine Gesundheitsdaten mithilfe eines Fitnesstrackers auf. Im Hinblick auf die Vorbeugung von Krankheiten kann dies natürlich Vorteile mit sich bringen. Die Autorin macht jedoch auch deutlich, dass die Aufzeichnung von Gesundheitsdaten auch kritisch zu sehen ist. So wollen die Krankenkassen die von den Versicherten zur Verfügung gestellten Daten nämlich gerne nutzen, um daran orientiert die Versichertenbeiträge zu berechnen. Das hieße, einen preiswerten Krankenkassenbeitrag zahlen nur die Versicherten, die ihre Gesundheitsdaten offenlegen und einen gesunden Lebensstil pflegen. Noch weiter geht der Ansatz, elektronische Patientenakten anzulegen, in denen auch Röntgenbilder und Laborbefunde abrufbar sind. Davor warnt jedoch die Deutsche Stiftung Patientenschutz. Sie will verhindern, dass alte und kranke Versicherte Nachteile haben. Ebenfalls kritisch zu sehen, ist die Genauigkeit der aufgezeichneten Gesundheitsdaten durch die Fitnesstracker, diese lässt häufig zu wünschen übrig. Eine Überprüfung von 12 Smartwatches durch die Stiftung Warentest im Jahr 2015 führte zu dem Ergebnis, dass keines der Geräte ohne Mängel war. Es ist also davon auszugehen, dass viele Nutzer von Fitnesstrackern ihr Training auf der Grundlage falscher Daten durchführen, was sich negtaiv auf die Gesundheit auswirken kann.

M2, ein Diagramm von Bitkom Research, beschäftigt sich mit der Frage, welche Gesundheits- und Fitnessdaten Menschen heutzutage erfassen. Befragt wurden diesbezüglich Menschen ab 14 Jahren, dabei wird unterschieden zwischen allen Befragten und den Nutzern von Fitnesstrackern. Die Angaben dieser beiden Gruppen werden jeweils getrennt ausgewiesen. Die Gesundheits- und Fitnessdaten, die von allen Befragten hauptsächlich erfasst werden, sind Daten wie Temperatur, Gewicht, Blutdruck, Puls oder Daten zum Bewegungsverhalten (Anzahl der Schritte oder die zurückgelegte Strecke). Weiterhin erfassen die Befragten Schlafeigenschaften, Angaben zur Ernährung sowie das Stresslevel. Die Auswertung zeigt, dass bei allen Befragten die Messung von Körperdaten (Temperatur, Gewicht) und Daten zum Bewegungsverhalten (Schritte, Strecke) überwiegt. So messen 85 % der gesamten

C Strategien zur Bearbeitung von Schreibaufgaben

befragten Gruppe ihre Körpertemperatur, von den Nutzer/-innen eines Fitnesstrackers sind es sogar 99 %, also fast alle. Auch die Messung des Körpergewichts spielt eine wichtige Rolle. Bei der gesamten befragten Gruppe erfassen 67 % ihr Körpergewicht, unter den Nutzer/-innen eines Fitnesstrackers sind es mit 75 % zwei Drittel. In fast allen genannten Bereichen erfassen die Nutzer/-innen von Fitnesstrackern deutlich häufiger Daten als die gesamte befragte Gruppe. Ausnahme sind nur die Bereiche Blutdruckmessung und die Messung/Erfassung des Blutzuckerspiegels. Auffallend ist auch, dass über die Hälfte der Nutzer von Fitnesstrackern ihr Bewegungsverhalten dokumentieren (gegangene Schritte: 62 %, zurückgelegte Strecke: 57 %). Das ist deutlich häufiger als bei der Gesamtheit der Befragten (gegangene Schritte: 19 %, zurückgelegte Strecke: 17 %).

Vergleicht man M1 und M2 im Hinblick auf die Frage, welche Chancen und Risiken das Erfassen von Gesundheits- und Fitnessdaten per Fitnesstracker birgt, kann man Folgendes sagen: M1 geht kurz darauf ein, dass das Sammeln von Gesundheits- und Fitnessdaten mithilfe eines Fitnesstrackers Chancen für die persönliche Fitness des Einzelnen bietet. Das Dokumentieren und Reflektieren der Daten kann dazu beitragen, die eigene sportliche Leistung zu verbessern, wie am Beispiel von Heiko Maas aufgezeigt wird. Das Erfassen von Gesundheits- und Fitnessdaten kann aber auch im Bereich der Gesundheitsprävention, also dem Vorbeugen von Krankheiten, einen entscheidenden Vorteil darstellen. Der Text geht allerdings nicht darauf ein, wie dies im Detail aussehen kann.

M1 stellt aber auch ausführlich die Risiken dar, die mit der Erfassung von Gesundheits- und Fitnessdaten mithilfe eines Fitnesstrackers einhergehen. So wird im Text erläutert, dass Krankenkassen planen, einen gesunden und sportlichen Lebensstil mit speziellen, günstigen Tarifen zu belohnen. Die Datengrundlage hierfür sollen die Fitnesstracker liefern. Dies würde ganz klar zu einer Benachteiligung älterer, kranker oder pflegebedürftiger Versicherter führen, für die diese neuen Tarife nicht infrage kommen. Gleichzeitig müssten sie diese aber gewissermaßen über ihre Versicherungsbeiträge mitfinanzieren. Wie die Stiftung Warentest herausgefunden hat, bergen Fitnesstracker gewissermaßen eine trügerische Sicherheit, denn viele Geräte liefern falsche Daten. Dies führt einerseits dazu, dass die Nutzer/-innen auf falscher Datengrundlage trainieren, was schlimmstenfalls sogar zu gesundheitlichen Schäden führen kann. Und natürlich zeigt es auch noch einmal auf, wie problematisch es ist, die vom Fitnesstracker erfassten Daten einem Versicherungstarif zugrunde zu legen.

M2 befasst sich weder mit den Chancen noch mit den Risiken, die mit der Erfassung von Gesundheits- und Fitnessdaten einher gehen. Stattdessen informiert das Diagramm auf allgemeiner Ebene darüber, welche Gesundheits- bzw. Fitnessdaten die Menschen überhaupt sammeln und erfassen. Mit den in M2 dargestellten Informationen lassen sich bestimmte Aussagen aus M1 untermauern. Wirft man beispielsweise einen Blick auf M2 und schaut, welche Gesundheits- und Fitnessdaten die Nutzer/-innen eines Trackers hauptsächlich erfassen, so wird deutlich, dass es sich dabei zu einem großen Teil um Daten handelt, mit deren Hilfe sich die sportliche Fitness verbessern lässt. Zu nennen sind in diesem Zusammenhang zum Beispiel Daten aus dem Bereich „Bewegung", wie die Anzahl der Schritte und die zurückgelegte Strecke. Vergleicht man diesbezüglich wie viele Nutzer/-innen eines Trackers entsprechende Daten aufzeichnen und welcher Anteil der gesamten Befragten, so wird deutlich, dass es hier immense Unterschiede gibt (gegangene Schritte: 67 % vs.19 %; zurückgelegte Strecke: 57 % vs. 17 %). Ein weiterer Faktor, der zur Gesunderhaltung des Körpers bzw. zur Vorbeugung von Krankheiten beiträgt, ist die Kontrolle des Gewichts, schließlich ist Übergewicht die Ursache vieler Zivilisationskrankheiten. In diesem Zusammenhang ist es wichtig zu erwähnen, dass die Nutzer/-innen eines Fitnesstrackers im Vergleich sehr viel häufiger Daten zu Körpergewicht, aufgenommenen Nahrungsmitteln und Kalorien erfassen als die gesamte Gruppe der Befragten. Auch wenn in M2 nichts dazu ausgesagt wird, ob und in welcher Form die Menschen die erfassten Daten tatsächlich nutzen, ist es immer ein erster, wichtiger Schritt, sich zunächst einmal über das eigene Verhalten bewusst zu werden. Die Daten aus M2 unterstützen damit die Aussagen aus M1 und bestätigen, dass das Tragen eines Fitnesstrackers und damit verbunden das Erfassen von Gesundheits- und Fitnessdaten tatsächlich zur Steigerung der persönlichen Fitness des Einzelnen und der Vorbeugung von Krankheiten beitragen kann. Auch die Tatsache, dass die Nutzer/-innen von Fitnesstrackern deutlich häufiger persönliche Gesundheitsdaten erfassen als die übrigen Befragten, stützt die oben genannte These aus M1, denn dieser Personenkreis hat grundsätzlich ein genaueres Bild von seinem Gesundheitszustand. Der Aussage der Schülerin, die sagt, dass das Tragen eines Fitnesstrackers zu mehr Gesundheitsbewusstsein und einer positiven Veränderung des Bewegungsverhaltens beitragen kann, stimme ich zu. M2 zeigt in diesem Zusammenhang ganz deutlich, dass die Nutzerinnen und Nutzer eines Fitnesstrackers im Vergleich viel häufiger Gesundheits- und Fitnessdaten erfassen. Allein dadurch haben sie ein viel differenziertes Bild von ihrem eigenen Gesundheitszustand bzw. Fitnesslevel. Das ist, wie in M1 am Beispiel von Heiko Maas gezeigt wird, die Voraussetzung um seine sportlichen Leistungen zu verbessern. Besonders deutlich wird der Nutzen eines Fitnesstrackers aber meiner Meinung nach mit dem Blick auf den Bereich „Bewegung". M2 zeigt in diesem Zusammenhang, dass ein großer Teil der Nutzer/-innen eines Fitnesstrackers die Anzahl der Schritte und die zurückgelegte Strecke misst. Ich denke, dass das Erfassen insbesondere dieser Werte dazu motivieren kann, sich im Alltag mehr zu bewegen. Oftmals ist einem ja gar nicht bewusst, wie wenig man sich bewegt. Wenn der Tracker die entsprechenden Daten anzeigt und einen vielleicht auch mal daran erinnert, ein paar Schritte zu gehen, kann sich das schon sehr positiv auf das eigene Bewegungsverhalten auswirken. Wer sich mithilfe des Tackers dann noch ein Schrittziel setzt, z. B. von 10.000 Schritten am Tag, wird bemüht sein, dieses

C Strategien zur Bearbeitung von Schreibaufgaben

Ziel auch zu erreichen. Somit werden viele Nutzer/-innen eines Fitnesstrackers eher mal die Treppe statt des Fahrstuhls nehmen oder einen Weg zu Fuß oder per Rad machen, anstatt ins Auto zu steigen. Auch die Möglichkeit, sich den täglichen Kalorienverbrauch anzeigen zu lassen, kann meiner Meinung nach dazu führen, bewusst darüber nachzudenken, ob ein Nachschlag beim Mittagessen wirklich nötig ist. Die Zahlen aus M2 untermauern dies, denn hier wird deutlich, dass die Nutzer/-innen von Fitnesstrackern viel häufiger erfassen, welche Nahrungsmittel sie aufnehmen. Bestimmte Funktionen des Fitnesstrackers, wie zum Beispiel die Möglichkeit, sich die Herzfrequenz anzeigen zu lassen, bieten gerade untrainierten oder älteren Menschen die Möglichkeit, Sport zu treiben, ohne ihrem Körper zu viel abzuverlangen. Falls man es doch einmal übertreibt, gibt der Tracker eine Warnung aus. Natürlich darf man sich bei all den Vorteilen, die so ein Fitnesstracker bietet, nicht blind auf das Gerät verlassen. Wie in M1 beschrieben wird, kann es durchaus vorkommen, dass dieses bestimmte Werte nur ungenau oder gar falsch erfasst. Es empfiehlt sich daher, sich vor dem Kauf eines solchen Gerätes genau über die Vor- und Nachteile der einzelnen Modelle zu informieren.

D Prüfungsaufgaben zum Themenbereich „Medien und Kultur"

D 1 Leseverstehen: Lernt langsam lesen! (angeleitetes Üben)

Seite 70

1 c) trifft zu.

2 c) trifft zu.

3 d) trifft zu.

4 c) trifft zu.

Seite 71

5 b) trifft zu.

6 Mit der Äußerung ist gemeint, dass das Lesen automatisch erfolgt, die Leserin erfasst den Text dabei als wäre sie eine Maschine. Sie genießt das Lesen nicht.

7 a) trifft zu.

Seite 72

8 c) trifft zu.

9 b) trifft zu.

10 b) trifft zu.

11 d) trifft zu.

12 Mit der Aussage ist gemeint, dass das langsame, ungehetzte Lesen eines Textes heutzutage zu etwas sehr Seltenem geworden ist, da das Leben der Menschen sehr hektisch ist. Gleichzeitig gibt es eine Vielzahl von medialen Angeboten, wie das Internet, zahlreiche Fernsehserien, aber auch ein riesiges Angebot von Büchern, was die Menschen vom intensiven Lesen ablenkt.

Seite 73

13 a) trifft zu.

14 *Mögliche Lösung:*
Ich stimme der Aussage des Schülers zu, der sagt, dass „Slow-Reading-Clubs" eine gute Alternative zum einsamen Lesen zu Hause sind. Heutzutage setzt sich kaum noch jemand abends gemütlich aufs Sofa, um in Ruhe ein Buch zu lesen. Zu vielfältig sind die Ablenkungen durch Internet, Streaming-Dienste usw. Dabei vermissen viele Menschen das entspannte Lesen eines guten Buches durchaus. Die Idee der „Slow-Reading-Clubs" kann genau diesen Menschen helfen, wieder zum Lesen zurückzufinden, indem ein Raum geschaffen wird, der ihnen das Lesen erleichtert, weil es einen festen Termin und klare Regeln gibt.

D 2 Leseverstehen: Bitte lächeln! (selbstständiges Üben)

Seite 75

1 b) trifft zu.

2 d) trifft zu.

Seite 76

3 Diese Bezeichnung hat nichts mit den Wörtern Emotion oder Gefühl zu tun, sondern stammt aus dem Japanischen und heißt übersetzt Bildschriftzeichen.

4 b) trifft zu.

5 Kritiker meinen, dass zu viele Emojis eingesetzt würden. Die Menschen, die diese Bildzeichen nutzten, seien bald nicht mehr in der Lage, ihre Gefühle durch Worte auszudrücken.

6 a) trifft zu.

7 c) trifft zu.

8 Mit dem Ausdruck „trollige Profile" sind im Netzjargon die Kommentare von Personen gemeint, die vorsätzlich einen Streit entfachen oder andere Menschen verärgern wollen, z. B. durch Provokation oder fehlenden Themenbezug. Ihre Motivation ist die emotionale Reaktion der anderen Teilnehmer.

Seite 77

9 c) trifft zu.

10 a) trifft zu.

11 c) trifft zu.

12 Die Bezeichnung „hochgradig kontextabhängig" meint, dass die Bedeutung nicht einfach gelernt werden kann, sondern von dem zuvor Geschriebenen, der Beziehung der Chatpartner und der Kombination von Symbolen abhängig ist.

13 a) trifft zu.

14 Eine Schülerin meint nach dem Lesen des Textes, dass sie weiterhin Emojis nutzen werde, weil das den Schreibprozess extrem verkürzen würde. Ihr Adressat werde sie schon verstehen. Ich kann mich ihrer Meinung nur anschließen, denn die Menschen, an die ich schreibe, kennen meine Art zu schreiben. Sie kennen auch meine persönliche Einstellung, sodass meine Nachrichten normalerweise nicht missverstanden werden (vgl. Z. 59/60). Zudem ist den Empfängern meiner Nachrichten der Kontext bekannt (Z. 62 – 65). Emojis zu benutzen, kostet oft weniger Zeit, es beschleunigt also den Schreibprozess; so kann ich mehr Nachrichten schreiben. Außerdem kostet das Lesen der von Nachrichten so viel weniger Zeit. Wenn Leser das nervt (Z. 51 – 53), könnten sie mir das ja mitteilen. Auch glaube ich, dass eindeutige Smileys, wie „Daumen hoch", gar nicht missverstanden werden können.

D Prüfungsaufgaben zum Themenbereich „Medien und Kultur"

D 3 Original-Prüfung 2021: Aufgabentyp 2: Fake News (angeleitetes Üben)

Seite 83/84

1 – **7** Lösungshilfen zu den Aufgaben finden sich direkt im Arbeitsheft und lassen sich der nachfolgenden Musterlösung entnehmen.

Seite 85

8 *Mögliche Lösung:*

Wir lassen uns freiwillig belügen! – Verbreitung von Fake News als Konsequenz der zunehmenden Digitalisierung und der Nutzung sozialer Medien

Aufgrund der immer weiter voranschreitenden Digitalisierung in unserer Gesellschaft nehmen digitale Medien einen immer größeren Stellenwert im privaten Bereich sowie in der Öffentlichkeit ein. Neben vielen Vorteilen in Bildung, Wirtschaft und Kommunikation resultieren daraus aber auch Probleme und Schwierigkeiten, mit denen wir umgehen lernen müssen. In diesem Informationstext möchte ich die Leser/-innen unserer Schülerzeitung insbesondere über Fake News aufklären und darstellen, wie diese entstehen und verbreitet werden. Außerdem möchte ich deutlich machen, welche Maßnahmen es zur Bekämpfung dieser Art von Berichterstattung gibt.

Die Bezeichnung Fake News ist spätestens seit Donald Trump allen bekannt und im Wortschatz verankert. Schlagzeilen, wie „Stadt bezahlt Asylsuchenden Taxifahrten kreuz und quer durch die Gegend" oder „Der Klimawandel ist eine Erfindung der Chinesen", haben wir alle schon einmal gelesen und im besten Fall belächelt. Solche Fake News hat es im Prinzip schon immer gegeben. Damit sind falsche oder irreführende Neuigkeiten gemeint, die allgemein verbreitet werden. Sie sind jedoch problematisch, da diejenigen, die sie veröffentlichen, zumeist eine Täuschungsabsicht verfolgen, oder da ihnen die eigentliche Wahrheit nicht wichtig ist. Fake News lassen sich nach der Darstellung der Stiftung „Neue Verantwortung" (Berlin, 2018) in drei verschiedene Kategorien der Desinformation einteilen: „Umgedeutete Inhalte" sind Informationen und Nachrichten, die aus ihrem Zusammenhang gerissen oder bewusst verfälschend interpretiert werden. Dann gibt es „manipulierte Inhalte", die zur zielgerichteten Manipulation der Menschen eingesetzt werden und so die Wahrnehmung verändern, wie zum Beispiel durch die digitale Manipulation von Bildern. Dazu gibt es die „gefälschten Inhalte"; damit sind frei erfundene Informationen gemeint. Das heißt, bei mangelndem In-Frage-Stellen beeinflussen solche Informationen unser Weltbild und führen uns in die Irre.

Aufgrund der voranschreitenden Digitalisierung und der damit einhergehenden Nutzung sozialer Medien wird jedoch das Problem immer größer, denn häufig werden solche Falschmeldungen gezielt verbreitet, um jemandem zu schaden, was über diese Medien auch rasant schnell und gezielt möglich ist. Häufig stecken politische oder wirtschaftliche Interessen dahinter. In einer Studie hat die US-Universität Massachusetts Institute of Technology ermittelt, dass sich solche Nachrichten durch die Medien bis zu sechsmal schneller verbreiten als wahre Nachrichten, was an ihrer starken Emotionalität liegt. Somit werden sie in den sozialen Medien, wie Twitter oder Facebook, häufiger geteilt, was deutlich dazu beiträgt,

dass sie auch als glaubwürdig eingestuft werden, da viele Nutzer sich an der Anzahl der weitergeleiteten Nachrichten oder ihren Kommentierungen orientieren. Oftmals werden dabei weder die Herkunft der Information noch ihr Wahrheitsgehalt hinterfragt. Dabei wissen wir als Leser häufig nicht, ob ein realer Mensch als Verfasser dahintersteckt oder ein sogenannter „Social Bot". Das sind Computerprogramme, die in den sozialen Medien automatisch Nachrichten oder Kommentare generieren – die Leser gehen dann davon aus, es seien reale Menschen gewesen. Eine australische Studie aus dem Jahr 2021 hat gezeigt, dass derartige Falschmeldungen nicht so einfach wieder zurückgenommen werden können, denn selbst wenn sie widerlegt werden, glauben die Menschen eher den Lügen als der Wahrheit. Hinzu kommt noch, dass man beim Versuch, eine Lüge richtigzustellen, diese immer wieder wiederholt. Dadurch geschieht aber das Gegenteil des Beabsichtigten: Die Lüge verfestigt sich immer weiter.

Solche Arten von Irreführung können negative Auswirkungen für uns als Einzelne, aber auch für die gesamte Gesellschaft haben, denn Fake News werden als Machtinstrument genutzt. Oftmals werden Reizthemen angesprochen, wie beispielsweise durch die Schlagzeile „AIDS-Virus vom amerikanischen Geheimdienst entwickelt". Diese lösen beim einzelnen Menschen, aber auch in der Öffentlichkeit emotionale Reize aus, da sie häufig an niedere Instinkte appellieren, wie z. B. Neid oder Schadenfreude. Ingrid Brodnig, Autorin des Buches „Lügen im Netz", glaubt, dass Nachrichten, die Wut auslösen, besonders erfolgreich sind, und bezeichnet die Wut grundsätzlich als „extrem infektiöse Emotion". Dies schürt Angst und Misstrauen. Auch Vorurteile werden dadurch nur verstärkt, woraus sich zumeist eher unvernünftiges Handeln ergibt, wie beispielsweise bezogen auf finanzielles Handeln, wenn versprochen wird, dass durch Bitcoin innerhalb kürzester Zeit ein großer Gewinn erzielt werden kann. Zudem glaubt ein Leser eher das, was er sowieso schon empfindet, oder das, was seine Meinung nur noch unterstreicht.

Gleichermaßen machen Fake News Stimmung für oder gegen politische Auffassungen und manipulieren so gezielt die öffentliche Meinung. Durch diese Art der Beeinflussung kann sogar das Vertrauen in bestimmte Institutionen zerstört werden. Die Überschrift „Papst unterstützt Donald Trump" wäre eine Information, die in der Zeit des Wahlkampfes vermutlich die Kirche in ein schlechtes Licht gerückt hätte. Letztlich wird mit Fake News oftmals deutlich der Demokratie geschadet, da wir uns kein eigenes, unabhängiges Bild mehr machen können und somit unsere Meinung beeinflusst und gelenkt wird. Dies kann sogar so weit führen, dass es zu Konflikten kommt, die sich gewaltsam entladen.

Was können wir nun aber tun, um nicht in den Sog der Fake News zu geraten und Wahres von Falschem besser unterscheiden zu können? Brodnig meint, dass wir uns eben nicht an der Anzahl der Clicks im Netz orientieren sollen. Im Gegenteil – sie rät dazu, hohe Click-Zahlen eher als Warnsignal dafür aufzufassen, Informationen zu hinterfragen. Gleichermaßen sollten wir Nachrichten, die emotional sehr berühren, mit Vorsicht aufnehmen und noch genauer über ihren Inhalt nachdenken. Dazu gehört auch, genauer zu recherchieren und die Quelle der

D Prüfungsaufgaben zum Themenbereich „Medien und Kultur"

Äußerung zu überprüfen. Dies erfordert Selbstdisziplin und Selbstkontrolle des Einzelnen und einen verantwortungsvollen Umgang mit Nachrichten und Medien, der aber nur durch Aufklärung zu erreichen ist. Grundsätzlich sollten wir aber nur seriösen Quellen vertrauen und auch mediale Darstellungen miteinander vergleichen.
Besonders in Zeiten der Krise werden Fake News verbreitet. Großen sozialen Netzwerken, wie Twitter und Facebook, ist diese Tatsache mittlerweile sehr bewusst und sie gehen zum Teil auch dagegen vor. Bereits vor dreieinhalb Jahren hat Facebook daher unabhängige Fact-Checker aus aller Welt damit beauftragt, Falschmeldungen zu entlarven. Dies reduziere die Reichweite dieser Fake News laut Facebook um 80 Prozent. Derzeit übernehmen diese Aufgabe mehr als 60 Organisationen für Inhalte in mehr als 50 Sprachen. Wird ein Inhalt als fraglich eingestuft, erscheint ein Hinweis unter diesem Link. Wird er dennoch weiter geteilt, wird er nur noch eingeschränkt verbreitet. Aber auch Twitter möchte die Falschmeldungen reduzieren. Dazu hat man extra die Nutzungsbedingungen verändert. Überprüft werden nun die technische Manipulation, d.h. ob der Inhalt grundlegend verändert wurde (Zusammenfolge, zeitliche Abfolge, visuelle und akustische Informationen etc.), die irreführende Verbreitung, d.h. ob über Kontext und Art oder Herkunft des Inhalts getäuscht werden soll, oder schädliche Auswirkungen (z.B. körperliche Sicherheit, Massengewalt, Meinungsfreiheit). Der Unterschied ist hier, dass Twitter die Bewertung diesbezüglich selbst vornimmt.
Wenn das immer so problemlos funktionieren würde, könnten wir uns im Internet oder in den sozialen Netzwerken unbeschwerter bewegen. Aber dem ist nicht so. Die Journalistin Juliane von Reppert-Bismarck hat feststellen müssen, dass die „Fact-Checking"-Funktionen auch umgangen werden können. Also ist sie sie selbst aktiv geworden, indem sie das Programm „Lie Detector" entwickelt hat. Damit werden Journalisten ausgebildet, die dann wiederum in den Schulen uns Schülerinnen und Schülern beibringen, wie wir Informationen und dazugehörige Quellen überprüfen können. Das wäre auch für uns an der Schule eine gute Möglichkeit, medienkritisch zu erziehen. Eine weitere Möglichkeit dazu bietet das Spiel „getbadnews.com". Hier müssen die User in Spielaktionen gezielt gefälschte Nachrichten in Umlauf bringen und so viele Follower wie möglich erreichen. Dies führt dann dazu, Fake News besser zu erkennen bzw. dafür sensibilisiert zu werden.
Wir alle müssen uns diesem aktuellen Problem stellen und nicht nur die Vorteile der digitalisierten Welt nutzen, sondern uns auch bewusst werden, dass medienkritisches Vorgehen gerade bezogen auf Fake News notwendig ist, um Meinungsfreiheit und Toleranz in unserer Gesellschaft zu erhalten.

D 4 Aufgabentyp 2: Sherlock Holmes (selbstständiges Üben)

Seite 86
Mögliche Lösung:
Sherlock Holmes – Urbritischer Meisterdetektiv mit Postanschrift
Wer kennt ihn nicht, den britischen Meisterdetektiv?

Wenn wir an Sherlock Holmes denken, haben wir alle das gleiche Bild vor Augen: Er trägt einen Inverness-Mantel, jenen wetterfesten, ärmellosen Mantel, unter dem die Arme herausragen, eine Jagdkappe und eine Pfeife im Mund. Natürlich denken wir auch an die Lupe, die den analytisch-rational denkenden Detektiv symbolisiert, der genau beobachtet und messerscharf kombiniert. Sherlock Holmes ist die Hauptfigur in vielen Romanen des britischen Schriftstellers Arthur Conan Doyle, der seinen Helden bereits 1886 erschaffen hat. Holmes ermittelt an der Seite seines Freundes Dr. Watson. Noch heute begeistert er in Serien, Filmen und sogar auf der Bühne. Holmes ermittelt eigenwillig, doch mit für das Ende des 19. Jahrhunderts fortschrittlichen Methoden und zusätzlich viel Sachverstand. Die sogenannte „Holmes-Methode" folgt dem Prinzip der Deduktion. Das heißt, Holmes verfügt über eine sehr gute Beobachtungsgabe, kombiniert messerscharf und leitet dann das Besondere vom Allgemeinen ab. Dazu sammelt er möglichst viele objektive Tatsachen und Indizien, hört die Berichte seiner Klienten und leitet aus winzigen Kleinigkeiten dann für seine Leser oft überraschende Schlussfolgerungen her. Während Dr. Watson z.B. an einem alten Hut nichts Besonders finden kann (zu lesen im Roman „Der blaue Karfunkel"), ermittelt Holmes nach eingehender Prüfung, dass der Besitzer wohlhabend sein müsse, nun aber eher arm sei, dass er selten ausgehe und in körperlich schlechter Form sei. Zudem habe er graue Haare, die er mit Zitronencreme pflege, und nutze häufiger Talglichter. Und natürlich hilft die Holmes-Methode auch in diesem Fall, die Hintergründe zu beleuchten und den Täter zu ermitteln.
Der Autor Sir Arthur Conan Doyle, eigentlich Mediziner, veröffentlicht aufgrund seiner Leidenschaft für die Schriftstellerei 1886 die Erzählung „A Study in Scarlet", in der der Detektiv Sherlock Holmes zum ersten Mal erfolgreich ermittelt. Eigentlich misst Doyle der Figur Holmes nie viel Bedeutung bei, doch sein amerikanischer Verleger drängt ihn dazu, sich weitere Geschichten mit dem Meisterdetektiv auszudenken. Dabei werden nicht die vier langen Kriminalgeschichten am erfolgreichsten geworden, sondern 56 kurze Episoden, die als Fortsetzungsgeschichten erscheinen, und dem Autor zu Wohlstand verhelfen, weil sie in mehr als 50 Sprachen übersetzt werden. Allerdings schreibt Doyle die weiteren Geschichten widerwillig und nur auf Druck seines Verlegers sowie seiner vielen Leser, denn eigentlich will er sich nicht mehr mit seiner Figur befassen. Also lässt er Holmes 1893 seinen letzten Fall lösen und dabei sterben. In dem Kriminalroman „Das letzte Problem" kommt es zwischen Holmes und seinem Widersacher Prof. Moriarty zu einem Kampf, der an den Reichenbachfällen nahe dem schweizerischen Ort Meiringen stattfindet. Beide stürzen in die Tiefe, sodass Holmes vermeintlicher Todestag am 4.5.1891 zu datieren ist. Die Entrüstung, die Conan Doyle damit hervorruft, ist riesengroß. Seine Leser reagieren mit Protestbriefen und enttäuschten Kommentaren; sie tragen in vielen Städten sogar schwarze Armbinden aufgrund ihrer Trauer. In der Presse ist gar von der Krankheit des „Sherlockismus" zu lesen. Diese Reaktionen und eine größere Geldsumme des Verlags bringen Sir Arthur Conan Doyle dann schließlich dazu, den Detektivhelden wieder auferstehen zu lassen. So veröffentlicht er 1902

15

D Prüfungsaufgaben zum Themenbereich „Medien und Kultur"

den Roman „The Hound of Baskervilles", in dem erklärt wird, Holmes habe sich nach dem Sturz mit letzter Kraft an einem Grasbüschel festhalten können.

Die Geschichten rund um den Londoner Detektiv dienten und dienen immer noch in vielen Ländern als Vorlage für Filme, Theaterstücke, Hörspiele und Comics. Aber auch auf andere Weise wird die Kunstfigur für uns Leser und die Fans am Leben erhalten: Für Holmes, eigentlich eine fiktive literarische Figur, ist ein eigenes Museum in der Baker Street 221b errichtet worden, eine Adresse, die ihm auch der Autor Sir Arthur Conan Doyle zugewiesen hat. Somit scheint die Existenz des Detektivs beinahe Wirklichkeit geworden zu sein. Die Besucher können in der Wohnung von Holmes herumspazieren, die ebenso eingerichtet ist, wie in den Romanen beschrieben. Es gibt sogar vermeintliche Erinnerungsstücke, die die Vorstellung noch realistischer machen. Damit ist Holmes eine der wenigen Romanfiguren mit Postanschrift. Fans können ihm sogar Briefe schreiben, die auch wirklich beantwortet werden. Dazu gibt es nicht nur in London, sondern auch in der Schweiz nahe der Reichenbachfälle ein Denkmal des britischen Superhelden. Die überlebensgroße Holmes-Statue und das Museum in Meiringen sind zur Pilgerstätte vieler Fans geworden.

Doch auch durch zahlreiche Filme und Serien wird die Kunstfigur am Leben erhalten. In heutiger Zeit als besonders erfolgreich ist die BBC-Serie „Serlock" hervorzuheben, die Charaktereigenschaften und Lebensweise des Detektivs in die Neuzeit transportiert, was bei den Holmes-Fans sehr gut ankommt. Aber auch auf die Bühne hat es der Meisterdetektiv schon geschafft: So wird am First Stage Theater in Hamburg derzeit das Musical „Sherlock Holmes – Next Generation" gespielt. Mit von der Partie sind Dr. Watson als Ermittlungspartner und Professor Moriarty als üblicher Verdächtiger. Modern wirkt das Stück durch Anspielungen auf die aktuelle Tagespolitik und durch Untermalung mit Livemusik. Sherlock Holmes als typisch britischer Superheld strahlt auf viele Leser eine ungemeine Faszination aus, die nicht vergänglich ist, weil es dem Autor Arthur Conan Doyle schon im 19. Jahrhundert gelungen ist, den Charakter so zu gestalten, dass er aufgrund seines messerscharfen Verstandes und seiner guten Kombinationsgabe bewundernswert erscheint. Die Geschichten rund um Holmes sind spannend und laden zum Mitdenken ein, da der Stoff immer wieder anders präsentiert bzw. aktualisiert wird, und dadurch zu jeder Zeit Interesse weckt. Dabei scheint Holmes durch seine nahezu durchgängige Präsenz immer realer zu werden. So glauben viele Menschen immer noch, dass Holmes wirklich gelebt hat, weil Doyle das Handeln seiner Figur und die Umstände mit einer faszinierenden Genauigkeit kreiert hat, die uns alle begeistert. Das alles zusammen macht Sherlock Holmes für uns zum wohl bekanntesten Detektiv der Literaturgeschichte und damit zu einer Romanfigur, die unsterblich ist.

Ich habe für meinen Text Informationen aus den Materialien M1 – M6 verwendet.

D 5 Aufgabentyp 2: Sprachenreichtum an unserer Schule (selbstständiges Üben)

Seite 90
Mögliche Lösung:

Mehrsprachigkeit – Problem oder Chance für uns?

Das Thema Mehrsprachigkeit geht uns alle an, denn unsere Gesellschaft verändert sich zusehends und verschiedene Sprachen werden auch für uns immer wichtiger, gleichermaßen aber auch alltäglicher. Zur Vorbereitung unseres Projekttages „Sprachenreichtum an unserer Schule" am 1. Juli wollen wir Schüler und Lehrkräfte auf dieses Thema vorbereiten.

Was aber ist eigentlich unter dem Begriff Mehrsprachigkeit zu verstehen? Es gibt verschiedene Arten von Mehrsprachigkeit. Zum einen spricht man von der Mehrsprachigkeit, über die man von Geburt an verfügt, da man durch seine Eltern oder auch im näheren Umfeld verschiedene Sprachen lernt. So kann es zum Beispiel sein, dass Mutter und Vater unterschiedliche Muttersprachen sprechen und diese dem Kind beibringen. Davon unterscheidet man die Mehrsprachigkeit, die über den Fremdsprachenunterricht erworben wird, wie zum Beispiel durch die Schulfächer Englisch oder Französisch. Die verschiedenen Arten von Mehrsprachigkeit unterscheiden sich also darin, wo die Sprachen erlernt werden und ob man die Sprachen schon von Geburt an oder erst später erwirbt, d. h. ob man sie in einer natürlichen Umgebung oder in der Schule lernt.

Jugendliche, die mehrsprachig aufwachsen, lernen von Geburt an zwei oder mehr Sprachen gleichzeitig. Das ist aber keine Herausforderung und auch nicht verwirrend, sondern wird als natürlicher Prozess wahrgenommen. Mehrsprachigkeit führt also nicht zu körperlichen oder sprachlichen Beeinträchtigungen. Jugendliche, die mehrsprachig aufwachsen, heben sich laut einer Studie von einsprachig erzogenen Jugendlichen durch bessere Schulleistungen ab. Dennoch kann es aber vorkommen, dass die Mehrsprachigen Vokabeln in einer Sprache nicht nennen können, diese dafür aber in der anderen Sprache problemlos verwenden können. Ebenso kann es sein, dass bei mehrsprachig aufgewachsenen Kindern der Wortschatz in den verschiedenen Sprachen unterschiedlich stark ausgeprägt ist. So benötigen diese Kinder zum Teil mehr Zeit, um etwa einen Gegenstand zu benennen. In der 1960er Jahren untersuchen die kanadischen Psychologen Elizabeth Peal und Wallace Lambert, wie sich Mehrsprachigkeit auf Kinder auswirkt. Die gängige Meinung ist bis dahin, dass Kinder, die mit zwei Sprachen aufwachsen, nicht intelligent seien und dass Zwei- bzw. Mehrsprachigkeit dumm mache; vor zweisprachiger Erziehung wird sogar gewarnt. Der Schotte Simon Somerville Laurie ist beispielsweise der Meinung, dass durch die Erziehung in mehreren Sprachen das intellektuelle Wachstum des Kindes nicht verdoppelt, sondern verringert würde. Man geht davon aus, dass der gleichzeitige Erwerb von zwei Sprachen das Kind verwirren und zu Sprachstörungen führen würde, die letztlich die körperlichen und sprachlichen Entwicklungen beeinträchtigten würden. Diese Annahmen sind jedoch veraltet und mittlerweile vollkommen widerlegt. Heutzutage weiß man, dass die Vorteile deutlich auf Seiten der Mehrsprachler liegen, denn diese verfügen nachweislich über einen hö-

D Prüfungsaufgaben zum Themenbereich „Medien und Kultur"

heren IQ und erbringen in der Schule bessere Leistungen. Als die zwei Forscher Elizabeth Peal und Wallace Lambert in Kanada ein halbes Dutzend Schulen besuchen, um dort mit 10-Jährigen Schülerinnen und Schülern IQ-Tests zu machen, kommen sie zu erstaunlichen Ergebnissen. Sie führen ihre Untersuchungen in Montreal durch, wo die Amtssprache Französisch ist, aber wo auch viele Schüler in den Familien Englisch sprechen. Die beiden Forscher denken zu diesem Zeitpunkt noch, dass die mehrsprachigen Schüler bei den Intelligenzüberprüfungen, aber auch bei den Prüfungen in anderen Fachbereichen schlechter abschneiden würden als die einsprachig aufgewachsenen Kinder. Doch die Tests beweisen das Gegenteil: Die Schülerinnen und Schüler, die mehrsprachig aufgewachesen sind, schreiben zum Teil bessere Noten und schneiden auch in den IQ-Tests besser ab – egal ob mündlich oder schriftlich. Es gibt keinen Aufgabentypen, in denen die einsprachig aufgewachsenen Schüler besser abschneiden als die mehrsprachigen.

Heutzutage ist klar, dass Mehrsprachigkeit eher Vorteile mit sich bringt. Weitere Untersuchungen in den letzten Jahren haben ergeben, dass Mehrsprachigkeit nicht nur die Schulleistungen fördert, sondern auch bis ins hohe Alter positive Effekte mit sich bringt.

Daher ist es für die Zukunft eine gute Idee, Mehrsprachigkeit zu fördern. Zudem nimmt der Anteil mehrsprachig Aufwachsender zu und damit vervielfältigen sich auch die Möglichkeiten im Umgang miteinander, denn die Kommunikation mit Menschen aus anderen Ländern hat heutzutage auch einen größeren Stellenwert im Alltag – und das nicht nur im Urlaub. Auch im Beruf wird das Beherrschen verschiedener Sprachen immer wichtiger. Viele Firmen und Organisationen unterhalten Geschäfts-beziehungen mit dem Ausland, haben Dependancen und betreiben Import oder Export. Für diesen globalen Handel sind Fremdsprachenkenntnisse unerlässlich. So schafft Sprachvielfalt auch einen internationalen Vorteil. Aber auch im politischen Bereich gibt es Vorteile, da die Kommunikation Verständigung ermöglicht und gleichermaßen dazu führt, verschiedene Kulturen kennen zu lernen, was wiederum zu Toleranz und Integration führen kann. Mehrsprachler agieren als politische Vermittler zwischen verschiedenen Kulturen. Somit kann sich Sprachvielfalt auch positiv auf die Strukturen innerhalb einer Gesellschaft auswirken und zum friedlichen Miteinander beitragen, weil man den anderen und das Fremde verstehen kann. Auch die modernen Medien bedingen, dass die Nutzer zumindest Englisch als gemeinsame Verkehrssprache sprechen und verstehen müssen, um sich orientieren und zielorientiert handeln zu können. Ein weiterer Aspekt ist, dass auch die Anzahl der Mehrsprachler innerhalb der Gesellschaft immer weiter zunimmt. Statistisch gesehen sind ein Drittel bis die Hälfte aller Schüler mit mehreren Muttersprachen aufgewachsen, sodass Mehrsprachigkeit mittlerweile der Normalfall ist. So gibt es zum Beispiel auch viele Länder, in denen verschiedene Sprachen gesprochen werden, wie zum Beispiel Ghana mit Englisch und diversen afikanischen Sprachen oder Gibraltar mit Englisch, Spanisch, Italienisch und Portugiesisch. Zuwanderung bedingt automatisch Sprachenvielfalt. Diese als Chance zu sehen und zu nutzen, ist unsere Aufgabe. Daher sollte Mehrsprachigkeit nicht als Bedrohung oder Identitätsverlust, sondern als Wert und Chance unserer Gesellschaft gesehen und daher auch gefördert werden.

Für meinen Text habe ich alle Materialien genutzt.

E Prüfungsaufgaben zum Themenbereich „Eine Frage der Beziehung"

E 1 Leseverstehen: Wie das Minenfeld der Peinlichkeit umgangen wird (angeleitetes Üben)

Seite 96

1 a) trifft zu.

2 Überschriften für die Sinnabschnitte:
1 (Z. 1 – 12): Jugendliche und Eltern denken ähnlich: Themen des Textes
2 (Z. 13 – 25): Liebe und Sexualität
3 (Z. 26 – 32): Schule und Noten
4 (Z. 33 – 44): Schule und Mobbing
5 (Z. 45 – 54): Trennung der Eltern
6 (Z. 55 – 60): Vereinbarungen und Erlaubnisse
7 (Z. 61 – 70): Vorbereitung auf schwierige Gespräche

3 a) Gestaltungsmittel: Metapher
b) Die Menge an peinlichen Problemen der Jugendlichen wird nicht zwar nicht genau thematisiert; die Formulierung Minenfeld bedeutet aber, dass es sehr viele Probleme dieser Art gibt.

Seite 97

4 a), c), d), e), f) und i) treffen zu.

5 c) trifft zu.

6 reger Austausch zwischen Eltern und Jugendlichen; auch peinliche Themen können miteinander besprochen werden

7 Vorschlag: a)

Seite 98

8 empfohlene Strategien: a), c), e)

9 – Belastung der Jugendlichen
– unangenehme Ansprache, weil sie den Eltern nicht noch mehr Sorgen bereiten wollen
– Furcht vor negativen Reaktionen, z. B. Abwertung eines Elternteils
– Eltern nicht objektiv

10 vorgeschlagene Strategien: a), b), d), e), g), i)

11 Je häufiger man unter Berücksichtigung von Regeln in der Familie miteinander spricht, desto einfacher fallen Konfliktgespräche.

Seite 99

12 Bereiche: Erziehungsberatung und Psychotherapie

13 Wirkungsweisen: b), c)

14 Textart: Sachtext

15 Absicht des Verfassers: c)

16 Beide Antworten sind prinzipiell möglich, müssen jedoch gut begründet werden. Wahrscheinlicher ist die Antwort „Nein", denn der Text gibt sehr viele konkrete Ratschläge und Strategien dazu an, wie Jugendliche

konstruktiv mit ihren Eltern sprechen können, z. B. vor dem Gespräch Argumente sammeln etc.

E 2 Original-Prüfung 2021: Leseverstehen: Erfolgreiche Teamarbeit. Diesen Typ braucht jede Gruppe (selbstständiges Üben)

Seite 102

1 a) trifft zu.

2 d) trifft zu.

3 b) trifft zu.

4 a) trifft zu.

Seite 103

5 a) trifft zu.

6 Der Koch hat durch seine vermittelnde Art dazu beigetragen, den Zusammenhalt der Gruppe zu sichern. Der Zusammenhalt der Gruppe bzw. das Funktionieren dieser war die Grundvoraussetzung für das Gelingen der Expedition.

7 c) trifft zu.

8 c) trifft zu.

9 Die Grafik verdeutlicht die besondere Rolle, die humorvollen Menschen innerhalb einer Gruppe zukommt. Die Grafik zeigt, dass diese Menschen die Fähigkeit haben, verschiedene Untergruppierungen innerhalb einer größeren Gruppe von Menschen zu einem Team zu vereinen.

Seite 104

10 c) trifft zu.

11 a) trifft zu.

12 b) trifft zu.

13 Ich stimme dem Schüler zu, der sagt, dass jemand die Rolle eines Clowns einnehmen muss, wenn Gruppenbildung gelingen soll. Schließlich haben Forscher herausgefunden, dass in einer Gruppe gerade die Personen mit Humor die Gruppendynamik positiv beeinflussen und damit über den Erfolg der gesamten Gruppe entscheiden.

E Prüfungsaufgaben zum Themenbereich „Eine Frage der Beziehung"

E 3   Aufgabentyp 4a: Schneeriese (angeleitetes Üben)

Seite 107 – 110
1 – **12** Lösungshilfen zu den Aufgaben finden sich direkt im Arbeitsheft und lassen sich der nachfolgenden Musterlösung entnehmen.

Seite 110
13 *Mögliche Lösung:*

In dem vorliegenden Romanauszug aus dem Jugendroman „Schneeriese" von Susan Kreller geht es um einen für den Jugendlichen Adrian unbefriedigend verlaufenden Besuch bei seiner Freundin Stella, die dessen Liebe nicht wahrnimmt und seine Anwesenheit sogar als störend empfindet, weil sie eine Beziehung zu ihrem Nachbarn Dato begonnen hat. Der Jugendroman wurde 2016 im Hamburger Carlsen Verlag veröffentlicht. Der vorliegende Auszug findet sich auf den Seiten 52 – 55, wurde gekürzt und geringfügig verändert.

Adrian, der von seiner Jugendfreundin Stella wegen seiner Größe nur „Einsneunzig" genannt wird, besucht Stella zu Hause, weil er sie eine Zeit lang nicht gesehen hat. Da er sich in sie verliebt hat, muss er dazu seinen ganzen Mut zusammennehmen, um mit ihr darüber zu sprechen. Als er in ihr Zimmer kommt, beschäftigt Stella sich gerade damit, zu überlegen, was sie anziehen soll. Da sie ihn gar nicht erwartet hat, nimmt sie ihn kaum wahr, sondern lächelt bei seinem Eintreten nur kurz. Er beobachtet sie in ihrem persönlichen Durcheinander; sie beendet das Telefonat, das sie in dem Moment führt, und fragt ihn knapp und eher desinteressiert nach dem Anlass seines Besuches. Obwohl Adrian bezüglich Stellas Verhalten viele Gedanken durch den Kopf gehen, verneint er Stellas Frage, ob sie etwas für ihn tun könne. Er gibt vor, nach dem Rechten schauen zu wollen, doch sie nimmt ihn immer noch nicht richtig wahr. Auf die Frage, mit wem sie telefoniert habe, reagiert sie ausweichend und erklärt, sie habe gar keine Zeit für ihn. Adrian erkennt die Scham in ihrem Gesicht. Als sie schließlich zugibt, zu Dato gehen zu wollen, äußert er kurzentschlossen, er komme mit. Er erkennt in ihrem Gesicht jedoch, dass sie dies nicht möchte, denn sie lächelt nur traurig.

Die Erwartungen, die Adrian bei seinem Besuch vermutlich an Stella hat, widersprechen ihrem tatsächlichen Verhalten ihm gegenüber. Da er sich in sie verliebt hat, hat er allen Mut zusammengenommen, um mit ihr darüber zu sprechen (siehe Vortext). Stella ist eine Freundin aus Kindertagen und vermutlich haben die beiden viel Zeit miteinander verbracht. Nun haben sie sich aber schon eine Weile nicht gesehen. Adrian erwartet augenscheinlich, dass sie sich freut, ihn wiederzusehen, sodass sie ihm ihre volle Aufmerksamkeit schenkt und ihn angemessen begrüßt. Im weiteren Verlauf wird durch seinen inneren Monolog (Z. 24 – 33) deutlich, dass er erwartet hat, dass sie ihn vorher anruft oder ihn besucht und dass sie Zeit mit ihm verbringt. Ebenso hat er eine Entschuldigung erwartet, weil sie ihn fünf Wochen vergessen hat, denn er fühlt sich von ihr vernachlässigt. Tatsächlich reagiert sie

aber ganz anders, was er als „neu" (Z. 4/5) erkennt. Dies zeigt eine deutliche Veränderung im Vergleich zu ihrem früheren Verhalten. Er nimmt Stella beim Eintreten als desinteressiert und kühl wahr (Z. 6 – 12). Sie wirkt geradezu enttäuscht, als sie ihn sieht, denn sie lässt „für einen winzigen Moment ihre Mundwinkel sinken" (Z. 6/7). Er bewertet ihre Reaktion negativ und bezeichnet diese kurze Zeit abwertend als „läppische[n] anderthalb Sekunden" (Z. 11). Da er erkennt, dass er sie beim Aussuchen der passenden Kleidung und beim Telefonieren stört, hält er seine wahren Gefühle eher zurück; dies zeigen die knappen Antworten seinerseits („Mich, sagte Adrian.", Z. 18), denn eigentlich ist er enttäuscht über ihre mangelnde Freude und Offenheit. Stella zeigt ihm deutlich, dass ihm die Wahl ihrer Kleidung viel wichtiger ist als die Begegnung mit ihrem ehemaligen Jugendfreund. Also sagt er etwas anderes, als er tatsächlich denkt, und gibt Geschäftigkeit vor (Z. 34/35), um seine wahren Gefühle zu verstecken. Dennoch bleibt er beharrlich, will wissen, mit wem sie telefoniert habe und wohin sie gehen wolle (Z. 39 – 45), obwohl er innerlich sehr aufgewühlt ist, was durch das personale Erzählverhalten deutlich wird. Er beobachtet sie genau und stellt aufgrund ihrer Mimik fest, dass sie sich auf die Lippen beißt (Z. 52) und rot wird (Z. 52/53). Gleichzeitig leuchten ihre Augen (Z. 53), was er so deutet, dass dieses Leuchten aufgrund der Tatsache entsteht, dass sie mit Dato verabredet ist, was sie kurz danach bestätigt (Z. 56). Darauf macht er den mutigen Vorstoß, zu sagen, dass er mitkomme („Ich komme mit!", Z. 57), was eher als Provokation aufzufassen ist, denn er nimmt wahr, dass sie überrascht reagiert und bleich wird (Z. 58 – 60). Obwohl er weiß, dass sie ihn als störend empfindet, signalisiert er durch seinen Blick (Z. 61 – 64), dass er sich nicht geschlagen geben wird. Er ist aufgeregt, muss sich durch Atmen beruhigen (Z. 65 – 67), doch er bleibt trotz ihrer Reaktion bei seinem Vorhaben, was letztlich wie eine Trotzreaktion auf ihre Ignoranz wirkt. Zusammenfassend ist festzustellen, dass Adrians Erwartungshaltung und sein Verhalten sich deutlich voneinander unterscheiden. Erst im weiteren Verlauf der Begegnung wird durch seine Provokation deutlich, dass er ihr Verhalten nicht in Ordnung findet.

Als Adrian Stellas Zimmer betritt, springt sie nicht freudig auf, sondern bleibt auf ihrem Bett im Schneidersitz sitzen (Z. 2). Nachdem sie realisiert hat, dass es Adrian ist, lässt sie kurz „ihre Mundwinkel sinken" (Z. 6/7), was er als Enttäuschung ihrerseits deutet. Dieses Verhalten macht ihn traurig. Auch der Klang ihrer Stimme unterstützt den Eindruck, den er erhält („klang enttäuscht", Z. 13). Nach dem Beenden des Telefonats schaut sie Adrian nur kurz an und widmet sich wieder ihrer eigentlichen Tätigkeit, nämlich dem Aussuchen passender Kleidung (Z. 16/17). Dies signalisiert ihm, dass sie ihn nur am Rande wahrnimmt, was durch den folgenden knappen Dialog unterstützt wird. Im folgenden Gespräch wirkt sie kurz angebunden. Sie widmet sich ihren Tätigkeiten mit größter Sorgfalt, während sie ihn nun gar nicht mehr ansieht (Z. 19 – 22), d. h. sie vermeidet Augenkontakt. Besonders deutlich wird ihr Desinteresse, als sie belanglos

19

E Prüfungsaufgaben zum Themenbereich „Eine Frage der Beziehung"

zu einem T-Shirt zu sagen scheint: „Kann ich irgendwas für dich tun?" (Z. 23). Der folgende innere Monolog von Adrian nach dieser Behandlung durch Stella wirkt ein wenig ironisch, da deutlich wird, was er sich eigentlich von ihr wünscht (Z. 24 – 33). Aber das sagt er nicht laut, sondern entgegnet stattdessen: „Nein […] Alles bestens." (Z. 34). Doch wiederum scheint es, als würde Stella sich wieder nur mit den Kleidungsstücken befassen (Z. 41 – 43), sogar mit ihnen sprechen. Ironisch wird festgestellt: „Das Kleidungsstück blieb stumm […]" (Z. 44). Erst als er sie fragt, mit wem sie telefoniert habe, bemüht sie sich um einen freundlichen Blick (Z. 49), reagiert aber verwundert (Z. 46), weil er sie damit zwingt, über ihren Freund Dato zu reden. Auf genaues Nachfragen seinerseits wird sie rot (Z. 52) und ihre Augen leuchten. Nun gibt sie die Wahrheit zu (Z. 56). Während der gesamten Begegnung zeigt Stella ihm durch ihre Körpersprache und ihre Mimik, dass sie geistig abwesend ist und sich nicht für ihn interessiert, sodass Adrian sich als Störfaktor fühlt und enttäuscht ist, da er sich eine andere Reaktion erhofft hat. Erst am Ende, als er sie provoziert (Z. 57), reagiert sie überrascht und nimmt ihn wahr: „Stellas Augen wurden dumpf und sahen ihn ungläubig an." (Z. 59/60). Vermutlich realisiert sie in diesem Moment seine Enttäuschung, möchte aber auch nicht zugeben, dass sie lieber mit Dato allein sein will („Doch da veränderte sich Stellas Gesicht schon wieder, ihre Augen sahen jetzt traurig aus und fremd und ängstlich, alles auf einmal. Sie probierte ein Lächeln.", Z. 69 – 71). Hier wird Stellas innerer Zwiespalt angedeutet. Daher ist festzuhalten, dass durch Stellas Körpersprache deutlich wird, dass sie Adrian in ihrer Situation als störend empfindet. Während der Begegnung wirkt Adrian sehr enttäuscht über Stellas Verhalten ihm gegenüber, denn dieses entspricht überhaupt nicht der Erwartungshaltung, die er vor seinem Besuch hinsichtlich ihres Wiedersehens aufgebaut hat. Adrians Gefühle werden einerseits deutlich durch die verwendete Er-/Sie-Erzählform und das personale Erzählverhalten, da so der Fokus auf Adrians Wahrnehmung gelenkt wird, denn die Beschreibung Stellas wirkt bewertend: „Und da war noch etwas anderes, das neu war. Stellas Blick war neu." (Z. 4/5). Ebenso werden durch innere Monologe (Z. 24 – 33) seine Gedanken offenbart, sodass ein Widerspruch zwischen diesen und seinem Handeln entsteht. Nach der Frage, ob Stella etwas für ihn tun könne, wird lediglich für den Leser im inneren Monolog deutlich, was er sich gewünscht hätte. Hier werden viele Dinge mithilfe von Anaphern aufgezählt, die Verwendung des Konjunktiv II zeigt jedoch, dass sich all seine Wünsche und Erwartungen nicht erfüllt haben bzw. sich nicht erfüllen werden („[…] du könntest mich anrufen jeden Tag […]", Z. 26/27). Direkt zu Beginn des Auszuges wird der Fokus darauf gelenkt, dass sich in ihrer Beziehung bzw. Freundschaft etwas verändert hat. Genau diese Veränderung von Stella hinsichtlich ihres Verhaltens, ihres Aussehens und ihrer Kommunikation wird durch Adjektive (z. B. „enttäuscht", Z. 13; „nicht unfreundlich", Z. 13/14) und Nomen (z. B.

„Mundwinkelmomenten", Z. 8 / 9; „Klamottenberg"; Z. 21 / 22), mit denen sie beschrieben wird, deutlich. Dazu werden auch Neologismen verwendet, die ein wenig spöttisch erscheinen, denn Stella ist die Kleidung wichtiger als ihr alter Freund Adrian, weil sie Dato beeindrucken möchte. Diesbezüglich werden auch Metaphern genutzt, die übertrieben wirken und ihr ungewohntes Verhalten betonen: „Sie studierte mit allergrößter Sorgfalt einen hellen blauen Pullover […]" (Z. 19/20). Dass Adrian sehr aufgewühlt ist, wird zudem durch die Personifikation seines Herzens verdeutlicht. An zwei Stellen (Z. 36/37, Z. 65 – 67) wird durch Parataxen und Ellipsen quasi hörbar gemacht, wie laut sein Herz schlägt, weil er ihr einerseits Zufriedenheit und Ordnung und andererseits Ruhe und Stärke vorgaukelt, obwohl er eigentlich angespannt und aufgeregt zugleich ist. Mit dem Ein- und Ausatmen versucht er, sich zu beruhigen, obwohl er etwas anderes denkt, als er schließlich sagt (Z. 34). Letztlich wird auch durch die Parataxen und Ellipsen im Dialog gezeigt, dass er aufgrund seiner Enttäuschung nicht in der Lage ist, offen mit ihr über seine Gefühle zu reden. Damit bleibt ihm lediglich nur die Möglichkeit der Provokation durch die Ankündigung seiner Begleitung zu Dato. Durch einen Parallelismus, der durch eine Konjunktion eingeleitet wird, zeigt sich, dass er sich dabei sehr unwohl fühlt: „[…] obwohl er sich nicht ausstehen konnte in diesen Minuten, obwohl ihm seine eigene Anwesenheit genauso verhasst war, wie sie es für Stella sein musste." (Z. 62 – 64). Zusammenfassend zeigt sich durch seine Körpersprache, sein Verhalten und seine wortkarge Kommunikation, dass er enttäuscht und traurig aufgrund von Stellas desinteressiertem Verhalten ihm gegenüber ist.

<u>Text aus der Sicht Stellas am Ende ihrer Begegnung</u>: Nun ist er doch gegangen … Hätte ich ihn freundlicher aufnehmen sollen? Ich weiß nicht – die Umstände haben sich verändert. Zwischen uns ist einfach nicht mehr die gleiche Nähe wie vorher. Ja, er war mein bester Freund und wir haben viel Zeit miteinander verbracht, aber nun ist Dato mein fester Freund. Das ist was ganz anderes. Ich möchte jetzt mit ihm meine Zeit verbringen – und das ist mir wichtig. Dennoch habe ich ein furchtbar schlechtes Gewissen – ich hätte viel früher mit Adrian sprechen sollen. Er hat wirklich nicht verdient, dass ich ihn so ignoriere – aber es war auch wirklich ein schwieriger, unpassender Moment. Er hätte auch vorher anrufen können. Ja, was hätte ich dann gemacht? Ich hätte ihm sicher abgesagt und ihn abgewimmelt. Schwierig! Aber er hat auch so getan, als sei alles in Ordnung mit ihm, als würde es ihn gar nicht stören, dass ich keine Zeit für ihn habe. Schließlich hat er selber gesagt, dass er in den letzten Wochen keine Zeit hatte – keine freie Minute – das hat er selbst gesagt … Dennoch … ich werde mich bei ihm entschuldigen, ihm sagen, dass ich ihn als guten Freund nicht verlieren möchte. Aber – und das muss er auch verstehen – Dato ist nun mein fester Freund – und für den brauche ich eben auch meine Zeit. Das heißt ja nicht, dass „Einsneunzig" und ich uns nicht mehr verstehen …

E Prüfungsaufgaben zum Themenbereich „Eine Frage der Beziehung"

E 4 Original-Prüfung 2021: Aufgabentyp 4a: Mit anderen Worten: ich (selbstständiges Üben)

Seite 111

Mögliche Lösung:

Der vorliegende Text ist ein Auszug aus dem Roman „Mit anderen Worten: ich", geschrieben von der Autorin Tamara Ireland Stone. Er wurde 2018 in Bamberg veröffentlicht. Der abgedruckte Auszug wurde gekürzt und geringfügig verändert. Thematisiert wird der Besuch einer inoffiziellen Veranstaltung, auf der Gedichte und Songs vorgetragen werden. Dabei führt ihre Mitschülerin Caroline die Ich-Erzählerin Sam in den besonderen Kreis der Vortragenden ein, die eigene Texte und Songs vor Publikum präsentieren.

Sam und Caroline betreten den Keller in der Schule, in dem die Veranstaltung stattfinden soll. Sam betrachtet die Räumlichkeiten eingehend und bestaunt die zahllosen beschriften Papierstücke unterschiedlichster Art, die an die Wände geklebt wurden. Sie möchte wissen, wo sie sind, doch dann beginnt der Vortrag eines Mädchens, mit dem sie zusammen Geschichtsunterricht hat. Sydney trägt ein Gedicht über „Nuggets" vor, das sie selbst auf den Deckel einer Chicken-Nuggets-Schachtel geschrieben hat. Aus der Beschreibung des Gefühls beim Essen entwickelt sie die fast schon philosophische Frage an das Publikum gerichtet, woraus dieses denn bestehen würde. Während der begeisterten Reaktionen der Zuhörer klebt sie den Ausriss aus der Pappschachtel mit dem Text ebenfalls an eine der Wände. Auch Sam ist von dem Vortrag angetan und lächelt Sydney zu. Darauf folgt der Vortrag des Jungen AJ, der einen Song singt und diesen auf seiner Akustikgitarre begleitet. Sam beschreibt die Melodie als wunderschön. Nach dem Lied ertönt begeisterter Applaus, und auch er klebt seinen Songtext an die Wand. Sam ist beeindruckt, wundert sich aber, dass die übrigen Schüler die Vorträge als normal empfinden. Caroline, die Sam betrachtet, ist sehr zufrieden mit ihrer Reaktion, denn sie hat von vornherein geahnt, dass Sam von der Veranstaltung fasziniert sein würde. Auf die Frage Sams, wo sie denn seien, antwortet Caroline, sie würden den Ort die „Dichterecke" nennen.

Der Textauszug ist in der Ich-Erzählform verfasst, sodass der Leser die Eindrücke, die Sam während der Veranstaltung sammelt, mitverfolgen kann. Sam nimmt den Kellerraum der Schule staunend wahr (Z. 1/2), denn einerseits weiß sie nicht, wohin Caroline sie führt, und andererseits ist sie beeindruckt von den unzähligen an die Wand geklebten „Papierfetzen" (Z. 2). Überrascht stellt sie fest, dass diese alle Formen und Farben aufweisen (Z. 3) und allesamt von Hand beschrieben sind (Z. 12: „[...] jede Schrift so einzigartig wie das Papier selbst."). Dass diese Wanddekoration so ausführlich wahrgenommen und beschrieben wird, zeigt, dass sie im weiteren Verlauf der Handlung eine wichtige Bedeutung erhält. Dieser Eindruck wird durch Sams Kommentar „Wow." (Z. 14) noch unterstützt. Natürlich will sie wissen, wo sie sich befindet: „Wo sind wir hier?" (Z. 15). Doch Carolin verweist nur auf ein freies Sofa. Sam beobachtet darauf die Einrichtung im Bereich der Zuschauer: verschiedene Sofas (Z. 49), Barhocker (Z. 26), ein Podest (Z. 52) als

Bühne. Der Kellerraum ist eingerichtet wie eine Bar, in der Aufführungen stattfinden.

Das Miteinander der Anwesenden wirkt eingespielt. Das Publikum scheint genau zu wissen, was zu erwarten ist, denn außer Sam wundert sich niemand über die Dekoration. Caroline beobachtet Sam (Z. 7), um herauszufinden, wie sie mit der ihr unbekannten Situation umgeht und ob ihr die Gestaltung der Räumlichkeiten gefällt. Als dann Sydney als Vortragende als Erste auf das Podest tritt (Z. 22), erkennt der Leser, dass sie aufgeregt ist, weil sie etwas Besonderes vor sich hat (Z. 17/18). Sofort werden die Zuhörer ruhig und widmen ihr ihre Aufmerksamkeit (Z. 25), als sie erklärt, sie habe ihr Gedicht komplett auf eine Chicken-Nuggets-Schachtel geschrieben (Z. 28–32), lachen alle. Nach ihrem Vortrag reagieren die anderen mit Begeisterung, denn sie applaudieren und rufen (Z. 43), was ihr wiederum Bestätigung gibt, denn sie freut sich (Z. 49/50) über die Reaktionen. Auch kleine Gesten zeigen, dass die Schüler miteinander vertraut sind und anscheinend häufiger Veranstaltungen solcher Art durchführen (Z .46ff.: „Ein Junge auf einer anderen Couch wirft ihr einen Klebestift zu. Wir sehen zu, wie sie das [...] an eine freie Stelle zwischen die anderen Zettel drückt."). Auch der folgende Vortrag des Jungen AJ, dem die Zuhörer und auch Sam andächtig lauschen (Z. 59), wird von den Anwesenden mit großer Begeisterung aufgenommen: „[...] dann aber springen alle auf, klatschen und johlen." (Z. 60/61). Auch AJ klebt den Liedtext nach der Präsentation an eine der Wände. Während Sam sehr beeindruckt ist, scheinen die anderen Schülerinnen und Schüler die Darbietungen zwar begeistert, doch als eher selbstverständlich wahrzunehmen (Z. 67ff.). Es wirkt so, als wären sie diese Art der Vorstellung gewohnt, denn sie gehen respektvoll, aber recht locker miteinander um. Insgesamt wirkt das Miteinander ritualisiert: Die Vortragenden gehen einfach auf die Bühne, stellen vor und mischen sich dann wieder unter das Publikum. Abschließend kleben sie das Ergebnis ihrer Dichtkunst einfach an eine der Wände – vielleicht um eine Erinnerung zu hinterlassen.

Sam ist während der gesamten Präsentation eine beeindruckte Beobachterin. Zum einen wird in der Ich-Erzählform genau beschrieben, was Sam sieht und hört (z.B. Z. 43–45), sodass auch der Leser quasi an der Vorstellung teilnimmt. Zum anderen werden auch ihre Gedanken und Emotionen deutlich; sie wird ein Teil der Gemeinschaft, was auch durch das Personalpronomen „wir" klar wird: „Wir sehen zu [...]" (Z. 46–48). Dazu nutzt die Autorin häufig einen hypotaktischen Satzbau, um zu zeigen, wie schnell die Eindrücke wechseln, die Sam wahrnimmt (z. B. Z. 46–50), und wie vielfältig sie sind. Eine Metapher bestätigt, wie eng Publikum und Akteure miteinander agieren: „[...] begegnen sich unsere Blicke." (Z. 49). Es werden aber auch Parataxen verwendet, um Sams Reaktion auf den Vortrag von Sydney zu betonen: „Sie grinst mich an. Ich lächle zurück. Ich glaube nicht, dass ich sie bis heute auch nur einmal habe sprechen hören." (Z. 50/51). Durch die verwendete Anapher wird ihre Überraschung über den Mut von Sydney deutlich, einen eigenen Text vor Publikum zu präsentieren. Gleichermaßen wird klar, dass sie sich wohlfühlt. Insgesamt wirkt die Situation sehr dynamisch und lebendig auf-

E Prüfungsaufgaben zum Themenbereich „Eine Frage der Beziehung"

grund der verwendeten Verben, die die Begeisterung des Publikums ausdrücken: klatschen, johlen, sich verbeugen (Z. 43/44), verklingen (Z. 59), aufspringen (Z. 60), klatschen (Z. 60/61) etc. Dies wird verstärkt durch die Wiederholung dieser Verben, denn das Publikum reagiert auf beide Vorträge begeistert. Zudem wirkt die Atmosphäre ungezwungen, was Sam fasziniert (Z. 67/68), aber auch verwundert, denn sie fragt sich nach dem zweiten Vortrag: „Findet außer mir etwa keiner, dass der Song gerade absolut genial war?" (Z. 68/69). Durch diese rhetorische Frage zeigt sich, dass sie das erste Mal solch einem Treffen beiwohnt, denn während die anderen die Präsentationen als „normal" (Z. 72) empfinden, hat sie „eine Gänsehaut" (Z. 72). Sie verwendet in ihrer Darstellung umgangssprachliche Ausdrücke, wie „Typ" (Z. 52) und „absolut genial" (Z. 69), und Antithesen („[...] nur ein paar Töne [...] in ihrer Folge aber wunderschön [...]", Z. 55/56, „Ein, zwei Sekunden lang regt sich niemand, dann aber springen alle auf [...]", Z. 60/61), die die intensive Wirkung auf das Publikum offenbaren. Auch die Nutzung der abschließenden Metapher (Z. 77/78: „[...] und höre selbst die Ehrfurcht in meiner Stimme.") verdeutlicht Sams Faszination, aber auch ihre Bewunderung für die Interaktion zwischen Publikum und Vortragenden sowie die Selbstverständlichkeit der Akteure auf der Bühne und ihre Dichtkunst.

Im Gegensatz zu Sam verhält sich Caroline an diesem Abend in der „Dichterecke" (Z. 79) zurückhaltender, denn sie beobachtet wiederum Sam, die sie zur Veranstaltung mitgenommen hat (Z. 8). Anscheinend hat sie Sam vorher nicht erklärt, was sie dort erwarten würde (Z. 15). Caroline leitet Sam eher stillschweigend durch den Raum und sucht für beide einen geeigneten Platz auf einem der Sofas (Z. 19/20). Sie scheint sich auf die Vorträge zu freuen, ist sich aber auch sicher, dass Sam von den Darbietungen fasziniert sein wird, und glaubt an eine Überraschung für Sam; daher wirkt die Situation geheimnisvoll: „[...] aber wie schon die ganze Zeit lässt sie rein gar nichts durchblicken." (Z. 24). Während der beiden Vorträge erfährt der Leser nur, was Sam denkt und fühlt. Erst danach stellt Sam fest, wie Caroline reagiert – nämlich anders als die anderen: „Alle bis auf Caroline." (Z. 73). Caroline freut sich unbändig, dass sie Sam richtig eingeschätzt hat (Z. 75/76), denn sie hat vorausgeahnt, dass Sam begeistert und ehrfürchtig (Z. 77) reagieren würde, und sie daher eingeladen. Somit stimmen ihre Interessen überein und die Beziehung vertieft sich durch das gemeinsame Erlebnis der Mitschülerinnen.

Gedanken Carolines:

Was für ein schöner Abend! Ich habe extra nichts gesagt, um das Überraschungsmoment für Sam nicht zu verderben. Aber sie hat genauso reagiert, wie ich es mir vorgestellt hatte: Einerseits hat sie Sydney von einer ganz anderen Seite kennen gelernt, andererseits hat sie auch den Song fasziniert angehört. Es passt aber auch zu gut, dass ausgerechnet Sydney und AJ heute präsentiert haben ... immerhin kennt sie sie aus der Schule und hat noch dazu mit Sydney Geschichte. Sam hat alles genau beobachtet und wirkte extrem beeindruckt. Ich glaube, bei dem Song hatte sie sogar Gänsehaut. Und wie sie Kellerräume genau angeschaut hat ... Sam hat das Besondere unserer Veranstaltung genau erfasst und ich konnte Wertschätzung erkennen. Ja, es war eine sehr gute Idee, sie mitzu-

nehmen. Ich habe sie richtig eingeschätzt. Nun ist ein Teil unserer Gemeinschaft – und vielleicht traut sie sich auch einmal, in unserer „Dichterecke" etwas vorzutragen – die Gelegenheit dazu wird sie schon noch bekommen ... Auf jeden Fall aber hat sich unsere Freundschaft durch dieses Erlebnis vertieft, denn wir teilen die gleichen Vorlieben!

E 5 Aufgabentyp 4a: Wenn du gehst (selbstständiges Üben)

Seite 114

Mögliche Lösung:

Bei dem vorliegenden lyrischen Text handelt es sich um den Songtext „Wenn du gehst" aus dem Jahre 2019. Diesen hat der Musiker Johannes Oerding im November 2019 in seinem Album „Konturen" veröffentlicht. In seinem Lied thematisiert er die emotionale Lücke, die entsteht, wenn ein geschätzter Mensch sich verabschiedet, sei es durch Weggang, Verlust oder Tod. Die Lücke, die dieser Mensch hinterlässt, führt zu Traurigkeit.

Der Text beginnt mit einer Aufzählung von Dingen, die ohne ihr wesentliches Element nicht mehr das sind, was sie eigentlich ausmacht: alter Mann, Flugzeug, Strand, Meer, Gleis. Darauf folgt die Feststellung, dass Menschen immer erst bemerken würden, was ihnen fehlt, wenn sie alleine sein. Im folgenden Refrain wünscht sich das lyrische Ich, dass etwas von dem ihn Verlassenden bleibt, denn dieser würde ihm fehlen. In der folgenden inhaltlichen Strohe erfolgt eine erneute Aufzählung von Dingen, die ohne ihr wichtigstes Element nicht funktionieren (Ballon, Fluss, Film, Gitarre, Klavier, Lied). Im Folgenden spricht das lyrische Ich von sich selbst und zieht die Schlussfolgerung, dass ihm selbst meistens nur auffällt, etwas zu vermissen, wenn es allein sei. Abschließend wird der Refrain mit der Aufforderung bzw. dem Wunsch an den Angesprochenen wiederholt, etwas von sich beim Verlassen zu lassen, denn er würde fehlen.

Obwohl in der ersten Strophe (V. 1–6) sowie auch in der dritten Strophe (V. 16–21) recht sachlich lediglich Dinge aufgezählt werden, denen bestimmte Elemente fehlen, wirkt die Grundstimmung des Liedtextes gerade auch in der Verknüpfung mit der Überschrift „Wenn du gehst" eher traurig, denn hier wird durch die Konjunktion („Wenn [...]") eine Bedingung aufgestellt, die vermuten lässt, dass das lyrische Ich verlassen wird. Dabei kann das Verb „gehen" unterschiedliche Bedeutungen haben, wie zum Beispiel Trennung, Abschied oder gar Tod. Durch die sich anschließende Aufzählung wird die Bedeutung dieses Verlusts für das lyrische Ich erst deutlich, denn es fehlt ihm das Wesentliche, was anhand der fünf genannten Beispiele aufgezeigt wird: „So wie 'n uralter Mann/Der ohne Stock nicht mehr kann" (V. 1–2). Das gleiche Prinzip zeigt sich in der dritten Strophe (V. 16–21). Hier werden sechs verschiedene Dinge genannt, denen das wesentliche Element fehlt, ohne das diese Dinge eigentlich nicht definiert werden oder nicht existieren können (z. B. V. 16: „Wie ein Ballon ohne Luft"). Somit wird deutlich, dass das lyrische Ich versucht, den Wert desjenigen, den es verloren hat, für sich auszudrücken: Es empfindet den deutlichen Verlust und obwohl die Aufzählung sachlich erfolgt, wirkt das lyrische Ich traurig. Dieses Gefühl wird durch die Strophen II und IV noch verstärkt, denn zunächst reflektiert das lyrische Ich, dass der Mensch zu oft nicht bemerke oder gar vergesse, wie wichtig ihm jemand sei (V. 7 – 8); erst wenn er alleine sei, würde er den Verlust realisieren und diese Person besonders vermissen. In der vierten Strophe (V. 22 – 25) wird durch die Verwendung des Personalpronomens „ich" noch deutlicher, dass das lyrische Ich diese Feststellung auch auf sich selbst bezieht: „Weil ich viel zu oft, das was ich hab', vergess'" (V. 23). Der Umstand der Einsamkeit („Erst wenn er plötzlich alleine ist", V. 9 und V. 24) verstärkt das Gefühl der Trostlosigkeit und des Schmerzes, so als könne das lyrische Ich den Angesprochenen nicht wiederbringen. Daher stellt es am Ende jeden Refrains fest: „Du fehlst mir" (V. 15, V. 30). Daraus könnte man schließen, dass es sich bei dem Angesprochenen um eine nahestehende Person handelt, die ein alltäglicher Begleiter war. Gleichermaßen scheint diese Person so wertvoll gewesen zu sein, dass sie mit den wichtigsten Eigenschaften und Fähigkeiten verglichen wird, ohne die das lyrische Ich nicht mehr es selbst ist (z. B. V. 3: „So wie 'n Flugzeug ohne Flügel" oder V. 4: „So wie 'n Strand ohne Sand"), sodass ihm erst später auffällt, dass er den Menschen vermisst (V. 10). Dementsprechend wird dem lyrischen Ich die eigentliche Bedeutung erst zu spät klar.

Dieser Eindruck wird besonders durch die sprachliche Gestaltung verdeutlicht, denn allein durch die Aneinanderreihung der Dinge (Verse 1 – 6, V. 16 – 21) anhand von Anaphern (z. B. V. 5 – 6: „So wie ein Meer ohne Satz / So wie 'n Gleis ohne Züge […]"), die ohne ihr wesentliches Element nichts wert oder nicht funktionstüchtig sind, wird die Bedeutung desjenigen, den man verloren hat, umschrieben. Der Verlust kann nicht durch eine einfache Benennung oder Beschreibung verdeutlicht werden, sondern wird durch die Akkumulation ganz unterschiedlicher Dinge dargestellt. So kann ein „uralter Mann" (V. 1) ohne Stock nicht mehr gehen oder ein „Flugzeug ohne Flügel" (V. 3) nicht mehr fliegen; ein Strand ist „ohne Sand" (V. 4) kein Strand mehr und „Meer ohne Salz" (V. 5) kann nicht als Meer bezeichnet werden etc. Diese genannten Dinge stehen allegorisch für den Wert des Menschen, der gegangen ist, und haben somit eine Stellvertreterfunktion, um sich der Bedeutung desselben für das lyrische Ich zu nähern. Durch diese Aufzählung und die Feststellung, dass man als Mensch „viel zu oft" (V. 8) vergesse, was man habe, wird eine vage Kritik am Umgang der Menschen mit den Dingen deutlich, die man schätzen sollte (V. 7: „Der Mensch ist irgendwie komisch"). Diese wirkt wie ein Appell, das zur Verfügung Stehende wertzuschätzen, nicht darüber hinwegzugehen und es vor allem nicht als alltäglich zu betrachten. Im Refrain, der zu Beginn mit der Wiederholung des Titels eingeleitet wird (V. 11/V. 26: „Wenn du gehst"), wird dieser Wunsch dann explizit ausgesprochen: „Dann lass 'n bisschen was von dir / Hier bei mir, hier bei mir" (V. 12 – 13, V. 27 – 28). Diese direkte Anrede desjenigen, der das lyrische Ich verlässt, wirkt wie der Wunsch, Spuren zu hinterlassen, damit sich das lyrische Ich erinnern kann. Die Wiederholung (V. 13/V. 28: „Hier bei mir, hier bei mir") verdeutlicht die Dringlichkeit dieses Wunsches, dem direkt eine Begründung folgt: „Weil ich eigentlich schon weiß / Du fehlst mir" (V. 14 – 15/V. 29 – 30). Durch diesen jeweils letzten

Ausspruch des Refrains werden der Verlust und die Einsamkeit des lyrischen Ichs unterstrichen; dies nimmt es besonders stark wahr, da es nun allein ist und über das Vergangene reflektiert.

Die Strophen II und IV unterscheiden sich deutlich in ihrer Darstellungsweise. Zwar wiederholt sich die Wortwahl, und damit auch nahezu die Kernaussage, doch in der zweiten Strophe werden die vage Kritik und die dahinterstehende Feststellung, dass man das, was man habe, zu schnell vergesse, später aber doch vermisse, zunächst verallgemeinert, indem die Strophe vom Menschen allgemein spricht (V. 7: „Der Mensch ist irgendwie komisch"). Dadurch scheint sich das lyrische Ich zunächst von der Aussage zu distanzieren. In der vierten Strophe aber spricht das lyrische Ich bejahend von dieser Tatsache und bezieht sie auf sich persönlich: „Ja, ich bin irgendwie komisch" (V. 22), so als sei dieser Feststellung ein Reflexionsprozess vorausgegangen. Diese Strophe wirkt wie die Erkenntnis, dass es ihm selbst nicht anders ergeht als anderen Menschen. Es bemerkt, dass ihm „was" fehlt (V. 25). Dieses „etwas" wird dann im Refrain genauer definiert: „Du fehlst mir" (V. 30). Somit muss es für sich selbst eher tragisch festhalten, dass es das Wertvolle beizeiten auch nicht ausreichend geachtet bzw. gewertschätzt hat.

Eine Schülerin hat über den Liedtext gesagt, dass es eigentlich schön sei, so etwas über jemanden sagen zu können, der einen verlassen hat, auch wenn sie glaubt, diese Erkenntnis komme nach einem Verlust meist zu spät. Sie meint damit, dass es schön sei, trotz des Verlusts einer Person positiv von dieser zu denken und diese zu vermissen – auch wenn das dann meist zu spät ist, denn man stellt häufig erst dann fest, dass diese Person einem so wichtig war, dass man sich wünscht, ihr das vorher gesagt zu haben. Gleichermaßen möchte man die Erinnerung an sie bewahren. Ich persönlich kann ihr da nur zustimmen. Einerseits denke ich, dass es leider oftmals richtig ist, dass man erst immer viel später realisiert, wie wichtig einem nahestehende Menschen sind, wie beispielsweise Verwandte oder Freunde, sodass man sie vermisst, wenn sie aufgrund von Trennungen, Abschied oder gar Tod nicht mehr da sind. Dies wird auch im Songtext deutlich, als das lyrische Ich alleine ist (vgl. V. 24 – 25). Verlust ist also immer schlimm – und es spricht für die Beziehung, wenn man diese Menschen vermisst. Aber ich finde auch, dass man genau diese Menschen, die einem besonders nahestehen, eben anders wertschätzen und sich genau das immer vor Augen führen sollte. Deshalb finde ich es wichtig, dass man Beziehungen pflegt und Familienmitgliedern, Verwandten und Freunden gegenüber diese Wertschätzung im Alltag auch zeigt, wenn sie noch nicht „gegangen" oder weg sind. Dementsprechend wäre es sicher schön, den Appell des Liedes ernst zu nehmen und nicht zu vergessen, was man an anderen hat (z. B. V. 7 – 8), denn dann muss die Erkenntnis, dass jemand gegangen ist, nicht allein schmerzhaft sein, weil man „was" (V. 12) von demjenigen behält und nicht denkt, man hätte etwas verpasst. Somit geht es hier auch um bewussteres Zusammensein mit dem Anderen und um Lebensgenuss.

F Prüfungsaufgaben zum Themenbereich „Digitale Welten"

F 1 Leseverstehen: I6d#&r6achtsi6dall (angeleitetes Üben)

Seite 118

1 c) trifft zu.

2 b) trifft zu.

3 c) trifft zu.

Seite 119

4 b) trifft zu.

5 c) trifft zu.

6 b) trifft zu.

7 c) trifft zu.

8 d) trifft zu.

Seite 120

9 Mit „Verschleierungsmethode" ist gemeint, dass ein bestimmter Ausgangssatz, z. B. ein Sprichwort, mithilfe von Ziffern und Sonderzeichen so verändert wird, dass es für den Benutzer gut zu merken, für andere Menschen aber undurchschaubar ist.

10 a) trifft zu.

11 d) trifft zu.

Seite 121

12 Das Passwort wird nur ein einziges Mal auf Papier notiert und dann per Post versendet.

13 c) trifft zu.

14 Ich stimme der Aussage der Schülerin, die sagt, dass man Passwörter stets selbst erstellen sollte, nicht zu. Wie in dem Artikel „I6d#&r6achtsi6dall" von Varinia Bernau beschrieben wird, sind die meisten Menschen nicht sehr kreativ, wenn es darum geht, sich Passwörter auszudenken. Meistens verwenden sie Passwörter, die sehr leicht zu knacken sind oder nehmen ein einziges Passwort für alle möglichen Dienste, sodass Hacker leichtes Spiel haben.
Deshalb halte ich es für besser, sich von einem Profi ein Passwort erstellen zu lassen. So kann man sichergehen, dass das Passwort den gängigen Sicherheitsanforderungen entspricht. Dabei glaube ich nicht, dass die Profis ihr Wissen um die Passwörter ihrer Kunden missbrauchen würden, schließlich würde das ganz schnell auffallen, sodass sie sich letztlich nur selbst schaden würden.

F 2 Leseverstehen: Die neue Lust aufs Lesen (selbstständiges Üben)

Seite 124

1 d) trifft zu.

2 c) trifft zu.

3 Die aufwendig gestalteten Buchbesprechungen in den digitalen Medien führen zu einer neuen Lust auf Bücher und aufs Lesen.

4 b) trifft zu.

5 c) trifft zu.

Seite 125

6 a) trifft zu.

7 a) trifft zu.

8 b) trifft zu.

9 d) trifft zu.

10 c) trifft zu.

Seite 126

11 Die Buch-Blogger sind für die Verlage mittlerweile von großer Bedeutung, da sie Bücher einer größeren Leserschaft präsentieren und diese für die Bücher begeistern. Sie machen also kostenlose Werbung.

12 a) 7; b) 5; c) 8; d) 6

13 c) trifft zu.

14 Ich stimme dem Schüler, der sagt, dass Buchblogs überflüssig sind, nicht zu. Gerade in einer Zeit, in der die digitalen Medien auf dem Vormarsch sind, ist es wichtig, dem Medium Buch neue Aufmerksamkeit zukommen zu lassen. Buchblogs sind dabei ein tolles Mittel, eine größere Leserschaft zu erreichen und die Freude am Lesen zu fördern.

F 3 Aufgabentyp 4b: Self-Tracking (angeleitetes Üben)

Seite 129 – 132

1 – **6** Lösungshilfen zu den Aufgaben finden sich direkt im Arbeitsheft und lassen sich der nachfolgenden Musterlösung entnehmen.

Seite 132

7 *Mögliche Lösung:*
Bei den vorliegenden Materialien handelt es sich zunächst um den Sachtext „Führt Selbstvermessung zu Selbsterkennung?" von Christoph Koch (M1a), der 2017 veröffentlicht wurde, und die Infografik „Bereitschaft zur Erhebung und Weitergabe von personenbezogenen Daten" aus dem Jahre 2016 von Quantified Wealth Monitor (M1b), die aus einem Kreisdiagramm

F Prüfungsaufgaben zum Themenbereich „Digitale Welten"

und einem Balkendiagramm besteht. Als Quelle für M1a wird das Internet angegeben. Zudem liegt mit M2 der Sachtext „Immer schneller, besser, effizienter: der Trend zur Selbstoptimierung" eines unbekannten Verfassers vor. Dieser wurde ebenfalls im Internet veröffentlicht. M3 ist ein Blogbeitrag von Dr. Steffi Burkhart, der den Titel „Unsere Selbstoptimierung macht uns kaputt!" trägt. Das gemeinsame Thema aller vorliegenden Materialien ist die Auseinandersetzung mit der persönlichen Selbstoptimierung durch die Vermessung des eigenen Körpers mit digitalen Hilfsmitteln, auch Self-Tracking genannt. Vor- und Nachteile sowie Auswirkungen werden auf unterschiedliche Weise dargestellt und bewertet.

Im Sachtext von Christoph Koch „Führt Selbstvermessung zu Selbsterkennung?" (M1a) stellt dieser die Grundidee der „Quantified Self"-Bewegung dar: Damit ist die Nutzung digitaler Medien als Mittel zur Vermessung des eigenen Körpers im Alltag gemeint. Ziel dabei ist, zu genauen Erkenntnissen über das eigene Leben und auch über den eigenen Gesundheitszustand zu gelangen. Dies sei durch ganz unterschiedliche Anwendungen möglich, wie zum Beispiel durch Schrittzähler, das Festhalten der Nahrungsmittel oder das Erfassen der Schlafzeiten oder anderer Gesundheitswerte (Puls, Blutzucker, Sauerstoffgehalt). Die Motive der Menschen dafür seien sehr unterschiedlich. Manche Menschen handelten aus Neugier, andere, weil sie objektive Zahl zur Bestätigung benötigten, wiederum andere erhofften sich, durch die Messungen eine Verhaltensänderung herbeizuführen. Studien hätten Letzteres auch schon belegt. In der Infografik „Bereitschaft zur Erhebung und Weitergabe von personenbezogenen Daten" (M1b) aus dem Jahr 2016 wird die Verteilung der Nutzungsmöglichkeiten durch Prozentangaben visualisiert. Hier wird deutlich, dass 21 % der Deutschen bereits ihre eigenen Daten tracken. Dabei wurde der Bereich Fitness mit 18 % am häufigsten genannt. Diesem folgen die Bereiche Ernährung (4,8 %), Finanzen (3,4 %), Persönliches (2,1 %) und Energie (1,5 %).

In dem Sachtext „Immer schneller, besser, effizienter: der Trend zur Selbstoptimierung" (M2) werden die Angaben zur Nutzung bestätigt, jedoch die Ziele der Menschen konkretisiert. Es erscheine für die Nutzer erstrebenswert, durch Self-Tracking und die daraus resultierende Möglichkeit der Selbstoptimierung möglichst viel aus sich und dem eigenen Leben zu machen. Viele Menschen würde das Erfassen der Erfolge motivieren und zusätzlich aktivieren. Eigene Gewohnheiten in persönlicher, gesundheitlicher und sportlicher Hinsicht könnten erfasst und hinterfragt werden, was zur Folge hat, dass man etwas über sich lernt und letztlich gesünder lebt. Gleichermaßen könnte über das Tracking eine hohe Datenmenge erfasst werden, die wiederum der Medizin und Wissenschaft zugutekommt. In der Wechselwirkung ergeben sich dann verlässliche Daten, die helfen, die Effizienz und Produktivität zu steigern. Zusammenfassend entsteht ein also ein positives Plädoyer, in dem hervorgehoben wird, dass Self-Tracking eine Möglichkeit zur Steuerung und Kontrolle des Alltags bietet und somit hilfreich bei dessen Bewältigung ist.

Im Blogeintrag „Unsere Selbstoptimierung macht uns kaputt!" (M3) von Steffi Burkhart stellt diese zum Teil eher ironisch Entwicklungen und negative Auswirkungen des Self-Trackings dar. Zu Beginn übt sie auf spöttische Weise Kritik an der öffentlichen Selbstdarstellung der Tracking-Ergebnisse in den sozialen Netzwerken. Die Folge dieser Zur-Schau-Stellung sei, dass sich Menschen einsam und gestresst fühlten, da sie immer weitere Verbesserungen auch im Vergleich mit anderen erzielen wollten. Als Ausblick weist sie auf ein Zukunftsszenario hin, in dem Menschen ihr Verhalten sogar über Zahnbürsten, Spiegel oder Kühlschränke tracken würden. Sie bezeichnet dieses Verhalten als „Optimierungswahn" und warnt davor, dass das persönliche Glück durch übermäßige Disziplin in den Hintergrund gestellt würde. Die Auswirkungen seien Depressionen oder andere psychosomatische Störungen. Somit zeige sich eine eher schädliche Entwicklung, durch die Menschen unter Druck gesetzt würden. Es entstehe demzufolge eine Sehnsucht nach Nichtstun und Unbeschwertheit anstelle der Sucht nach Optimierung. Die Menschen sehnten sich sozusagen danach, ohne schlechtes Gewissen Dinge tun zu können, die durch die Tracker eher negativ bewertet werden (faul sein, Filme schauen, übermäßig Kalorien zu sich nehmen etc.).

Vergleicht man die beiden in M2 und M3 dargestellten Positionen miteinander, ergibt sich ein sehr konträres Bild hinsichtlich des Nutzens und der Auswirkungen der Selbstvermessung mit digitalen Hilfsmitteln. Einerseits wird Self-Tracking als Weg zur Verbesserung der körperlichen und seelischen Gesundheit gesehen (M2), andererseits entsteht durch das dauerhafte Erfassen der eigenen Werte und den indirekten Zwang, dies nachhaltig zu tun und die Werte zu vergleichen, eine Gefahr der Beeinträchtigung der eigenen Gesundheit (M3). Auf der einen Seite ergibt sich durch die Verbesserung der Werte eine gesteigerte Produktivität des Einzelnen, indem er sich das Ziel setzt, Gesundheit und Leistungen zu optimieren (M2), aber auf der anderen Seite kann sich daraus auch die Gefahr ergeben, sich selbst zu überfordern und letztlich eher das Gegenteil, nämlich eine Verminderungen der eigenen Arbeitsfähigkeit, zu erreichen (M3). Natürlich erhält der einzelne Mensch grundsätzlich mehr Kontrolle über das eigene Leben, da Daten nahtlos erfasst werden und schlechte Gewohnheiten somit transparent werden (M2), doch in M3 weist Burkhart in ihrem Blogbeitrag auch darauf hin, dass es gleichermaßen zu einem Verlust an Lebenszufriedenheit kommen kann (M3), wenn Menschen sich nur noch auf das Erfassen und die Verbesserung ihrer Daten fokussieren, da persönliches Glück und die eigenen Bedürfnisse hintenan gestellt werden. Insgesamt werden in beiden Textgrundlagen ganz unterschiedliche Lebensmodelle dargestellt. In M2 ergibt sich ein deutlicher Nutzen des Self-Trackings für Menschen, die eher erfolgsorientiert sind und ein hohes Maß an Produktivität erreichen wollen. In M3 wird im Vergleich dazu eher gezeigt, dass das Bedürfnis vieler Menschen nach Ungezwungenheit und Nichtstun durchaus besteht, aber durch das Tracking zum Teil unterdrückt wird. Insgesamt wird durch den Vergleich beider Positionen

F Prüfungsaufgaben zum Themenbereich „Digitale Welten"

deutlich, dass die Chancen des Self-Trackings nicht für jeden Menschen gleich sind, weil die Auswirkungen auf das persönliche Leben und die daraus resultierenden Folgen sehr unterschiedlich sein können bzw. unterschiedlich wahrgenommen werden. Dies muss aber jeder für sich selbst herausfinden.
Ein Mitschüler hat zum Thema Self-Tracking geäußert, dass jeder danach streben sollte, das Beste aus sich herauszuholen. Dazu sollte man auch digitale Hilfsmittel nutzen. Damit will er darauf hinweisen, dass jeder die technischen Möglichkeiten zur Selbstoptimierung nutzen sollte, um das eigene Leben in den möglichen Bereichen, wie zum Beispiel Fitness und Gesundheit, Ernährung, Finanzen etc. (vgl. M1b), zu verbessern. Meines Erachtens wirkt diese Aussage so recht unreflektiert und einseitig, denn ich glaube, jeder muss persönlich abwägen, welche Vor- und Nachteile mit dem Self-Tracking verbunden sind und welche Ziele er erreichen möchte. Wenn man zum Beispiel das Ziel hat, sich gesünder zu ernähren, oder wenn man die eigene sportliche Leistungsfähigkeit verbessern möchte, kann es sinnvoll sein, Daten zu erheben, durch das Zählen von Kalorien oder Schritten oder durch das zeitliche Erfassen von sportlicher Bewegung (M2, Z. 2 – 3). Wenn sich daraus Erfolge ergeben, schöpft man Motivation (M2, Z. 6 – 8). Gleichermaßen muss einem aber auch bewusst sein, dass man dadurch viele Daten über sich selbst preisgibt. Gerade das ist heutzutage ein Problem, denn der Mensch wird „gläsern". Das bedeutet, dass Daten miteinander vernetzt und weitergegeben werden. Die Privatsphäre kann dadurch beeinträchtigt werden, man erhält zum Beispiel Werbung, die man nie bekommen wollte etc. Andererseits könnten sich daraus auch positive Auswirkungen ergeben, zum Beispiel, dass man weniger krank wird, dass man seinen Biorhythmus besser kontrollieren kann und dass man grundsätzlich leichter und effektiver arbeiten kann (M2, Z. 16 – 19). Als besonders bedenkenswert erachte ich aber, dass die Gefahr besteht, dass man sich durch das Self-Tracking auch deutlich selbst einschränken kann, weil pötzlich der Zwang besteht, ständig Daten zu erfassen, um eine lückenlose „Überwachung" zu gewährleisten (M3, Z. 6 – 12). Dieser Zwang entsteht ja beispielsweise schon dadurch, dass man durch das Handy permanent erreichbar ist. Gleichermaßen werden wir anhand der erhobenen Daten automatisch mit anderen verglichen und geraten auch selbst in die Versuchung, uns mit anderen zu vergleichen (M3, Z. 1 – 5), was wiederum erhöhten Druck aufbauen kann. Daher denke ich, dass man sich ganz bewusst – wenn überhaupt – nur eine der Tracking-Methoden auswählen sollte, um gezielt Aspekte zu verbessern (wie z. B. in M1b dargestellt). Ich würde nie verschiedene Bereiche meines Lebens offenlegen oder mich unter den Zwang von außen stellen, permanent und alles überwachen zu müssen oder gar überwachen zu lassen. Daher kann ich die Aussage des Schülers – gerade auch bezogen auf unsere hoch technisierte Welt und die damit verbundenen Überwachungsmöglichkeiten – so nicht teilen.

F 4 Aufgabentyp 4b: Erklärvideos (selbstständiges Üben)

Seite 133
Mögliche Lösung:
Die mir vorliegenden Materialien 1a/b bis 3 stammen allesamt aus dem Internet. Bei Material 1a handelt es sich um den Sachtext „Was sind Erklärvideos?" von Jana Brehmer und Sebastian Becker, in dem definiert wird, was Erklärvideos sind. Zudem wird erklärt, an welche Adressaten sie sich richten und wie sie von den Produzenten gestaltet werden. Er wurde über die Internetseite der Universität Göttingen (Zugriff: 20.02.2019) veröffentlicht. In Material 1b, das den Titel „Empirische Studie über den Gebrauch von Erklärvideos in Deutschland" trägt, werden die Ergebnisse einer Online-Befragung aus dem Jahr 2016 dargestellt. Die Wissenschaftler Andreas Krämer und Sandra Böhrs haben mittels dieser Befragung untersucht, welche Erfahrungen Menschen verschiedener Altersgruppen mit Erklärvideos gesammelt haben. Die Ergebnisse der Studie wurden am 30.11.2017 auf der Internetseite „pinkuniversity" veröffentlicht (Zugriff: 20.02.2019). Das folgende Material 2 ist ein argumentativer Sachtext mit dem Titel „Ist das Lernen mit Videos effektiv?". Dieser wurde 2014 ins Internet gestellt (Zugriff: 20.02.2019) und führt die Möglichkeiten und positiven Auswirkungen von Erklärvideos aus. Der letzte Text (Material 3) von Nina Bräutigam mit dem Titel „Können YouTube-Lernvideos den Schulunterricht ersetzen?" ist ein argumentativer Blog-Text aus dem Jahr 2018 (Zugriff: 25.09.2018), in dem die Autorin Gefahren aufzeigt, die aus dem Lernen durch Videos resultieren. Dabei geht sie gleichzeitig auch auf Möglichkeiten der Optimierung ein. Zusammenfassend ist festzustellen, dass sich alle Autoren der vorliegenden Materialien mit unterschiedlichen Sichtweisen bezüglich der Nutzung von Erklär- und Lernvideos befassen.
Brehmer und Becker definieren in ihrem erläuternden Text „Was sind Erklärvideos?" (M1a, 2017) diese Art von Videos. Es seien zumeist selbst produzierte kurze Filme, in denen Funktionsweisen, Abläufe, Vorgänge oder Zusammenhänge auf verständliche Weise erklärt würden, wie z. B. in Videotutorials auf YouTube. Dabei gäbe es vielfältige Gestaltungsweisen, von einfach bis professionell. Gemeinsam hätten sie aber, dass sie adressatenorientiert produziert würden, d. h. sie nutzen einen umgangssprachlichen Kommunikationsstil und sprechen die Zuhörer direkt und zum Teil humorvoll an. Die Produzenten seien Laien, aber genauso gut Experten, die durch unterschiedliches Vorwissen eine gestalterische und kommunikative Vielfalt, also eine große Bandbreite, erreichten.
Die in M1b dargestellten Ergebnisse einer „Empirische[n] Studie über den Gebrauch von Erklärvideos in Deutschland", durchgeführt im Jahr 2016, geben Hinweise zum Gebrauch und zur Wirkung dieser Videos. Bezüglich der Vorerfahrungen der Teilnehmer mit E-Learning (damit ist Lernen gemeint, bei dem elektronische oder digitale Medien zum Einsatz kommen) wird deutlich, dass ein Großteil der 1000 Befragten bereits mindestens einmal ein Erklärvideo angeschaut hat. Besonders häufig genutzt werden diese Videos von den 16- bis 29-Jährigen (81,2 %), aber auch in der Gruppe der über 60-Jährigen

F Prüfungsaufgaben zum Themenbereich „Digitale Welten"

gaben immer noch 62,4 % an, schon einmal Erklärvideos gesehen zu haben. Hier lässt sich also tendenziell feststellen, dass die Nutzungshäufigkeit zunimmt, je jünger die User sind. Als weiteres Ergebnis lässt sich festhalten, dass durch die Studie der Sinn dieser Videos nachgewiesen werden konnte, denn die Teilnehmer mit Vorerfahrung bestätigten deutlich (85 %), dass sie auch in Zukunft auf diese Art der Erklärungen zugreifen würden. So scheinen die Funktionen für sie gewinnbringend zu sein. Dagegen gaben 60 % von der kleineren Gruppe der Menschen, die noch keine Vorerfahrungen gemacht haben (18,8 % (16 – 29 Jahre), 27 % (30 – 59 Jahre), 37,6 % (60 Jahre)), an, dass sie Erklärvideos auch in Zukunft nicht nutzen wollen.

Die Frage, der der unbekannte Verfasser des argumentativen Sachtextes in M2 nachgeht, lautet: „Ist das Lernen mit Videos effektiv?" Der Grund des Interesses an dieser Frage ist, dass immer mehr Lehrerinnen und Lehrer ihren Schülerinnen und Schülern raten würden, mit Onlinevideos im Internet zu lernen. Es wird dargestellt, dass das „Lernen am Modell" für das Lernen positive Auswirkungen habe, denn der Betrachter könne durch die Videos Theorie und Praxis miteinander verbinden und die vorgeführten Vorgänge etc. besser nachvollziehen und somit nachmachen. Die Art der Gestaltung ermögliche eine bessere Orientierung und erziele Transparenz; daraus ergäbe sich Sicherheit. Zudem würden verschiedene Sinne angesprochen (Sehen und Hören), was eine deutliche Steigerung der Aufmerksamkeit zur Folge hätte, die wiederum zur Steigerung der Lernleistung führe. Somit hätten laut der Erziehungswissenschaftlerin Anja Frey Erklärvideos gleichermaßen kognitive, motivationale und emotionale Aufgaben, denn durch die Mimik und Stimme des Sprechers würden die Adressaten besonders angesprochen und auch persönlich eingebunden (Adressatenbezug). Außerdem sei es möglich, das Lerntempo selbst zu bestimmen, da man stoppen, zurückspulen und wiederholen könne, was die Motivation steigere.

Nina Bräutigam, die Autorin des Blog-Textes (M3, 2018), geht der Frage nach ob YouTube-Lernvideos den Schulunterricht ersetzen können. Dabei setzt sie sich kritisch mit den Gefahren, die Lernvideos bergen, auseinander. Sie merkt an, dass die Produzenten solcher Erklärvideos keine Lehrer oder Wissenschaftler seien, was bedeuten könnte, dass die Zuschauer Falsches lernen, denn die Inhalte würden nicht geprüft, sondern die Reihenfolge im Netz würde lediglich nach der Anzahl der positiven und negativen Bewertungen ermittelt und die User würden höchstens selbst auf Fehler aufmerksam machen. Zwar seien laut dem Nachhilfelehrer Mirko Deutschmann Informationen im Netz vielfältig und schnell verfügbar, doch führten sie auch häufig zur Aneignung falschen Wissens, da sie zum Teil wissenschaftlich nicht korrekt seien. Er fordert zur Verbesserung der Qualität die Vernetzung der Anbieter sowie die Einführung eines gemeinsamen Siegels. Kritisiert werde auch, beispielsweise durch Professor Stefan Aufenanger, dass durch bloßes Aufnehmen keine sozialen Kompetenzen vermittelt würden. So genüge reines Faktenwissen für das spätere Leben nicht; die Schülerinnen und Schüler müssten z. B. durch Gruppenarbeit Konflikt- und Diskursfähigkeit entwickeln. Zudem hätten sie keine Möglichkeit, direkt Fragen zu stellen oder zu diskutieren.

Wenn man die in den Materialien 2 und 3 dargestellten Positionen bezüglich der Möglichkeiten und Grenzen von Erklärvideos im Unterricht vergleicht, fällt auf, dass die Ansichten diesbezüglich recht weit auseinandergehen und dass hier Verbesserungsbedarf besteht. Obwohl viele Lehrerinnen und Lehrer ihren Schülerinnen und Schülern mittlerweile die Nutzung von Erklärvideos empfehlen (M2), z. B. um mathematische Aufgaben zu wiederholen und Vokabeln zu lernen, warnen Experten auch davor, da die Produzenten der Videos häufig nicht fachlich oder pädagogisch ausgebildet seien (M3). Zwar würde dieses sogenannte „Lernen durch Nachahmen" das Lernen positiv beeinflussen und damit den Lernerfolg durch Verständnis, Sicherheit und Überblick steigern (M2), gleichermaßen könnte die mangelnde Qualifikation der Absender auch dazu führen, dass die Lernenden sich falsches Wissen aneignen, denn es gibt im Internet keine Qualitätskontrollen (M3). Hier versprechen sich Experten Abhilfe durch die Vernetzung von Anbietern und den Zusammenschluss durch ein gemeinsames Siegel. Dennoch wäre die Vielfalt des Angebots kaum offiziell zu überprüfen. Nur die User bestimmen durch ihre Bewertungen die Stellung des Videos in der Rangfolge im Netz. Sie könnten zwar auf Fehler aufmerksam machen (M3), was aber ebensowenig überprüfbar wäre. Positiv zu bewerten ist aber auch, dass Erklärvideos zu einer gesteigerten Aufmerksamkeit führen, da der Lernende direkt angesprochen wird; zudem sind Gestaltung und Sprache der Zielgruppe angepasst, was deutlich die Motivation fördert. Somit wird der Lernende stärker in das Geschehen eingebunden und kann selbst entscheiden, wann er eine Sequenz anhalten, zurückspulen und wiederholen möchte (M2). So kann er sein Lerntempo individuell bestimmen und erfährt durch die technischen Nutzungsmöglichkeiten eine zusätzliche Motivation, aber auch Kompetenz. Demgegenüber merken Erziehungswissenschaftler an (M3), dass soziale Kompetenzen nicht vermittelt würden, da kein sozialer Austausch mit anderen Lernenden stattfindet. Es fehlt der soziale Kontakt ebenso wie die Arbeit in Gruppen. Man könne weder Fragen stellen noch diskutieren (M3). Durch diese fehlende persönliche Auseinandersetzung werden weder Konflikt- noch Diskursfähigkeiten ausgebaut, sodass die Jugendlichen diesbezüglich nicht auf das spätere Leben vorbereitet würden (M3). Der Vergleich zeigt auf, dass der Einsatz von Erklärvideos viele Möglichkeiten, aber auch deutliche Grenzen bezüglich des Einsatzes im Unterricht mit sich bringt.

Eine Mitschülerin kommentiert Lernvideos so: „Erklärvideos steigern den individuellen Lernerfolg." Wie aus der Darstellung der Ergebnisse zur „Empirische[n] Studie über den Gebrauch von Erklärvideos in Deutschland" (2016) (vgl. M1b) zu entnehmen ist, nutzen bereits zwischen ca. 60 und 80 % aller Menschen Erklärvideos und 85 % dieser Befragten würden es auch weiterhin tun. Damit ist belegt, dass diese Art von Videos zumindest als hilf- oder lehrreich bewertet werden, um sich Wissen auf verständliche Weise anzueignen, Vorgänge zu verstehen und nachzuahmen oder Fähigkeiten zu erwerben (M1a). Gleichermaßen bestätigen Erziehungswissenschaftler wie Anja Frey (s. M2), dass Erklärvideos die Motivation steigern und Empathie erzeugen können, da sie sich einerseits direkt und zumeist umgangssprachlich an ihre

F Prüfungsaufgaben zum Themenbereich „Digitale Welten"

Adressaten wenden und diese ins Geschehen einbeziehen. Zudem kann man sich das Video bei mangelndem Verständnis noch einmal ansehen oder ein weiteres zum gleichen Thema wählen. Dies ermöglicht einen Überblick über ein Thema und vermittelt Sicherheit für den Lernenden (M2). Schwierig ist jedoch, dass für den Zuschauer nicht nachprüfbar ist, ob die vermittelten Informationen fachlich korrekt sind, da sie nicht überprüft werden und nahezu jeder zum Produzenten solcher Videos werden kann (M3). Es fehlt dementsprechend die kritische Instanz. Ebenso sitzt der User ganz allein vor dem Bildschirm, eignet sich zwar Wissen an, kann sich aber darüber mit niemandem austauschen oder etwa Fragen stellen (M3). Meiner Ansicht nach hat die Schülerin daher mit ihrer Beurteilung nur zum Teil recht, denn sicherlich kann der Nutzer Videos zum Lernen gewinnbringend einsetzen, schnell etwas nachschlagen (vgl. M3) und so sein Wissen zeitnah erweitern. Dennoch sollte er sich dessen bewusst sein, dass das Video nicht immer von Experten oder Fachleuten eingestellt wurde. Er kann aber auch selbstständig die Quelle prüfen und einschätzen, ob dieser qualitativ zu trauen ist. Zudem könnte man zum gleichen Sachverhalt verschiedene Videos abrufen. Hier muss man allerdings unterscheiden, ob es dabei zum Beispiel nur um Kochrezepte oder aber beispielsweise um geschichtliche Zahlen und Fakten geht. Vergleicht man aber die Quellen, so könnte man Mehrfachnennungen vergleichen und so sichergehen. Bezogen auf das individuelle Lernen kann man bezüglich der Lernvideos aber auf jeden Fall von einem Lernerfolg ausgehen. Allein die persönliche Auseinandersetzung mit einem Thema und die Recherche nach Videos führen schon dazu, dass man seine Kenntnisse und Fähigkeiten erweitert. In der Schule hingegen könnten Erklärvideos zur methodischen Abwechslung eingesetzt werden, die vorher vom Lehrer auf sachliche Richtigkeit geprüft wurden. Daher teile ich die von der Schülerin geäußerte Beurteilung mit diesen Einschränkungen.

F 5 Aufgabentyp 4b: E-Book oder gedrucktes Buch? (selbstständiges Üben)

Seite 136

Mögliche Lösung:

Zum Vergleich liegen drei unterschiedliche Materialien vor. Bei M1 handelt es sich um ein kombiniertes Schaubild aus Kreis- und Balkendiagramm zur Darstellung der Verteilung von E-Books und Printmedien auf dem Büchermarkt. Diese Ergebnisse wurden von der Bitkom Research GmbH im Jahre 2018 veröffentlicht. Das zweite Material ist der Sachtext „E-Reader oder Buch aus Papier – was ist nachhaltiger?" von Matthias Matting, veröffentlicht im Internet. Der Zugriff darauf erfolgte am 08.02.2022. Bei dem dritten Material handelt es sich um ein Säulendiagramm mit dem Titel „Leicht und immer verfügbar – E-Books bieten viele Vorteile". Auch diese Grafik wurde von der Bitkom Research GmbH veröffentlicht, und zwar 2015. In den ersten beiden Materialien werden E-Book und Printbook gegenübergestellt; das dritte stellt die Gründe für die Nutzung von E-Books dar.

Die erste Grafik (M1) ist eine Kombination aus Kreis- und Balkendiagramm. Sie trägt die Kernaussage bereits in der Überschrift: „Jeder Vierte liest E-Books". Im Kreisdiagramm auf der linken Seite wird die Entwicklung der Prozentzahlen der E-Book-Nutzer in den Jahren 2014 bis 2018 dargestellt. Dabei wird deutlich, dass diese Zahlen ungefähr gleich bleiben (jeweils 23 – 25 %). Die Ausgangsfrage „Lesen Sie zumindest hin und wieder ein E-Book?" kann somit klar beantwortet werden: Etwa 25 % der Leser greifen auf E-Books zurück. Diese Zahl hat sich somit auch nicht großartig verändert. Das Balkendiagramm auf der rechten Seite schlüsselt diese Zahl noch einmal nach Altersangaben auf: Je jünger die Leser sind, desto häufiger nutzen sie E-Books (14 – 29 Jahre: 43 %). Das heißt, dass nahezu die Hälfte der E-Book-Leser unter 30 Jahre alt sind. Darauf folgen die 30- bis 49-Jährigen mit 28 % und die 50- bis 64-Jährigen mit 23 %. Nur 12 % der ab 65-Jährigen nutzen digitale Bücher. Das liegt mit Sicherheit daran, dass ältere Menschen es gewohnt sind, Papierbücher zu lesen. Gleichermaßen sind Jüngere es gewohnt, mit neuen Medien umzugehen. Für sie ist es kein Problem, neue Bücher zu laden, und viele verfügen über Smartphones und Tablets, auf denen sie Bücher lesen können.

In seinem Sachtext „E-Reader oder Buch aus Papier – was ist nachhaltiger?" (M2) befasst sich der Autor Matthias Matting ebenfalls mit der Gegenüberstellung von E-Books und Printmedien. Hinzu kommen die Aspekte Nachhaltigkeit und Umweltbilanz. Dabei richtet sich die Internetseite „Utopia" direkt an die Leser und gibt Tipps zum ökologischen Lesen. Matting stellt ebenfalls fest, dass Lesen mittlerweile immer häufiger digital stattfindet. Zunächst hat das E-Book deutliche Vorteile: Für nur einen Cent kann man es etwa sechsmal komplett laden und mit diesem Strom aufgrund der speziellen Bildschirmtechnologie 40.000 Seiten lesen. In der Anschaffung sind E-Books etwa 20 Prozent günstiger als Printbooks und die Technik „E-Ink" eignet sich gut, um Texte anzuzeigen, die man auch bei hellem Licht noch gut lesen kann. Gleichermaßen wird durch das verwendete Licht niemand gestört. Dagegen wirkt das Printbook eher altmodisch; es raschelt, leuchtet nicht, es benötigt den Transport durch LKWs, um in den Buchladen zu gelangen. Zudem wird für etwa 80 Prozent aller Bücher viel Holz zur Herstellung von Papier benötigt, denn nur 20 Prozent werden auf recyceltem Papier gedruckt. Aber Matting stellt auch heraus, dass die Beurteilung der Nachhaltigkeit nicht ganz so einfach sei, denn die größten Auswirkungen auf die Umwelt entstehen bei der Produktion. Zwar werden für die Printbook-Herstellung Wälder abgeholzt und organische Kohlenstoffe ins Abwasser entlassen, doch für die Herstellung von E-Book-Readern und Tablets müssen Mineralien gefördert werden; dadurch werden Schwermetalle im Boden und Gifte freigesetzt. Wenn man dann die ethischen und moralischen Probleme, wie Kinderarbeit, Umweltverschmutzung etc. gegeneinander abwägen würde, schneidet das Buch besser ab als der E-Book-Reader. Wenn man allerdings ein Gelegenheitsleser (bis zu 10 Bücher pro Jahr) ist, ist wiederum das Tablet das bessere Gerät, weil man dieses ja auch anders nutzt. Bei Vielleser/-innen (mind. 50 Bücher pro Jahr) liegt der E-Book-Reader eindeutig vorn. Letztlich sollte aber jeder auf seine eigene Öko-Bilanz achten, denn auch beim Lesen von Büchern kann man Leihbibliotheken nutzen, bei Tageslicht lesen oder recycelte Bücher kaufen oder

F Prüfungsaufgaben zum Themenbereich „Digitale Welten"

diese tauschen. Beim E-Reader kann man aber auch innerhalb der Familie teilen, einen gebrauchten kaufen, auf Öko-Strom umstellen und den alten ordnungsgemäß entsorgen. Hier muss also jeder selbst entscheiden, was besser zu den eigenen Gewohnheiten passt.

Das dritte Material (M3) ist ein Balkendiagramm mit der Überschrift „Leicht und immer verfügbar – E-Books bieten viele Vorteile". Die dargestellten Ergebnisse ergeben sich aus der Frage „Aus welchen der folgenden Gründen lesen Sie E-Books?". Als wichtigste Gründe wurden mit 77 % angegeben, dass E-Books jederzeit zur Verfügung stehen würden, und mit 75 %, dass sie keinen Platz wegnehmen würden. Danach folgen fast gleichwertig die Antworten, dass man überall Zugriff auf seine Bücher habe (64 %) und dass man schnell neuen Lesestoff beziehen könne (60 %). Weitere genannte Vorteile sind, dass E-Books nicht viel wiegen und man sie daher gut auf Reisen mitnehmen könne (49 %), dass E-Book-Reader und Tablets auch andere Funktionen hätten, wie beispielsweise das Übersetzen (43 %), dass es viele kostenlose Bücher gäbe (21 %) und dass sie billiger seien als gedruckte Bücher (13 %).

Aus den Materialien wird deutlich, dass beide Medien sehr unterschiedliche Gruppen von Lesern anziehen. Grundsätzlich scheint der Großteil der Leser (ca. 75 %) immer noch gedruckte Bücher zu bevorzugen (M1). Da aber der Anteil der Leser, die Bücher mittels E-Book-Readern, Tablets oder Smartphones lesen, besonders unter den jungen Menschen (M1: 14- bis 29-Jährige: 43 %) größer ist, kann sich dieser Trend langfristig ändern. Diese Aussage wird in M2 bestätigt: „Lesen findet immer häufiger digital statt [...]" (M2, Z. 1). Zu vermuten ist auch, dass dieser Trend ggf. zu Coronazeiten noch stärker geworden ist, da man, wie in M3 genannt wird, schnell und auch von zu Hause aus neuen Lesestoff beziehen kann (M3, Antwort von 60 % der Befragten). Dennoch wird in M2 auch klar, dass man nicht genau sagen kann, welche Buchform nachhaltiger ist. Da viele Menschen sich zunehmend umweltbewusster verhalten, ist anzunehmen, dass sie auch ihr Leseverhalten auf die eigenen Bedürfnisse hin anpassen. Wer beispielsweise darauf achtet, ökologisch nachhaltig zu handeln, wird die „schwindende Biodiversität durch Wald-Monokulturen etwa oder Kahlschlag und Urwaldvernichtung" (M2, Z. 32/33) im Blick haben und darauf achten, weniger Papierprodukte zu kaufen. Solch ein Leser wird aber auch gleichzeitig darauf achten, dass er vielleicht einen gebrauchten E-Reader kauft, ein „Gerät mit austauschbarem Akku", auf Ökostrom zugreifen und auch das Gerät ordnungsgemäß entsorgen (M3, Z. 61 – 65). Dementsprechend ist der Grund, nachhaltig und ökologisch leben zu wollen, vielleicht nicht ausschlaggebend für die Entscheidung, ob man nun zum E-Book oder zum Printbook greift, denn bezogen auf die Nutzung ist nachhaltiges Handeln bei beiden Versionen möglich (vgl. die in M3 genannten Tipps). Vielmehr sind es wohl einerseits eher die technischen Fähigkeiten und Möglichkeiten (z. B. genannte Altersgruppen in M1) oder die persönlichen Vorlieben (M3), die Menschen dazu bringen, sich für das eine oder das andere zu entscheiden. Eine Schülerin sagt über gedruckte Bücher, dass sie gern in einen Buchladen oder in eine Bücherei gehe. Dort könne sie blättern, stöbern und Klappentexte lesen. So sei die Auswahl eines für sie passenden Lesestoffes viel leichter. Damit meint sie, dass sie sich allein durch mediale Buchvorstellungen, z. B. im Internet, nicht für ein passendes Buch entscheiden könne. Ich kann die Aussage der Schülerin gut nachvollziehen, denn viele Menschen haben hinsichtlich ihres Lesestoffes Vorlieben, lassen sich aber auch gerne durch ein gewisses Angebot inspirieren. Dieses findet man nun mal in Bibliotheken oder Buchhandlungen. Oftmals stößt man dann auch auf Bücher, von denen man noch nie gehört hat. Hier kann man eine Vielzahl von Covern betrachten und auch Klappentexte lesen. Viele brauchen dann auch das Gefühl von Seiten und Papier in den Händen und haben auch gerne eine kleine Bibliothek zu Hause im Regal. Mittlerweile gibt es auch überall Tauschbörsen oder Leseecken in Form von alten aufgestellten Telefonzellen, in die man eigene Bücher stellen und neue herausnehmen kann. Gleichermaßen muss man schon im Alltag so oft elektronische Geräte nutzen, da ist ein gedrucktes Buch eine Abwechslung, weil man dann „bei natürlichem Licht schmöker[n]" (M2, Z. 52) kann. Zudem sind Bücher natürlich auch immer ein schönes Geschenk. Andererseits ist es natürlich auch toll, immer und überall auf seine Bücher zugreifen zu können, ohne sie immer mitschleppen zu müssen (M3), denn dicke Wälzer und auch Hardcover-Bücher sind oftmals sehr schwer. Meiner Meinung nach muss jeder für sich selbst entscheiden, ob er lieber zu gedruckten Büchern oder E-Books greift. Und wer seine Lese-Ökobilanz beachtet (M2, ab Z. 54), wird sicher einen Weg finden, eines der Medien so zu nutzen, dass dadurch ein möglichst geringer Schaden für die Umwelt entsteht.

Schreibplan zu Kapitel C 1.5, Seite 34/35 (5 – 10)

	1 a) Überschrift	1 b) Cornelia Funke vorstellen	1 c) Themen ihrer Bücher/Funktion der Literatur	1 d) Arbeitsweise erläutern/Warum keine „Schreibblockaden"?	1 e) Bedeutung der Bücher/Gründe für den Erfolg/Bücher als „Fenster und Türen"	Daran muss ich denken:
M 1	---	– 10.12.1958 (Dorsten/NRW) – Ausbildung: Diplompädagogin – heute international erfolgreiche Autorin (70 Kinder- und Jugendbücher, Gesamtauflage: 31 Millionen, in 50 Sprachen übersetzt) – ihre Bücher dienen als Vorlagen für Hörbücher, Spiele und Apps – Patin des Kinderhospizes Bethel, Botschafterin der UN-Dekade Biologische Vielfalt – Durchbruch mit *Herr der Diebe* – viele Auszeichnungen (Literaturpreise, Bundesverdienstkreuz)	– Geschichten von Drachen, Rittern, Zauberei, Träumen – auch reale Alltagsgeschichten	---	---	– Materialien mehrfach lesen – Informationen zu den Teilaufgaben bunt markieren → Übersichtlichkeit – Notizen in eigenen Worten verschriftlichen – ein Material kann Informationen zu verschiedenen Teilaufgaben enthalten – Teilaufgaben durchnummerieren, Nummern als Gedankenstütze an den Rand neben die Materialien schreiben
M 2	---	---	– ihre Figuren sind inspiriert von Kindern, die sie in ihrer Zeit als Erzieherin getroffen hat – verarbeitet reale Erfahrungen	---	---	
M 3	Sonderpreis des Deutschen Jugendliteraturpreises 2020 geht an Cornelia Funke	– Sonderpreis des Deutschen Jugendliteraturpreises 2020 an Cornelia Funke	---	---	---	
M 4	---	– erfolgreichste Jugendbuchautorin Deutschlands	– Fantasy-Romane mit magischen Welten – märchenhafte Realitäten – Zitat: „Es ist eigentlich realistischer, fantastisch zu schreiben" – Kinder wüssten, wie gefährlich die Welt sei, beim Lesen würden sie in der Sicherheit des Buches ausprobieren, wie bedrohliche Situationen gemeistert werden können	– wird Buchillustratorin, schreibt Geschichten zu ihren Zeichnungen – lebt nun in Malibu/Kalifornien („altes Indianerland" → kulturell anregend) – taucht für ihre Bücher ein in die Kultur sowie die Mythen und Märchen fremder Länder	– war als Kind ein „Bücherwurm" – Bücher als „Fenster und Türen", die aus der engen Welt ihrer Heimatstadt Dorsten hinausführten – engagiert sich bereits mit 14 bei Amnesty International – sorgt sich um den Klimawandel – vergibt Stipendien an junge Künstler → will auch Mentorin sein	
M 5	---	---	– Fabelwesen (Greife, Drachen, Kobolde)	---	---	
M 6	---	---	---	– hat 90 Notizbücher mit Recherchen, Fotos, Skizzen, Zeichnungen; man kann so nachvollziehen, wie die Romane entstanden sind – arbeitet immer an mehreren Projekten gleichzeitig – entwickelt zuerst den Plot, dann wird ausgefeilt: Sprache, Charaktere; so entstehen drei, vier Fassungen – Schreibblockaden kennt sie nicht: die Geschichte versteckt sich, man muss sie suchen; Cornelia Funke findet das aufregend	– zitiert Michelangelo zu David: „Der war doch da drin, ich musste den nur finden."	

Schreibplan zu Kapitel C 2.6

Seite 45 – 48
6 – 12

Teilaufgaben	Stichworte zur Bearbeitung
1 a) Einleitung: TATTE-Satz	– <u>Titel</u>: Marathon – <u>Autor</u>: Reinhold Ziegler – <u>Textart</u>: kurze Erzählung (epischer Text) – <u>Thema</u>: gestörte Beziehung zwischen Vater und Sohn, die den Sohn aufgrund des übermäßigen Ehrgeizes des Vaters so lange beeinflusst, bis er sich befreien kann – <u>Erscheinungsjahr</u>: 2001
1 b) Inhalt zusammenfassen	– bereits als der Sohn noch ganz klein ist, hat sein Vater große Erwartungen an ihn – wenn der Sohn zurückdenkt, hat der Vater schon in seiner Kindheit ungeduldig auf den Laufstil seines Sohnes geachtet, denn er ist stolz auf ihn und glaubt an sein Talent und seine Karriere – mit 13 Jahren nimmt der Sohn an einem Wettbewerb teil und läuft gegen Ältere; sein Vater feuert ihn an und er beißt sich durch, sodass der Vater ihn lobt, weil der Ausgang des Rennens knapp gewesen ist – im Folgejahr gewinnt der Sohn das Rennen tatsächlich und wird als deutsches Talent und Olympiahoffnung gefeiert; er vergisst, dass er seinen Vater aufgrund des ständigen Drucks eigentlich hasst – der Sohn beginnt, Sport zu studieren, trainiert weiter, verpasst aber die olympische Qualifikation – er fängt an, für den Marathonlauf zu trainieren, ist aber nicht gut genug – Sohn besucht die Eltern zu Hause, fühlt sich als Versager – Sohn geht mit dem Vater einen Marathon laufen, obwohl dieser noch nie so lange gerannt ist; er will sich bei ihm für den ständigen Druck in der Jugend rächen – Vater ist völlig erschöpft und muss aufgeben – nach einer Weile realisiert er die eigentlichen Gefühle seines Sohnes und ist entsetzt – der Sohn bemerkt, dass er seinen Vater nun nicht mehr hasst
1 c) Entwicklung der Sportlerkarriere (Sohn) darstellen; Erreichen und Nicht-Erreichen der Ziele erklären	– Sohn „muss" als Kind lernen, wie er richtig läuft (Z. 4); Vater trainiert ständig mit ihm und feuert ihn an (Z. 4 – 33) → Vater ist stolz auf, gibt mit ihm an (Z. 34 – 36) – 13. Geburtstag: 1. Mal 5000-Meter-Lauf (Z. 39 – 45); Sohn läuft gegen 18-Jährige → Vereinsmitglieder und Vater feuern ihn an; Vater läuft sogar neben ihm her → Sohn gewinnt zwar nicht, doch der Vater scheint zufrieden (Z. 60 – 65); Sohn saugt dieses Lob in sich auf; Vater setzt das Ziel, den Lauf im nächsten Jahr zu gewinnen – im nächsten Jahr gewinnt der Sohn dasselbe Rennen (Z. 78 – 80) → Druck verstärkt sich durch die Medien: „das große deutsche Talent" (Z. 82/83), „unsere Olympiahoffnung" (Z. 83/84) → durch den Erfolg wird der Hass auf den Vater und seine Trainingsmethoden geringer – während des Sportstudiums wird das Training professioneller (Z. 88 – 95), doch Sohn verpasst die Olympianorm → Ernüchterung; Umstellung des Training auf Marathonlauf (Z. 101/102) → doch auch dafür ist er nicht gut genug → Junge hat nicht genug Talent; Trainingsmethoden des Vaters bringen nicht den gewünschten Erfolg
1 d) Beziehung (Vater + Sohn) erläutern + Textbelege	– schwieriges Verhältnis, da Vater den Sohn von klein auf durch das Training und seine Erwartungshaltung unter Druck gesetzt hat (Z. 1 – 38) – Ich-Erzähler meint sogar, seinen Vater später zu hassen, während er dies als Kind noch nicht tat („Ob ich meinen Vater schon hasste, als ich auf die Welt kam, bezweifle ich.", Z. 1 – 3) – kein normales Vater-Sohn-Verhältnis, der Vater erscheint durch den übermäßigen Ehrgeiz wie ein Antreiber – solange das Training Erfolg bringt, scheint das Verhältnis für den Sohn in Ordnung zu sein und er wächst innerlich durch das Lob des Vaters (Z. 60 – 65, Z. 78 – 87) – als Kind jedoch und als die gewünschten Erfolge ausbleiben, hasst der Junge seinen Vater für den ständigen Erfolgsdruck und – wie sich später herausstellt – er kann der Erwartungshaltung des Vaters nicht gerecht werden (Z. 103 – 106)

1 e) Untersuchung: Druck des Vaters begleitet Sohn (Satzbau, sprachl. Gestaltungsmittel, Erzählform und -haltung); Ende des Textes erklären	– Sohn muss seine Kindheit und Jugend verarbeiten, denn er denkt immer wieder an die Anweisungen seines Vaters – auch als er schon studiert → Wiederholungen: „Auf, auf!" (Z. 24, Z. 37/38 ...), „Schritt, Schritt, ein – Schritt, Schritt, aus" (Z. 27/28 ...); diese Äußerungen verfolgen ihn, weil der Vater sie immer wieder beim Trainieren wiederholt hat – der Ich-Erzähler nutzt viele Vergleiche: „[...] der eben ging, wie ein Kind geht [...]" (Z. 14/15) → macht deutlich, dass er eigentlich ein ganz normales Kind war – die Beschreibungen seines Bemühens während der Wettkämpfe („[...] lief wie bewusstlos [...]", Z. 55 = Vergleich) verdeutlichen, dass er zwar sein Bestes gegeben hat, aber doch nie der Erwartungshaltung seines Vaters gerecht werden konnte, die im Grunde viel zu hoch war – die Erwartungshaltung wird später durch die Medien noch gesteigert, denn sie beschreiben ihn als „das große deutsche Talent" (Z. 82/83) und „unsere Olympiahoffnung" (Z. 83/84) – er klammert sich an das Lob seines Vaters: „Gut gemacht, mein Läuferlein" (Z. 59), weil er selber nach Bestätigung sucht; durch einen metaphorischen Vergleich wird deutlich, wie sehr der Sohn sich nach der Anerkennung des Vaters sehnt: „Und ich nahm diese Worte und schloss sie ein wie einen Edelstein, den man immer mal wieder ganz allein hervorholt, um ihn zu betrachten." (Z. 60 – 65) – später im Studium wird deutlich, dass das ganze Training in der Kindheit und Jugend nicht zu dem gewünschten Erfolg geführt haben: „[...] für die Welt, die ganze große Welt, war ich auch hier nicht gut genug." (Z. 103 – 106) – durch die Ich-Erzählform und die teilweise eher distanzierte Erzählhaltung wirkt die Darstellung zuweilen wie ein Bericht, in dem der Sohn den Verlauf von Kindheit und Jugend zusammenfasst; damit leitet er auf das Ende hin – Sohn behandelt den Vater bei seinem Besuch zu Hause ebenso, wie dieser ihn in der Jugend und Kindheit behandelt hat; sie laufen gemeinsam einen Marathon – Sohn treibt Vater an, obwohl er weiß, dass dieser seine Grenzen überschreiten muss, denn er ist mittlerweile alt; außerdem ist dieser noch nie Marathon gelaufen (Z. 122 – 124); dazu nutzt er dieselben Worte wie sein Vater damals: „Auf, auf!" (Z. 150) – fast schadenfroh wünscht er sich, ihn umzubringen (Z. 138), will ihn „winseln"(Z. 139) hören – der Ausdruck „das letzte Rennen meines Lebens" (Z. 159 – 160) zeigt, dass der Sohn in dieser Situation mit dem Vater abrechnet; er geht als Sieger daraus hervor: „[...] und niemand konnte mich daran hindern, es für immer zu gewinnen." (Z. 160 – 162) – als der Vater hilflos zusammenbricht, merkt der Sohn, dass ihm diese Reaktion als Rache reicht; der Text endet mit parataktischen Sätzen (Z. 189 – 190): „Ganz ruhig, fast gelassen. Nebeneinander.", die einen Abschluss des Konflikts signalisieren
1 f) Auseinandersetzung mit der Schüleraussage + Begründung + Textbelege	– ein Mitschüler sagt über den Text, er finde, der Sohn sei gemein zu seinem Vater gewesen, obwohl dieser doch nur sein Bestes wollte – damit meint er, dass er den Vater zu einem Marathonlauf gezwungen habe, obwohl er weiß, dass der Vater noch nie einen gelaufen ist (Z. 122 – 124) und auch schon alt ist. – Reaktion des Sohnes ist nachvollziehbar, da der Vater durch seine übermäßige Erwartungshaltung den Alltag des Sohnes von Kind an bestimmt hat → Aufbau von Druck, Verlust der Kindheit (Z. 19 – 38) – der Sohn musste sich ständig mit anderen messen (Z. 39 – 45) und durfte nicht selber über sein Leben entscheiden – offenes Gespräch mit dem Vater wäre vermutlich nicht möglich gewesen; der Sohn will den Vater am eigenen Leib spüren lassen, wie es ist, ständig angetrieben zu werden, aber letztlich doch zu versagen

Schreibplan zu Kapitel C 2.7

Seite 52 – 55

6 – **12**

Teilaufgaben	Stichworte zur Bearbeitung
1 a) Einleitung: TATTE-Satz	– <u>Titel</u>: Sachliche Romanze – <u>Autor</u>: Erich Kästner – <u>Textart</u>: Gedicht (lyrischer Text) – <u>Thema</u>: gestörte Beziehung zwischen Mann und Frau, die aufgrund von Alltag und Gewohnheit keine Liebe mehr zueinander spüren und nichts dagegen tun können – <u>Erscheinungsjahr</u>: 1928
1 b) Inhalt zusammen-fassen	– ein Paar stellt nach acht Jahren Beziehung fest, dass die Liebe plötzlich fort ist – die Partner wollen es nicht wahrhaben und bemühen sich, dennoch Zärtlichkeiten auszutauschen; dies endet in Traurig- und Ratlosigkeit – am Nachmittag besuchen sie wie immer ein Café im Ort und vertreiben sich die Zeit, indem sie aus dem Fenster schauen und den Geräuschen rundherum lauschen; sie bleiben sprachlos bis zum Abend sitzen
1 c) Beziehung beschreiben + Textbelege	– die Beziehung der beiden ist dem Alltagstrott und der Gewohnheit verfallen (V. 2) – sie stellen fest, dass die Liebe „abhanden" gekommen ist (V. 3) → das belastet die beiden Partner, doch sie wollen es nicht wahrhaben (V. 5), denn sie verhalten sich anders als sie eigentlich fühlen (V. 5) und verharren eher passiv – Frau und Mann gehen mit dieser Feststellung unterschiedlich um: die Frau weint, er steht hilflos daneben (V. 8); beide wissen sich nicht zu helfen (V. 7) – die Beziehung scheint eigentlich am Ende zu sein
1 d) Liebe ist „abhanden" (V. 3) gekommen – Eindruck mithilfe von Form und Sprache erklären	– Partner stellen fest, dass die Liebe ein Gefühl ist, das vergehen kann (V. 3); dieser Vorgang wird durch einen Vergleich („Hut", „Stock", V. 4) als fast gewöhnlich dargestellt → alltäglich; Wirkung entsteht durch Kreuzreim und gleichmäßigen Rhythmus (Metrum) → wirkt z. T. ironisch – beide Partner versuchen dennoch weiterzumachen (Vergleich V. 6: „[sie] versuchten Küsse, als ob nichts sei"), doch auch ihre Ratlosigkeit wird durch Parataxen, die mit der Konjunktion „und" (V. 7) verknüpft sind, deutlich → wollen/können sich nicht mit den wahren Gründen auseinandersetzen, sondern machen einfach in ihrem Alltagstrott weiter – ihre Hilflosigkeit zeigt besonders in den beiden aufeinanderfolgenden Hauptsätzen (Parataxe, V. 8: „Da weinte sie schließlich. Und er stand dabei.") → Frau reagiert emotional; Mann weiß nicht, was er machen soll – 3. Strophe: Verwendung des unpersönlichen Fürwortes „man" (V. 9) → Situation wird versachlicht, ist allgemein übertragbar – Nebensächliches wird erwähnt: „Nebenan übte ein Mensch Klavier." (V. 12) – 4. Strophe: Parallelismen wirken als Aufzählung der Handlungen (V. 13–17) → Partner sitzen wortlos bis zum Abend nebeneinander; obwohl sie ihr Problem erfasst haben, unternehmen sie nichts, sondern „[...] konnten es einfach nicht fassen." (V. 17)
1 e) Titel „Sachliche Romanze" erklären + Textbelege	– der Titel „Sachliche Romanze" ist ein Oxymoron, d. h. eine Verbindung von sich eigentlich ausschließenden Begriffen – damit verdeutlicht Kästner die verlorene Liebe: Beziehung ist nicht romantisch oder liebevoll, sondern nach außen hin gefühlskalt und durch Untätigkeit geprägt – zwar befinden sich beide Partner in einer Beziehung (V. 1, V. 3, V. 17), doch das Verhältnis ist mit Unterstützung durch die formale und sprachliche Darstellung als eher „sachlich" zu beschreiben, was z. B. durch den parataktischen Satzbau und die Parallelismen deutlich wird: Partner haben sich nichts mehr zu sagen und auch der Austausch von Zärtlichkeiten wirkt gewöhnlich – der Sprecher im Gedicht ist gestaltlos und beschreibt die Situation als Beobachtender, was den sachlichen Charakter ebenfalls verstärkt

1 f) Text aus der Sicht einer Figur verfassen	Text aus Sicht der Frau in der Ich-Form verfassen, dabei folgende Aspekte/Fragen berücksichtigen:
	<u>1. Darstellung der Gedanken der Frau in Bezug auf ihre Beziehung</u> – Was ist nur passiert? Wir kennen uns seit 8 Jahren und auf einmal ist alles so gleichgültig geworden … – keiner will sich eingestehen, dass unsere Beziehung dem Alltag zum Opfer gefallen ist und wir uns nichts mehr zu sagen haben – manchmal bin ich deswegen so traurig, dass ich nicht mehr weiterweiß, aber er tröstet mich nicht einmal, stattdessen steht er einfach nur sprachlos neben mir – dass von ihm überhaupt keine Reaktion kommt, finde ich am allerschlimmsten, als ich neulich weinen musste, hat er mich nicht einmal in den Arm genommen <u>2. Gefühle der Frau für ihren Partner</u> – momentan weiß ich nicht, was ich noch für ihn fühlen soll, bin irgendwie nur noch aus Gewohnheit mit ihm zusammen – aber irgendetwas in mir, und vielleicht auch in ihm, will die Beziehung doch aufrecht erhalten, sonst hätten wir doch neulich nicht noch den ganzen Nachmittag gemeinsam in dem Café gesessen, sondern wären da schon getrennte Wege gegangen <u>3. Warum kann die Frau die Situation „einfach nicht fassen"?</u> – ich kann einfach nicht fassen, dass das gerade uns passiert ist; schließlich waren wir so verliebt – wir haben uns doch fest vorgenommen, gut auf unsere Beziehung Acht zu geben; trotzdem sind wir jetzt in dieser schrecklichen Situation

Schreibplan zu Kapitel C 3.5

Seite 61 – 66

5 – 15

Teilaufgaben	Material 1	Material 2
1 a) TATTE-Satz = Vorstellen der Materialien/	– <u>Titel</u>: **Der vermessene Mensch** – <u>Autorin</u>: Sonja Álvarez – <u>Textart</u>: informierender Text – <u>Erscheinungsjahr</u>: 2016	– <u>Titel</u>: **Der Mensch vermisst sich selbst** – <u>Autor</u>: Bitkom Research GmbH – <u>Textart</u>: Diagramm – <u>Erscheinungsjahr</u>: keine Angabe
Benennung des gemeinsamen Themas	Erfassung von Gesundheitsdaten mithilfe von Fitnesstrackern	
1 b) Informationen aus M1 zusammenfassen	– Fitnesstracker als Hilfsmittel, um Gesundheitsdaten zu erfassen – fast jeder dritte Deutsche nutzt Fitnesstracker oder entsprechende Apps – Möglichkeit zur Selbstvermessung bietet Chancen im Hinblick auf die Gesundheitsprävention – Risiken in Bezug auf Datenschutz: Wer kann die mithilfe der Tracker erfassten Daten nutzen und wofür? – Krankenkassen wollen die per Tracker erfassten Daten nutzen, um darauf basierend Tarifmodelle zu entwickeln, die einen gesunden Lebensstil belohnen – ebenfalls geplant: Datenspeicherung auf Gesundheitskarte, elektronische Patientenakte – Verbraucherschützer warnen: Ungleichheit, Benachteiligung älterer, kranker oder pflegebedürftiger Versicherter durch günstige Tarifmodelle für junge, gesunde Kunden – Problem: Datengrundlage der Fitnesstracker häufig ungenau, Training auf der Grundlage falscher Daten birgt Gesundheitsrisiko	
1 c) Darstellen, welche Gesundheitsdaten erfasst werden (ganz allgemein/Nutzer von Fitnesstrackern) (M2)		– Diagramm „Welche Gesundheits- und Fitnessdaten erfassen Sie?" – Quelle: Bitkom Research GmbH – Befragte: Menschen ab 14 Jahren, Unterscheidung zwischen: alle Befragten und Nutzer/-innen von Fitnesstrackern – Erfasste Gesundheits- und Fitnessdaten: Körperdaten bzw. -funktionen (Temperatur, Blutdruck, Puls, Atemfrequenz), Daten zur Bewegung (Schrittzahl pro Tag, zurückgelegte Strecke), Schlafeigenschaften, Ernährung (Körpergewicht, aufgenommene Nahrung, Kalorien), Stresslevel, Medikamenteneinnahme – Nutzer/-innen von Fitnesstrackern erfassen insgesamt deutlich häufiger Daten zu den oben genannten Bereichen, Ausnahme sind die Bereiche Blutdruckmessung und Blutzucker – Nutzer/-innen von Fitnesstrackern erfassen am häufigsten ihre Körpertemperatur und ihr Gewicht sowie Bewegungsdaten (Schrittanzahl und zurückgelegte Strecke)

1 d) M1 und M2 in Beziehung setzen → **erläutern, welche Chancen und Risiken das Aufzeichnen von Gesundheitsdaten mithilfe eines Fitnesstrackers mit sich bringt**	**Chancen (M1):** – Chancen für die persönliche Fitness des Einzelnen – Verbesserung der sportlichen Leistungen (Beipiel Heiko Maas) – Vorteile im Bereich der Gesundheitsprävention, also dem Vorbeugen von Krankheiten **Risiken (M1):** – Krankenkassen wollen einen gesunden Lebensstil mit günstigen Tarifen belohnen, Datengrundlage hierfür sollen Fitnesstracker liefern → führt zur Benachteiligung älterer, kranker oder pflegebedürftiger Versicherter, die diese Tarife über ihre Versicherungsbeiträge mitfinanzieren müssten – Fitnesstracker vermitteln eine trügerische Sicherheit, denn viele Geräte liefern falsche oder ungenaue Daten → Nutzer/-innen trainieren schlimmstenfalls auf falscher Datengrundlage, was zu gesundheitlichen Schäden führen kann → **M2 nennt weder Chancen noch Risiken, die mit der Erfassung von Gesundheits- und Fitnessdaten mittels Tracker einhergehen, sondern informiert ganz allgemein darüber, welche Gesundheits- bzw. Fitnessdaten die Menschen sammeln.** → **Inhalte von M2 unterstreichen bestimmte Aussagen aus M1:** Nutzer/-innen eines Fitnesstrackers erfassen ... – hauptsächlich Daten, mit deren Hilfe sich die sportliche Fitness verbessern lässt (Anzahl der Schritte, zurückgelegte Strecke) und deren Kenntnis zur Gesunderhaltung des Körpers wichtig sind – im Vergleich sehr viel häufiger Daten zu Körpergewicht, aufgenommenen Nahrungsmitteln und Kalorien als die gesamte Gruppe der Befragten – insgesamt häufiger persönliche Gesundheitsdaten → haben ein genaueres Bild von ihrem Gesundheitszustand → **Passt zu Aussagen aus M1:** Das Erfassen von Gesundheits- und Fitnessdaten kann zur Steigerung der persönlichen Fitness beitragen und bei der Vorbeugung von Krankheiten nützlich sein.

1 e) Stellungnahme zur Aussage der Schülerin + Begründung (→ Nutzung eines Fitnesstrackers trägt zu mehr Gesundheitsbewusstsein und einer positiven Veränderung des Bewegungsverhaltens bei)	– Beispiel Heiko Maas; differenziertes Bild vom eigenen Fitnesslevel als Voraussetzung, wenn man seine sportlichen Leistungen verbessern will	– Nutzer/-innen eines Fitnesstrackers erfassen im Vergleich häufiger Gesundheits- und Fitnessdaten